収益エンジンの論理

技術を収益化する仕組みづくり

井上達彦［編著］
Inoue Tatsuhiko

東京 白桃書房 神田

はしがき

　本書は，実践と理論が交錯する場で生み出された著作である．編者は，この3年間，早稲田大学大学院商学研究科の夜間 MBA コースの社会人大学院生たちと，土曜日や平日の夜遅くまで議論を重ねる機会に恵まれた．たまたま技術に精通したメンバーが揃い，いつしか共通の想いとして，MOT（技術経営）のための「使える」発想枠組みを開発したいということになった．
MOT というと，もはや，流行語としての価値を失いつつあるのかもしれないが，その意義自体は決して陳腐化しているわけではない．依然として，わが国の技術力が収益に結びつかないという問題は残されたままであり，むしろ，もう一度，技術の収益化の課題と向き合って，問題のありかを整理・分析するための枠組みが必要なのである．

　技術経営の問題のありかは，大きく二つに分けられる．一つめは，開発投資の問題で，いかに有効な技術を効率的に開発するかという課題にかかわる．わが国の製造業はキャッチアップ型の開発から脱しきれないばかりか，デジタル化やネットワーク化に不適合だとさえいわれる．本書の枠組みでは，これは開発を担う「成長エンジン」の不調として位置づけられている．

　二つめは，収益化の問題で，いかに保有する技術資源を収益化するかという問題である．MOT の分野でも技術力に見合った収益が上げられないというのは大きな悩みであり，ビジネスモデルの構築は広く関心のあるテーマとなっている．本書では，これを「収益エンジン」の不調として取り上げ，その改善の方法について重点的に議論している．

　さまざまな MOT 教育のカリキュラムを見ていると，これら二つの問題は別々の文脈で語られることが多く，前者は工学系（伝統的 MOT），後者は経営学系（MBA 的 MOT）からそれぞれアプローチされているようにみえ

る．しかし，技術の「開発・蓄積」と，その「活用・収益化」というのは車の両輪のようなものであり，相互に支えあわなければ走り続けることはできない．これらを真っ二つに分断すると，良循環を妨げて長期のビジョンを描けなくなる．そして，もう一つの問題，すなわち，技術をいかに戦略的に蓄積し，活用するかについての長期的なビジョンを描けなくなるようになってしまう．これが，三つめの戦略の不調を引き起こしてしまうのである．

そこで本書では，技術を開発・蓄積する「成長エンジン」と，それを活用収益化する「収益エンジン」を統合した．別々の文脈で語られるようになってしまった問題を，一つにして総合的かつ体系的な理解を促すようにした．さらに，戦略の問題にも注目して，ポジショニングの発想と資源ベースの知見から問題のありかを探る枠組みを作り上げた．

逆説的ではあるが，近年，MOT教育が充実して細分化されればされるほど，その内容を体系的に整理することが難しくなっているようである．せっかくの素材が，ひとつのコースメニューとして結びつかず，消化不良を起こしかねない．それぞれの素材の役割を明確にして，全体を調和させる枠組みと論理が必要とされる．本書は，基本的にはMBA的MOTの域は出ていないが，分断をとりもつ接点を示すことができたと自負している．その接点が短期の収益化と長期の成長を包括した「収益エンジンの論理」である．

このような成果を著書にまとめることができたのは，編者に機会と支援をくださった皆様のおかげである．とりわけ，MOTやMBA教育にコーディネータや講師として携わってきたという経験は他に換えがたい．㈱NECラーニング執行役員の中崎良成氏とシニアプランナーの山口誠二氏には，技術者の視点から研修設計でお世話になっただけではなく，さまざまな調査にご協力いただいた．アイさぽーとMOT，（財）社会経済生産性本部，（社）日本能率協会からは，本書の枠組みをブラッシュアップさせる機会を頂戴した．記してお礼申し上げたい．

また，この分野の権威として，ご支援ご協力していただいた先生方や実務家には，大変示唆的なご意見を頂戴した．早稲田大学の根来龍之教授には，社会人教育の何たるかについて情熱をもってご教示いただいた．その使命感

と教育メソッドから，編者は大きな衝撃を受けた．神戸大学の延岡健太郎教授からは，技術経営の本質と事業プランの鍛錬の方法を示していただいた．慶應義塾大学の榊原清則教授からは，「収益エンジン」という言葉のもつ語感のよさをご指摘いただいた．横浜国立大学の谷地弘安助教授には，新しい発想をゼロベースから創り上げることの意義を教えてもらった．

さらに，実務で活躍されている皆様からも多大なご支援をいただいた．とりわけ，エアバッグを開発された小林三郎氏（元本田技研工業経営企画室長），リクルートで14もの創刊・事業を立ち上げたくらたまなぶ氏（あそぶとまなぶ代表）からは，生涯忘れ得ない熱意と発想法と行動力をみせていただき，大学での教育・研究にフィードバックできた．これらの出会いは，学外の活動なくしては成り立たない．編者に自由な活動の場を与えてくれた早稲田大学商学部・商学研究科に深謝したい．

そもそも，本書が提案する収益エンジンにかかわる枠組みの源流は，編者の恩師である加護野忠男先生の「事業システム論」にある．恩師の研究の土台なくしては，仕組み発想をMOTに適用できなかった．また，北海道大学の坂川裕司助教授，大阪市立大学の稲葉祐之助教授，明治学院大学の森田隆宏助教授からは，この枠組みについて学術的な視点からコメントをいただいた．この場を借りて感謝したい．

最後に，本書は編者にとって教育と研究の同時進行という新しい研究スタイル（成長エンジン）への挑戦となった．このような共同プロジェクトに対して出版を承諾してくださった白桃書房代表取締役社長の大矢栄一郎氏と同相談役の照井規夫氏，そして美しく仕上げて下さった同編集部の平千枝子氏に厚くお礼申し上げたい．

なお，本書の調査活動には，文部科学省の研究助成（研究者代表：根来龍之教授，「ビジネスモデル概念の批判的発展」）を利用した．

2006年10月

井上　達彦

■ 執筆者紹介

井上　達彦（いのうえ　たつひこ）　　　　執筆担当：序章，第1章，第2章
　　　　　　　　　　　　　　　　　　　　　　　　　　　第3章，第5章，終章
1968年　兵庫県に生まれる
1992年　横浜国立大学経営学部卒業
1997年　神戸大学大学院経営学研究科博士後期課程修了　博士（経営学）
現　在　早稲田大学商学学術院助教授
著　作　『情報技術と事業システムの進化』（白桃書房，1998年），『事業システム戦略』（共著，有斐閣，2004年），『日本企業の戦略インフラの変貌』（共編著，白桃書房，2004年）．

和泉　茂一（いずみ　しげかず）　　　　執筆担当：序章，第4章
1962年　京都府に生まれる
1997年　大阪大学大学院工学研究科電子情報エネルギー工学専攻　博士（工学）
2001年　住友電気工業株式会社に入社　オプトエレクトロニクス研究所に配属
2005年　早稲田大学大学院商学研究科修士課程修了
現　在　ユーディナデバイス株式会社に出向中

松山　泰久（まつやま　やすひさ）　　　　執筆担当：第5章
1958年　東京都に生まれる
1982年　早稲田大学商学部卒業
2006年　早稲田大学大学院商学研究科修士課程修了
現　在　NECエレクトロニクス株式会社勤務

真木　圭亮（まき　けいすけ）　　　　執筆担当：第6章
1982年　横浜市に生まれる
2005年　早稲田大学商学部卒業
現　在　早稲田大学大学院商学研究科修士課程在籍中

山下　勝（やました　まさる）　　　　執筆担当：第7章
1972年　大阪府に生まれる
1996年　神戸大学経営学部卒業
2001年　神戸大学大学院経営学研究科博士課程修了　博士（経営学）
現　在　青山学院大学経営学部助教授

大久保　順一（おおくぼ　じゅんいち）　　　　執筆担当：付録
1967年　東京都に生まれる
1990年　東京農工大学工学部卒業
2006年　早稲田大学大学院商学研究科修士課程修了
現　在　ドコモモバイル株式会社勤務

目 次

はしがき

序章　問題提起 ——————————————1

1. 技術の収益化 ……………………………………1
2. ビジネスモデル …………………………………4
3. 事業システムの P-VAR 分析 …………………5
4. 本書の構成 ………………………………………8

第1章　事業の仕組みづくり ——————————11

1. 事業システムと競争優位 ……………………11
   - 二つの差別化　11
   - MOT の事業システム　14
2. 価値創造の仕組み ……………………………16
   - 価値を創造するための諸活動の制御　16
   - 任天堂の事業システム　17
   - SCE の事業システム　17
   - オンラインゲームの事業システム　18
3. 仕組みづくりの経済原理 ……………………21
   - 事業の幅と深さ（自社の担当範囲）　21
- コラム①　半導体ビジネスの流れ ……………………23
   - 自社の担当範囲と経済性　25

①規模の経済　　②範囲の経済　　③速度の経済
　　　　　④集中化と外部化の経済　　⑤ネットワークの経済
　　　　　（外部利用の一種）
　　　　事業システムとは　　30

第2章　収益エンジンと成長エンジン────33

1. ポジションとオペレーションと資源 ················33
    顧客価値と戦略的ポジショニング　　33
    移動障壁と模倣障壁　　35
    戦略的ポジションと活動システム　　36
    活動と資源　　39
    活動マップによる分析のポイント　　40
    基本 P-VAR の限界　　42
2. 短期収益原理を超えて ·····················43
    短期収益原理の偏重　　43
    成長エンジンと収益エンジン　　46
3. 良循環の仕組みづくり ·····················49
    行程図としての動態分析　　49
    事業システム戦略と望ましい P-VAR のパターン　　54

第3章　収益・成長エンジンの相互循環パターン─57
　　　　　─収益源の拡大・多層化に向けた「仕込み」─

1. はじめに ·······························57
2. YAHOO! の躍進 ························58
    YAHOO! のパフォーマンス　　58
3. 相互に支えあう収益エンジン ················60
    三つのビジネスの融合　　60

　　　　　広告型ビジネス　　　61
　　　　　パートナーシップ型ビジネス　　　62
　　　　　会員型ビジネス　　　63
　　　　　三つのビジネスの相互関係　　　63
　4. **収益エンジンの拡大，多層化，相互連結の経緯** ……64
　　　　　米国YAHOO!の誕生と日本への進出　　　64
　　　　　第Ⅰ期：日本での情報ポータル事業確立期　　　65
　　　　　第Ⅱ期：情報プラットフォーム確立期　　　67
　　　　　第Ⅲ期：会員プラットフォーム確立期　　　69
　　　　　第Ⅰ期〜Ⅲ期の総括　　　70
　5. **仕組みづくりの能動／受動アプローチ** ……………72
　　　　　静かなる囲い込み戦略　　　72
　　　　　能動的アプローチ　　　73
　　　　　受動的アプローチ　　　74
　6. **結び** ………………………………………………………78

第4章　収益・成長エンジンの四つのパターン──81

　1. **はじめに** ……………………………………………81
　　　　　望ましいP-VARとは？　　　81
　　　　　二つの基本パターン，「垂直／統合型」と「水平／モジュール型」　　　81
　2. **光ディスク装置の歴史的展開** ……………………84
　3. **光ディスク装置業界のP-VAR分析** ………………85
　　　　　光ディスクの四つのパターン　　　85
　　　　　第1パターン：CDオーディオ，LD，MDの事例　　　86
　　　　　　オーディオ市場とコンピュータ市場との融合
　　　　　第2パターン：CD-ROM，CD-R/RWで取るべき代替案　　　88

　　　　第3パターン：現行DVD-RAMの事例　91
　　　　　　ヘゲモニーを巡る争い
　　　　第4パターン：MOの事例　96
　4. むすび―将来の設計のためのプロローグ―……99

　　第4章補論　アーキテクチャの位置取り戦略――――102

第5章　業界と事業システムの複眼分析――――107

　1. **はじめに** ……………107
　2. **業界の進化パターン** ……………108
　　　　業界進化の経路の4類型（漸進型，創造型，関係型，激震型）　108
　　　　業界進化のステージ　112
　3. **業界コンテクストと事業システムの複眼分析**………115
　　　　複眼分析の枠組み　115
　　　　コア活動とコア資産の捉え方　116
　　　　脅威の有無と連続変数化　117
　4. **業界におけるスクウェア・エニックスの動き**………119
　　　　事例の選定と記述様式　119
　　　　第Ⅰ期：分裂期から再編期へ（1983年～89年）　120
　　　　　ゲームソフト業界の特性
　　　　　メガヒットの幕開け
　　　　第Ⅱ期：再編期から成熟期へ（1990年代）　122
　　　　　業界の成長と成熟
　　　　　メガヒットタイトルのシリーズ化
　　　　第Ⅲ期：激震型進化へのシフト（2000年～01年）　126
　　　　　オンラインゲームの出現と既存業界の危機

　　　　　エニックスとスクウェアの環境変化への対応
　　　　第Ⅳ期：激震型出現期から収斂期へ（2002年〜現在）
　　　　　　　129
　　　　　スクウェアのオンラインゲーム参入と戦国時代の到来
　　　　　二大巨頭の合併
　5. 業界の進化経路を越えて ……………………………133
　　　　家庭用ゲーム専用機に向けた開発のフェーズ
　　　　（第Ⅰ〜Ⅱ期）　133
　　　　オンラインゲームが出現してからのフェーズ
　　　　（第Ⅲ〜Ⅳ期）　135
　6. 事例の含意―脅威を機会に― ………………………137
　7. むすび―複眼分析の意義― …………………………140

第5章補論　事業システムは業界進化の法則に従うのか―141

第6章　イノベーターのジレンマを越えて―――147
　　　　―シスコシステムズのA&D戦略―

　1. はじめに…………………………………………………147
　2. イノベーターの陥るジレンマ ………………………148
　　　　破壊的技術の影響　148
　　　　ジレンマ発生のメカニズム　151
　　　　ジレンマへの対応　153
　　　　疑問点　155
　3. 事例シスコシステムズ …………………………………156
　　　　シスコシステムズ企業概要　156
　　　　シスコの設立　157
　　　　シスコの基本方針　158

         シスコの破壊的イノベーションへの対応　160
         end-to-end のソリューションへ　163
         破壊的技術への対応の難しさ　165
　4. 事例の分析―技術の融合によるジレンマの回避―……167
　5. インプリケーション …………………………………170
         破壊的技術の積極的利用　170
         破壊的技術への戦略的対応　171
　6. むすび……………………………………………………171

第7章　技術プロデューサーシップ―――175
―NEC Express Server5800の開発をめぐる
成長エンジン活動―

　1. はじめに…………………………………………………175
　2. NEC における Express Server5800の開発…………176
         コンピュータ業界における NEC のあゆみ　176
         クライアントサーバー市場の状況　180
         Windows NT の採用をめぐる組織内の葛藤　182
         インテル CPU への一本化とインテル社との協力体制
         　188
　3. プロデューサーシップの視点からの分析 …………192
         プロデューサーシップという考え方　192
         Express Server5800 開発にみるプロデューサーシップ
         　195
　4. Express Server5800開発事例の P-VAR による分析
         …………………………………………………………199
　5. むすび……………………………………………………203

終章	**収益エンジンの論理** ―――――――――207

1. 再考，MOT ……………………………………207
2. 収益エンジンの良循環と悪循環 ……………209
    収益エンジン良循環の論理　209
    収益エンジン悪循環の論理　211
  コラム②　選択と集中の幻想 …………………217
3. 収益関数 ………………………………………220
    収益関数の変数　220
    変数間の相互作用　225

付録	**マッチング・プラットフォーム** ―――――229

1. はじめに ………………………………………229
2. 情報の非対称性 ………………………………230
    レモン市場　230
    情報技術による克服―オークネットの事例―　231
    逆行するマッチングシステムの存在―日産中古車販売 Get-U―　232
3. マッチングシステムの事例 …………………233
    収益の源泉による差異　233
    業務の範囲による差異　245
    商品の性質による差異　246
4. マッチングシステムの分類 …………………248
    マッチングシステムの4分類　248
    情報提供量の差異　249
5. むすび―収益モデルに合わせたマッチング精度―　250

参考文献 ―――――――――――――――――253

序章　問題提起

1. 技術の収益化

　技術が収益に結びつかないという問題がとりざたされて久しい．産業によっても深刻さは異なるが，とりわけ，1980年代に隆盛を誇っていた総合電機メーカーや通信機器メーカーが苦戦をしいられている．一言でいえば，デジタル化とネットワーク化が進み，旧来の技術基盤とビジネスモデルが通用しなくなった，といえるのかもしれない．しかし，IT化といってしまうと，多くの人がそこでわかったような気になってしまう（裏返せば思考停止に陥ってしまう）のでもう少し深く考える必要がある．

　デジタル家電の価格下落をアナログ機器の価格推移と比較して考察すると，その激しさは一目瞭然である．電子情報技術産業協会の調査結果によると，VTRはソニーが最初の普及型製品を世に出してから価格が10万円を割るまでに11年（1986年）を要した．VTRの後継と言われるDVD録画再生機はパイオニアの1号製品が出てわずか3年後（2002年）には早くも10万円を割り込み，5年後の2004年にはVTR発売の15年後の単価と同水準になっている．デジタル家電の特徴はアナログ機器のような「匠の技」を必要としないので模倣障壁が低く，多くの参入企業による激しい価格競争が展開

され，価格下落が激しくなる傾向が強い．DVD録画再生機の普及率は2005年3月において49%，デジタルカメラは46%と，デジタル機器は急速に成熟市場に成長しようとしており，市場の成長は期待するほど長い期間は続かない．多くの企業が投資回収のモデルを描けなくなっていることも考えると，単価下落が示す以上にこの業界の収益性の悪さを物語っているのである．

　デジタル家電業界の大きな問題は，日本が世界に先駆け素晴らしい製品を世に送り出しているにも関わらず，過当な競争によって価値獲得[1]が出来ていないこと，これによって多くの国内企業の収益性が総じて低下している点にある．2004年の液晶テレビの世界売上げ75億2800万米ドルに対してシャープ，ソニー，松下電器3社合わせたシェアは42.9%，PDP（Plasma Display Panel）テレビは同年の世界売上げ23億100万米ドルに対して松下電器，ソニー，日立製作所，パイオニア4社合わせたシェアは54.9%，デジタルカメラに至っては2004年の出荷台数6000万台に対してキヤノン，ソニー2社だけで47%のシェアを有し，オリンパス，ニコン，富士写真フィルムを加えるとそのシェアは84%となる．これだけ大きな世界市場シェアを抑えているにもかかわらず日本のデジタル家電における収益性はよいとは言えないのはなぜであろうか．デジタル家電の特徴をいくつか列挙してみると，以下のような特徴が考えられる．

- 雑音に強い．
- コピーをしても品質劣化を招かない（不正コピーが容易）．
- メディア間のデータ受け渡しが容易．
- スケーラブルで高圧縮率のデータストレージに対応可能．
- アナログ的なコツや経験に頼っていた部分，職人芸的な技を要する組み立てが誰でもできる．つまり，ビジネスへの参入障壁が小さい．
- コスト削減や粗利拡大を求められる消費者主導下の競争に曝される（製造側に価格決定権がない）．

1　Value Capture は創造した価値を自社の事業利益に結びつけること（延岡，2005）．

- 価格競争が激しく，収益を上げにくいので，勝ちパターンにつながるビジネスモデルの構築が必須．

　デジタル的な製品はアナログ的製品に比較して擦り合わせの技術度が低く，事業への参入障壁が低いことに起因して，多くの企業が事業参入することで激しい価格競争が誘発されやすいことは容易に予想できるが，果たして収益悪化の要因はそれだけであろうか．

　一般的に，技術力に見合った収益を上げられない理由は，さまざまである．その一つは，ある技術に投資開発をし続けても，投資に見合った性能向上が得られず，費用対効果が減少するという問題である．一般に，技術の進歩は，S字曲線に沿って推移するといわれ（Foster, 1986），最初はいくら努力しても開発の方向が定まらず性能アップに結びつかないが，方向が定まると急速に立ち上がり，やがて頭打ちするという軌跡をたどる傾向にある．それゆえ，技術が成熟していればいるほど，投資に見合った性能差を引き出せず，収益性が悪化するわけである．

　あるいは，技術が成熟するころには，別の代替技術が興隆して世代交代が進むという問題もある．レコード針に対するCD，VTRに対する光ディスクなどがその典型である．そしてこのような代替の中には，「破壊的技術」（Christensen, 1997）と呼ばれるものも含まれる．自社の技術基盤が新規ライバルの「破壊的技術」によって攻撃を受けている場合，収益性はおろか生存をかけた競争を強いられることが多い．たとえば，スイッチやルーターの出現によって，電話交換機の事業は大きなダメージを被った．

　たとえ自社が「破壊的技術」の担い手であり，既存の業界から一時的に利益を奪ったとしても決して油断すべきではない．その立場がいつ逆転するかわからないからである．ある技術で成功を収めた企業は，当然，その技術を磨き上げていく．これ自体は推奨すべきことかもしれないが，改善を重ねるうちにその技術の性能が顧客の要求する水準を超えてしまい，十分な対価が得られなくなってしまう．その典型が，ハードディスクドライブの業界である．ハードディスクの業界では，ある世代の覇者は過剰スペックを追求してしまい，次の世代では覇権を譲り渡すという事態が繰り返し起きている．あ

るイノベーターが次の新しいイノベーターに敗れてしまうというジレンマは，ハーバード大学のクリステンセン教授の「イノベーターのジレンマ」として広く知れ渡っている（Christensen, 1997）．

他にも技術力に見合った収益を上げられない理由は考えられる．近年の日本の製造業の苦戦を鑑みると，その原因は，わが国に固有の問題にあるのかもしれない．

一つの可能性は，製品のアーキテクチャの変化であろう．デジタル化が進むと，部品間の「擦り合せ」的な調整が減り，製品アーキテクチャはモジュラー化してゆく．モジュラー化すると，徹底的な分業を前提に，事前の設計や標準規格の獲得が重要になる．東京大学の藤本隆宏教授は，このモジュラー化は日本企業が苦手とする領域で，得意とする「擦り合せ」能力を活かしにくいと論じて近年の収益性の悪化を説明している（藤本，2004）．

もう一つの可能性は，「戦略不全」である．神戸大学の三品和広教授は，さまざまな統計資料から，日本の製造業は成長性を追及するために利益を犠牲にしてきたことを証明した．端的にいえば，技術戦略以前に，日本企業の経営戦略が戦略としての体をなしていないという考えである（三品，2003）．この研究では，日本のもの造りが強いというのは本当なのか，という疑問が実証データと共に提示されていて大変興味深い．

本書では，上記の諸研究を包括的に取り上げていく．技術経営の中心ともいえる，イノベーターのジレンマ，製品アーキテクチャはもちろん，技術戦略のベースとなる競争戦略にかかわるポジショニングや資源ベースといったキーワードに注目して，さまざまな事例とともに収益を上げる仕組み，いわゆるビジネスモデルを解説する．

2. ビジネスモデル

ビジネスモデルという言葉を目にするようになったのは，1990年代末にインターネットが普及し始めた頃である．デジタル化時代の情報通信技術によって実現する，ネット上の新しい商流（いわゆる金流も含む）・物流・情

報流として脚光を浴びた．近年では，インターネットによるビジネスの可能性と限界の評価も定まりつつあり，むしろ技術経営の分野での議論が活発である．日本の製造業が技術力に見合った収益を上げることができないという問題を受けて，収益原理としてのビジネスモデルが注目されている．

ビジネスモデルとは，一般的には，「事業として何を行ない，どこで収益を上げるのかという『儲けを生み出す具体的な仕組み』のこと」である（IT用語辞典 e-words）．しかし，一般で取り上げられているビジネスモデルの考え方は，収益原理を直接的に議論しようとするあまり，事業の仕組みにおける他の重要な側面をそぎ落とす傾向もある．売上げを伸ばしたりコストを削減したりするためのオペレーションに注目する一方で，収益の源となる経営資源をいかに蓄積するかの仕組みについては無頓着といわざるをえない．MOT（技術経営）の二つの課題に照らし合わせれば，いかに保有する技術資源を収益化するかという側面だけに焦点を当てて，いかに有効な技術を効率的に開発するかという課題は背後に追いやられているのである．

本研究では，収益原理を収支にダイレクトにかかわるオペレーションの側面から議論しようとするビジネスモデルの考え方を批判的に検討し[2]，事業の仕組みとして，より包括的かつ体系的な枠組みを提示する．そのためには，世間一般でいわれているビジネスモデルよりも広範に仕組みの議論を展開して，持続的に競争優位を築き上げるための仕組みづくりに注目しなければならない．それが，技術を収益化するための仕組みとしての事業システム（ビジネスシステムと同義）である．

3. 事業システムの P-VAR 分析

事業システムというのは，優れたオペレーションを継続できるように，経

---

[2] ビジネスモデル志向の限界については，井上（2006）でより詳しく議論されている．この研究では，ソフトウエアシステムアプローチ（Checkland and Scholes, 1990）によるビジネスプロセスモデリング（妹尾，2000；白井，2001）などの優れた研究を紹介しつつ，モデル志向とシステム志向の違いを Boulding（1956）のシステムの複雑性のレベルの視点や Pondy & Mitroff（1979）の見解を援用しながら述べている．

営資源を相互に結び付けてシステム化・仕組み化したものである．それは，収益を上げるための仕組みであると同時に，資源を蓄積するための仕組みでもある．それゆえ，今ある資源のみから収益を上げることだけではなく，資源の蓄積・追加・改編などを通じて，利益を上げやすい構造を作り出すことも重要な課題とされる．この点がビジネスモデルの考え方と異なる．

収益を上げやすい構造には市場や競争の環境も含まれる．環境というと与件であるかのように聞こえるが，むしろ，より収益ポテンシャルのある市場を選択し，より有利に競合関係を展開するためにマネジメントしなければならない．この意味で事業システムというのは，独自の資源ベースをテコにして，ユニークな事業ドメインにおいて望ましい競争ポジションを確保し，競争優位を築くための仕組みである．さらにいえば，その優位性が持続する循環そのものだといっても過言ではない．

本書の目的は，このような仕組みを描き出すことである．望ましい仕組みを青写真として描き出すだけではなく，それに至る行程をシナリオとして提示したい．そのためにも，優位なポジションを創造し，維持し，ときに変革するための資源展開や活動のあり方を探っていきたい．

ここで用いられる分析枠組みがP-VAR分析，すなわち，Position（ポジション），Value（顧客価値），Activity Systems（活動システム），Resource（経営資源）という四つの構成要素から成り立つ枠組みである．この枠組みは，価値創造を通じた収益原理と開発投資を通じた資源の蓄積の仕組みを同時に描き出す図式である．競争戦略論とオペレーションの知見の溝を埋めて，実務でも使える直感的にわかりやすい枠組となるように心がけた．

このP-VARには，いくつかの特徴がある．

第一に，収益性を説明する二つの戦略論のアプローチを（統合とまではゆかないまでも）接合したという点にある．ある企業がなぜ高い収益を上げられるかについては，大別して二つの考え方がある．一つは，ポジショニングアプローチといって，参入障壁や寡占率といった業界の構造が競争優位を決めるという考え方である．いわば，その企業が競争の厳しくない業界に位置しているから収益が上がるという発想にもとづく．もう一つは，資源ベース

アプローチといって，技術を含む経営資源の価値，希少性，模倣困難性などが競争優位を決めるという考えである．これは，その企業が独自の経営資源や能力を有するから高い収益を上げられるという発想にもとづく．これら二つのアプローチは対比されることも多いが，われわれが提唱する P-VAR は，これを一気通貫して，総合的に分析できるようにした．

　第二に，この枠組みによって，収益を上げる構造ができあがるプロセスを見ることができる．投資回収サイクルを埋め込んだ P-VAR 分析によって，いかに技術や資源を蓄積し，そこから収益を上げてよりよいポジションを勝ち取るのか，という戦略形成のダイナミックな側面にメスを入れることができる．本書でも，事業システムの生成プロセスを経時的に記述することによって，転換期に何をすべきかのインプリケーションを導くつもりである．

　第三に，この枠組みは，「価値が価値を生む（勝ちが勝ちを生む）」という良循環のメカニズムをも明らかにしうる．近年，ある原因がある結果をもたらすという直線的な因果関係を超えて，因果関係がループ構造的に連鎖するというシステムシンキング的な発想が注目を集めている．たとえば，評判が評判を呼ぶというようなブランド構築のサイクルがその典型である．また，ある事業領域での先行優位が特定の資源の蓄積を可能にして，別の領域での先行優位に結びつくという循環もこれに該当する．第二の点とも関連するが，P-VAR 分析を応用すれば，競争優位が維持され強化されるようなロジックについても探求することができる．

　冒頭でも述べたように，電機・情報通信機器メーカーは，苦戦を強いられている．技術進歩の速度が速いだけでなく，製品のアーキテクチャがモジュール化するとともにコモディティ化が進み，開発投資を回収するだけのプレミアム価格をつけることが困難になっている．このような業界であっても，高収益を上げている企業がある．本書の目的には，いわゆるベストプラクティスの事例を取り上げることによって，この困難を極めた業界における競争優位の構築と維持についてのインプリケーションを導くことも含まれる．

4. 本書の構成

本書の構成は以下のとおりである．

第1章では，事業の仕組みづくりの基本について，一般にわかりやすい業界を選んで，競争優位を築くための差別化について理解を深める．その上で事業システムとは何か，それを分析したり設計したりするときに考慮すべきポイントを示し，収益原理との対応を明らかにしていく．

第2章では，事業経営の基本である投資とその回収を，「成長エンジン」と「収益エンジン」の相互循環によって示し，実務一般のビジネスモデルの考え方を超えた収益の論理を示していく．ここでは，技術の戦略的な投資回収を分析するための枠組みとして，P-VAR分析の枠組みを図式化する．そして，事業システムが形成されるプロセスを，①戦略的投資，②収益の最大化，③ポジションの創造・維持・変更，という三つのステップから描き出して戦略面からアプローチしていく．

第3章と第4章では，事業の仕組みにおいて，どのようなパターンが理想的であるのかについて探求する．第3章では，理想的な仕組みの生成パターンに注目して，「成長エンジン」と「収益エンジン」の相互循環について考える．インターネット上でプラットフォームリーダーシップを発揮しているYAHOO! JAPANを一つのモデルケースとして取り上げて，いかに資源の蓄積を高めポジションをアップさせていくか描くことにする．この循環パターンを通じて，収益エンジンは拡大，多層化して，収益を伸ばすことができていることを示す．

第4章では，理想的な仕組みの青写真のパターンに注目して，収益エンジンと成長エンジンの組み合わせについて考察する．光ディスク業界を歴史的に眺めて，いくつかの成功パターンを導き，どのような仕組みを目指すべきかを提示する．そのパターンを，ポジション⇔〈価値⇔活動システム⇔資源〉と対応させて描き出していく．

第5章では，業界と事業を，マクロな視点とミクロな視点から複眼的に分析するための枠組みを示す．個別事業にとって，業界レベルの動きは文脈

として位置づけられる．それゆえ，業界の動きや進化の経路を明らかにして，それを踏まえた事業の分析・設計を行なうのが望ましい．業界レベルでの動きが目立つ家庭用ゲームソフト業界を取り上げ，P-VAR 分析を補完すべき枠組みとして，資源と活動（技術と仕組み）に注目した「複眼分析」を提唱する．

第6章では，仕組みのイノベーションについて考察する．技術戦略を考える上で無視することのできない「イノベーターのジレンマ」について取り上げる．まず，イノベーターのジレンマとは何かを解説し，そのジレンマに直面した通信機器業界について紹介する．この章の論点は，P-VAR をうまく回すことによって，いかにこのジレンマを回避するかの一つの方策を示すことにある．シスコの事例を通常とは異なる視点で眺めて，その方策を考えていく．

第7章では，仕組みを創り上げるための技術プロデューサーシップについて考える．プロデューサーというのは，あるアイデアについてそれを発案した専門家と協働しながら，形あるアウトプットに導いていく人のことである．この章では，NEC の Express5800 の開発事例を取り上げ，事業横断的な社内企業家活動によって引き起こされたイノベーションに注目する．P-VAR の枠組みとプロデューサーシップの視点から，過去の事業で蓄積された資源や活動がどのように後の事業展開に結びつけられたのかを解説する．

そして，終章では，収益エンジンの論理について検討していく．事業システムのあり方を決める，事業領域についての「選択と集中」に焦点を当てながら，近年の低収益構造に陥った原因について P-VAR とシステムシンキングの考え方を援用しながら仮説を提示する．そして，収益関数のあり方を検討しながら，その処方箋を提示する．

（井上　達彦・和泉　茂一）

第1章 事業の仕組みづくり[1]

1. 事業システムと競争優位

二つの差別化

 競争戦略の基本本質とは何か．それは真っ向からの競争を避けること，すなわち，同じ次元で競争しなくても済む状態を作ることにある．そのためには，同じ製品やサービスを同じ市場に提供しないようにするなどの工夫が必要となる．これが差別化である．顧客が価格という同一次元で比較できないような差別化を実現すればよいのである．

 さて，他社に対して違いを作る差別化には二つのレベルがある．一つは，製品・サービスの差別化である．これは，他社との製品・サービスとに違いを生み出すことを意味する．パソコンにおけるある製品と別の製品の違い，携帯電話サービスにおけるあるサービスと別のサービスの違いなどが，これ

---

1 この章は，加護野忠男・井上達彦『事業システム戦略』有斐閣，2004 の序章，1章，3章の内容に技術経営的な視点を加味して要約して編集したものである．概念の定義や理解を歪めないように，定義や概念の基本的な説明については表現を前掲書と同一にした．なお，事業の仕組みについて，体系的かつわかりやすく理解を深めたい方には，小川（2000）と國領（1999）をお奨めする．また，嶋口（2004）や浅羽・新田（2004）には事業システムについてさまざまな事例が紹介されている．学術的なルーツの一つは，Cochran（1957）にある．

◻表1-1　製品あるいはサービスの差別化と仕組みの差別化

	差別化1	差別化2
方法	製品あるいはサービスの差別化 (製品・サービスに違いを生み出す)	事業システムの差別化 (事業の仕組みを通じて違いを生み出す)
特徴	目立つ，分かりやすい 華々しい成功 真似やすい，持続時間が短い	目立たない，分かりにくい 目立たない成功 真似にくい，持続する

出典：加護野 (1999), p.23, 加護野・井上 (2004), p.5

にあたる．表層的な価格の差異，製品の性能，デザイン，品質，広告，イメージ，アフターサービス，支払条件，品揃え，その他顧客への便宜による差別化である．

　もう一つのレベルは，事業システムの差別化である．一言でいうと，顧客に価値を提供するための仕組みや能力による差別化を意味する．たとえば，要素技術，製品開発の方法，生産技術，工場の設備や配置，販売と流通の仕組み，人々を動かす仕組み，蓄積された信用，などがこれにあたる．

　製品・サービスの競争は，目立つし華々しくて，よく話題にもなる．しかし，差別的競争優位が持続する期間は短い．新奇性のある製品・サービスを市場に出しても瞬く間に追随されてしまう．コピー機の開発・製造・販売を例にとると，カラーコピーにしてもデジタルコピーにしても，次から次へと類似製品が開発され，ある機種が競争優位を持続することは少ない．

　これに対して，事業システムの差別化は，目立つことはないし，一般に話題になることも少ない．しかし，ひとたび差別的優位をもたらす仕組みを作り上げてしまえば，その競争優位は，長く持続する．コピー機の開発・製造・販売の場合も，仕組みがもたらす競争優位は長く持続している．

　少し立ち入って解説しよう．コピー機のインストールベース[2]というのは，ひとたび顧客ネットワークとして作り上げてしまえば，なかなか追随されにくいものである．先に主要な地域に営業拠点を設置してしまえば，他社が同じ地域に参入して同じレベルの顧客基盤を築くのが難しくなる．既に囲い込

---

[2] インストールベースについては，Shapiro and Varian (1998) が詳しい．

まれていることも多く，置き換えの営業活動を進めるのが難しいからである．コピー機は，継続的なサービスが必要であるため，先行者は，メインテナンスの機会ごとに顧客のコピー機の状態を把握することができる．たとえ故障しても，すぐにでも駆けつければ，感謝されて人的なつながりも深まる[3]．必要なタイミングで買い替え需要を促すことができるという絶好のポジションに位置することになる．しかも，コピー機の決済額は，大規模情報システムのように高額でないため，当該部署と担当営業で完結して買い替えを進めることができる．買い替えタイミングの不透明性と決済額の低さが後発者の不利を生み出し，一つの模倣障壁となるわけである．

この事業システムの特徴は，インストールベースが収益の源泉となるという点である．一定期間を通じてトナーなどの消耗品を販売したり，定期的なメインテナンスとして課金することによって収益を伸ばすことができる．このため，密度を高めてインストールベースを拡張すればするほど収益性は改善されるのである．

また，ひとたび顧客インストールベースを作り上げれば，少しぐらい商品開発で遅れをとってもすぐに挽回されることはない．次の買い替えのタイミングまでに類似商品を開発すれば，シェアを奪われなくて済む場合が多い．このようなインストールベースを前提にすれば，商品開発で先端を走り余計なリスクを背負う必要もないのかもしれない．むしろ，リバース・エンジニアリングの力を蓄え，いつでも追随できる技術的な下準備をしておく方が有効であろう[4]．

一方，顧客インストールベースを有していないメーカーは，ますます，新製品の開発に駆り立てられる．製品で差別化しなければ，インストールベースを拡大して競争に勝ち残っていけないからである．たとえ，それが模倣されるとわかっていても，製品開発で勝負せざるを得ない．

---

[3] 現在では，多くの顧客のコピー機とネットワークを介して使用状況が管理されており，買い替えのタイミングなども最適化されている．ただし，人と人とのつながりは重視されていて，システムによる管理が特に表立って出されているわけではない．
[4] ただし，技術的転換期には，他社に先駆けなければインストールベースを維持・拡大できない場合もある．コピー機でいえば，アナログからデジタルへの移行がこれに該当し，リコーなどの有力企業は，積極的にデジタル化を推進して顧客ベースを守った．

このように，業界屈指のインストールベースとリバース・エンジニアリングを結合させれば，追随戦略に適した事業システムを構築できる．いい過ぎかもしれないが，インストールベースを築き上げれば，競争他社の開発力をも自社の競争力に結びつけてしまうような事業システムを構築したことになるわけである．

MOT の事業システム

ただし，いったん築き上げた競争優位であっても，別の事業システムによってその優位を脅かされることはある．コピー機の業界においても，キヤノンは技術をテコにライバル他社のインストールベースの一部を侵食して新しいポジションを創造した．

キヤノンの知恵は，ライバル他社のサービス網やインストールベースをそのまま模倣しようとしなかった点である．サービス網の密度が低くても，複写という価値を提供できるような解決策を技術によって打ち出したのである．

そもそも，複写ソリューション事業において高密度のサービス拠点が必要なのは，ドラムや給・排紙機構の周辺のトラブルが絶えず，紙詰まりなどを起こしたときにすぐにでも駆けつけられるというサポート体制が不可欠だからである．裏を返せば，少々のことでは絶対にトラブルが生じないコピー機ができれば，サービス拠点が少なくても対応できる．これは技術的には可能かもしれないが，コストが何倍にも膨れ上がってしまうであろう．これでは，顧客にとってのイニシャルコストが著しく上昇してしまうので，既存のライバル他社の事業システムに太刀打ちできない．なぜならライバル他社の製品・サービスは，イニシャルコストが安く，しかも困ったときにすぐに駆けつけてくれる高品質ソリューションだからである（これは，一定のレベルの故障を割り切って許容しながらアフターサービスで対応し，そこから収益を伸ばすという仕組みがあるからこそ提供できる価値である）．

実際にキヤノンのとった策は，逆転の発想に基づく．コア部品であるドラム周りをカセットカートリッジというモジュール部品として，そっくり交換

できるようにしたのである．カセットカートリッジの交換は，一般ユーザーが自分で行える簡単な作業である．また，カートリッジさえ交換すれば，一定の枚数まではトラブルを起こすことはない．それゆえ，メインテナンスなどのサービスそのものが不要となり，サービス拠点が少なくても全国に拡販できるようになる．とくに，SOHO などの個人事業や商店主など，コピーの枚数が限られているユーザーには 5 円／枚というコストは魅力的である．

　ミニコピア／ファミリーコピアの事業は従来のサービスを軸とした事業システムとは，まったく異なった収益原理に従う．まず，顧客との継続的なつながりが重要ではないので，サービス拠点への投資はあまり必要とされない．むしろ，一般の電化製品のように，売り切りと部品の買い替えによるビジネスなので，価格を下げることの方が重要である．また，模倣を防ぐという意味でも，コア技術は筐体の方ではなく，交換される消耗部品であるドラムの方に埋め込まれている[5]．ドラムの買い替えによっても収益を伸ばせる仕組みである．このように，ミニコピアは，カセットカートリッジ技術をテコに，サービス網を不要とする事業システムを構築して，低速機セグメントの売上台数を伸ばしてマーケットシェアを高めた．

　さらに，キヤノンはこのカセットカートリッジ技術を活かして，中速機や高速機のセグメントにも侵攻していく．モジュール化すれば部品点数は少なくなり，部品交換も容易になる．それゆえ，より少ないサービス拠点で，必ずしも熟練していないサービス要員でも保守サービスが行なえるようになる．キヤノンは，教育・訓練も含めて効率的にサービス網を拡充していくことができたと推察される．ちなみに，戦略的にカギとなるカートリッジ化やモジュール化にかかわる技術は，知財部隊がしっかりと特許化して，容易には追随できないように工夫されている．

　このように，技術を製品レベルの競争に向けるのではなく，それをいかに新しい事業システムを築きあげるかが肝要である．本書の関心は，このような技術の戦略的活用にある．

---

[5] キヤノンのカートリッジ技術については，榊原（2005）が詳しい．

2. 価値創造の仕組み

価値を創造するための諸活動の制御

　事業システムには，いくつかの「顔」がある．さきのコピー機の事例でみてきたように，事業システムとは，差別化をもたらす仕組みでもあり，収益を上げる仕組みでもある．しかし，それ以前に，それは顧客に対して価値を創造して届けるための仕組みでなければならない．

　ひとことで価値を顧客に届けるといっても，そのためには，実にさまざまな活動が必要である．しかも，それぞれの活動が相互に調整されていなければならない．たとえば，一般家庭でゲームを楽しんでもらうためには，ゲームソフトとこれを動かすゲーム機器が必要である．ゲーム機器の心臓部分であるマイクロプロセッサは，半導体メーカーとの協業で開発しなければならない．汎用部品については購買部門が調達するとしても，それらを生産部門に集めて組み立てなければならない．生産部門は在庫の調整を最適化しながらこれらの部品をアセンブリーラインで組み立てて製造するわけである．

　ハード機器だけではない．補完財であるソフトがなければ顧客はゲームを楽しむことができない．外部のソフトメーカーと契約を結んで，自社のゲーム機器にふさわしい作品をプログラム化して製品化してもらう必要がある．厄介なのは，ゲームソフトというコンテンツは当たり外れが激しいので，どちらがリスクを背負うかの取り決めを行わなければならない点である．

　ハードやソフトの開発と生産にめどが立っても，それを顧客に届けなければ意味がない．流通や販売の面でも，基本的に卸問屋を使った間接流通か卸問屋を使わない直接流通をとるのかを決める必要がある．ここでは，技術特性を活かした，活動の調整のしかた（分業の構造，インセンティブのシステム，情報，モノ，カネの流れ）をみていく．任天堂はカセットROMに適したやり方で，ソニーはCD–ROMに適したやり方で，それぞれ成功を収めた[6]．

---

[6] ゲーム産業については，新宅・田中・柳川（2003），小橋（1998）を参照されたい．

それぞれ，どのような戦略的意図をもって，ヒト，モノ，カネ，情報の動きを調整しているかに注目してみていこう．

任天堂の事業システム

かつて，家庭用ゲームという市場が存在しなかったとき，任天堂は，市場を創造するという明確な戦略的な目標を立てた．そして，「一発必中」といわれる開発体制で，必ずヒットするソフトを厳選して市場に流したのである．その理由は，粗製乱造式に面白くないゲームを数多く開発して流通させると，ゲームとはつまらないものだという認識が広まり，市場の創造に失敗するからである．このような考え方で生まれたのが，ファミコンとスーパーファミコンであった．

技術的には，ソフトのプログラムはプラスチックのカセットの中のボードにROMとして埋め込まれていた．これは，外部からのコピーが難しく，知財管理が容易であり，サードパーティが勝手に粗悪品を市場に流すことを防ぐというメリットがあった．その反面，このカセットを作るのには，数ヶ月という生産リードタイムが必要であり，見込み生産をせざるをえなかった．

任天堂は，見込み生産から発生するリスクを回避するために，いくつかの工夫を凝らした．まず，ソフトメーカーからの受託生産という形を取り，在庫リスクをソフトメーカーに転化した．さらに，ソフト会社を厳しく選定して，その内容を管理しながら一発必中のソフト開発を行った．任天堂が「ヒットが確実」と思えるものを中心に開発させて，売れ残りが生じないように積極的にコントロールしたのである．

SCEの事業システム

ソニー・コンピュータエンタテインメント（SCE）は，これとは逆の事業システムを作り上げた．後発のソニーは，ソフトのプログラムをCDに書き込むという選択を取った．そして，CD-ROMならではの開発・生産・流通システムを築くことによって任天堂を追撃したのである．

CD-ROMは，生産のリードタイムが極めて短い．だから，実験的に店頭

に置いて，売れれば迅速に追加生産・補充することが可能である．迅速な流通システムを作れば，クリスマスや正月の商戦にも，機会ロスなく必要な商品を店頭に並べることも容易になる．初期ロットの数量を抑えても在庫の適正化が図れるのである．

さらに，CD-ROM 一枚あたりのコストはカセット ROM より安い．そこで，ソニーは生産したソフトを買い取ってそのリスクを背負うという買い取り契約を結んだ．もはや一発必中にする必要がないと考え，実験的にソフト開発ができるようにしたのである．だから，幅広くソフト開発会社に呼びかけて，思い切ったソフト開発を奨励するという方針を取った．ソフト会社が負担するロイヤルティを下げて，参入のインセンティブを高め，オープンな関係を築いたのである．このような商流，物流，情報流があって，多種多様なソフトが生まれた．CD-ROM という技術がなければ成り立たなかった事業の仕組みである．

このような仕組みが有効であったのは，すでに任天堂が家庭用ゲームという市場を立ち上げていたからである[7]．すでに，顧客はゲームとは面白いものだと十分にわかっていて，多種多様なソフトを求めていた．市場におけるポジション的という観点からすると，ライバル他社の創造した市場というものがあるからこそ成立するポジションだったといえよう．

オンラインゲームの事業システム

現在では，さらに新しい市場とポジションが生まれつつある．スクエアエニックスなどのソフトメーカーがオンラインゲーム事業を展開して，ヘゲモニーを奪おうとしている．オンラインゲームは，インターネットに接続された自宅のパソコンで楽しめるため，この業態が一般的になると，ゲーム機器そのものの意味がなくなる．物流も不要になり，流通在庫から発生するリスクがなくなるかわりに，システム構築のための投資や運営費が必要になる．

オンラインゲームが提供する価値は，スタンドアロンのロールプレイング

---

7 小橋（2004）参照．

◆表1-1 事業システム間の比較

	任天堂	SCE	スクウェア・エニックス
ソフトの開発・生産 ・サードパーティ数 ・同上規模 ・ロイヤルティ ・生産方式	少数精鋭主義 ・少ない ・大手中心 ・高い ・初回最低ロット設定	門戸開放主義 ・多い ・小規模，新興が多い ・安い ・リピート生産	少数自社育成 ・— ・— ・— ・ダウンロード等とサーバー配信の組み合せ
ソフトの製品戦略 ・形態 ・タイトル数 ・品質 ・価格	確実なヒットの創造 ・カートリッジROM ・少ない ・駄作の排除 ・高い	突発的なヒットの期待 ・CD-ROM ・多い ・玉石混交 ・安い	ヒットへの育成 ・インターネット利用 ・少ない ・変化する ・継続課金
ソフトの流通・販売 ・ソフト買取リスク ・問屋機能 ・取り扱い小売店数 ・販売価格	卸問屋経由，間接流通 ・ソフトメーカー ・「初心会」経由 ・多い ・値崩れしやすい	卸問屋排除，直接流通 ・SCE ・直接流通 ・少ない ・安定的	インターネット接続 ・インフラ整備リスク ・— ・— ・多様，継続的
事業システムの狙い	少数精鋭主義に基づく，確実なヒット作の創造．	門戸開放主義に基づく，突発的なヒット作を期待．	常時監視により確実なヒット作へと育成し，継続的な関係を構築．
事業システムの課題	恒常的な流通在庫 大幅な値崩れ 抱き合わせ販売 中古ソフトの氾濫	リピートの発注 定価販売の徹底	ヒット作の立ち上げ 撤退の難しさ 会員数の確保，維持 コミュニティの安定化

出典：藤川（1999），p.370をベースに，新宅・田中・柳川（2003），松山（2006）から作成．

ゲームとは様相を異にする．ゲームのセッションに参加するプレイヤーは，あらかじめプログラムされたコンピュータと対話するのではなく，他の人間が操るプレイヤーと対話を重ねる．それゆえ，異次元における「社会の縮図」の中で，リアルの世界の自分とは異なった役割を演じることができるのである．ある者は，仮面舞踏会のように，「なりたい自分」を演じることであろう．また，別の者は，現実の社会では自己開示できない「本当の自分」をネットの世界でさらけ出しているという話を耳にする．

いずれにしても，このような価値にロックインされると，なかなかこの世界から抜け出すことはできない．いったんユーザーが参加してゲームを進めるとゲームポイントなどが蓄積されるし，ちょっとしたコミュニティも生まれ育つため，継続のインセンティブが高まる．

これが，オンラインゲームの事業システムのあり方を決定している．収益モデルは，これまでのようにソフトを売ってその対価をもらうというものではない．最初に入会金を課すが，むしろ月々の参加料から収益を上げているのである．それゆえ，この事業システムでは，ユーザーとの関係をいかに継続させるかがカギとなる．乱暴なプレイヤーがゲームの世界を破壊したり，ハッキングによってゲームのルールが破られたりしてはならないのである．これを防ぐために，オンラインゲームではゲームマスターがゲーム社会をゆるやかに管理している[8]．

さらに，興味深い点は，常にユーザーをモニタリングすることによって，ゲームの細部を面白くなるように少しずつ進化させることができるという点である．立ち上げ時から現在に至るまでにゲームの性質がずいぶん変わったといわれるオンラインゲームもある．ゲームソフトというと，他のコンテンツビジネスと同様，「水物」であると考えられてきた．つまり，ヒットするかどうかは市場に出してみなければわからず，基本的にはうまくポートフォリオを組んで多産多死でヒット作品を生み出すしかないという常識があった．オンラインゲームの場合はこの常識を覆し，ユーザーとともにヒット作品を共に創りあげる余地がある．

以上，家庭用ゲームの歴史的変遷をおおまかにみてきた．カセットROMか，CD-ROMか，インターネットを利用した配信サービスかという技術特性の違いによって，事業の仕組みは大きく異なる．新しくヘゲモニーを握った企業は，他社が開拓した市場があるからこそ成り立つポジションをみつけ，そのポジションを築くために新技術を活用してきたのである．そして築

---

[8] 同じMMORPGでもゲームによって介入の度合いは異なる．ユーザー同士の戦闘がないゲームなどは，ネット社会にゲームマスターが積極的に関与しなくてもゲームが進行するため，その介入度は低い傾向にある．

き上げた仕組みは，新しい世代の技術だからこそ成り立つ分業の方法，インセンティブ設計，リスク分担，商流・物流・情報流となっている．

3. 仕組みづくりの経済原理

事業の幅と深さ（自社の担当範囲）

さて，事業システムを築くということは，開発から，購買，製造，販売，マーケティングなどの活動を，価値供給という目的に向けて連鎖させるということを意味する．ここで重要なポイントは，価値創造システムの中で，自社の価値連鎖をどこまで広げるかにある（加護野・石井，1991）[9]．その理由は，広げ方によって収益の上げ方や競争優位の築き方が異なるからである．それゆえ，どこまでを自社の担当範囲とするか，事業の幅（製品やサービスの領域）と事業の深さ（職能の範囲）を経済原理と照らし合わせて決めていく必要がある．

また，どこまでを自社で担当し，他社とどのような関係を築くかによって活動の仕方も異なる．これらは，事業システムの骨格を決める選択であり，事業システムを構築するときにまず決めなければならないことである．ここでは，半導体業界を例として取り上げながら解説しよう．

① どの活動を自社で担当するのか（境界の選択）

骨格を決める一つめの選択は，価値を提供するのに必要な一連の活動のうち，どの活動を自社で担当するのかである．担当する範囲をヨコとタテ（水

---

[9] 事業システムはポーター（1985）の価値連鎖（Value Chain）に近似する概念だといえる．一般にはあまり知られていないかもしれないが，価値連鎖は，より広い活動群としての価値システム（Value System）に埋め込まれている．価値システムというのは，いわば，部品メーカーの価値連鎖，組み立てメーカーの価値連鎖，販売業者の価値連鎖の総体であり，この価値システムの中で，それぞれの企業は独自の価値連鎖を築いている．たとえば，家庭用ゲームの価値システムには，スクエアエニックスなどのソフトメーカーや任天堂やソニーコンピュータエンタテイメントなどのハード機器メーカーの価値連鎖だけでなく，東芝やNECエレクトロニクスなどの半導体部品メーカーや顧客にソフトやハードを販売する小売業者の価値連鎖も含まれているのである．

平方向と垂直方向)，いわば「幅と深さ」に分けて考えてみよう．

　事業の水平方向の幅というのは，自社が取り扱う製品・サービスの範囲である．たとえば，半導体メーカーであれば，汎用メモリーのみ扱うのか，それともロジック系のチップ（ウエハに配線回路を形成しているもの）まで扱うのか．ロジック系のチップといっても多種多様で，火災報知機に使うようなコモディティ化の進んだチップを中心に扱うのか，自動車エンジンの制御チップのような特定顧客向けのものを扱うのか，さらに，スーパーコンピュータやハイエンドルータ向けの最先端のチップも含めて扱うのかという選択をしなければならない．

　これに対して，事業の垂直方向の深さというのは，自社が担当する職能の範囲である．半導体でいえば，設計は自社で担当するのか専業のファブレスに任せるのか，製造は自社で担当するのか専業のファウンダリーに任せるのか，営業・販売は自社で担当するのか外部の販売代理店を使うのかを選択しなければならない．開発，購買，製造，マーケティング，販売，アフターサービスという，いわゆる垂直方向の価値供給連鎖にかんする選択のことを意味する．

② 外部の取引先とどのような関係を築くか（関係性の選択）

　二つめの選択は，外部のパートナーとの関係にかんする選択である．その選択の基本は，「市場か組織か」というもので，一方の極には「純粋な市場取引」があり，他方の極には「純粋な社内取引」がある．

　純粋な市場取引とは，その都度，価格や条件面などで最適な取引先と契約する形態で，スポット取引と呼ばれる．もう一方の純粋な社内取引とは，社内のある部門にその業務を担当してもらって融通する形態で，内部取引と呼ばれる．

　半導体の場合，製品の属性によって，パートナーとの関係にかんする選択の幅が違ってくる．たとえば，特定顧客向けの先端チップを開発するときには，顧客企業との協業は不可欠である．お互いの技術のロードマップを見せ合って，トップセールスによってコミットメントを示して，パートナーシッ

コラム①：半導体ビジネスの流れ

　1980年代，日本の半導体事業が全盛であった頃の日系企業の主要製品はメモリーなどの汎用品であり，カスタム仕様ではない規格製品のため，設計から製造まで全てを社内で行う垂直統合型のIDM（Integrated Device Manufacturer）がその生産効率において最適だった．このような製造の流れの中では企業間取引は活発化せず，内部調達を原則としていた．1990年代になるとASIC（Application Specific IC，特殊用途向けIC）やSoC（System on Chip）の市場が拡大し始め，顧客のさまざまの要求にすばやく対応することが必要となり，デザインルール（シリコンウエハ上の最小パターン加工精度を示す指標）毎にプロセスから設計資産に至る非常に多くの開発成果の蓄積が必要となった．すべての開発を自前で行い，内部資産として抱え込む日本型のIDMでは，個々の製品開発のスピードにも対応できなくなり，さらには莫大な固定費の増大を招くことになる．このため，ASICビジネスに適合するファブレス＆ファウンダリー（以下F&F）と呼ばれる水平分業型が注目を集めることになった．この分業形態では，ファウンダリー（製造企業）が製造技術を一括して開発し，豊富な資金力を武器に巨額の設備投資を行う一方，設計に必要なLibraryやIP（Intellectual Property），EDA（Electric Design Automation）ツールなどの設計資産をファブレス（設計企業）がデザインルールやパラメータを公開することで，それぞれの専業ベンダーに用意させた．マーケティングと設計に注力したファブレスがこの設計資産を利用し，多様な製品開発を行ってきたのである．このF&Fでは，それぞれのレベルでリソースを集中できるため，適切な投資と効果的な資本回収ができるようになった（費用の最小化が顧客ニーズにもマッチした形態として成立）．この時期を境に企業境界の変化が生じ，これまで社内での一括生産（垂直統合型の生産方式）が主流であった半導体業界に於いて，モジュール化された各工程での生産が企業の枠を越えて行われるようになっていく．

　1990年代後半から2000年にかけて，F&Fの形態が再び変化する．この時期，デザインルールが130nm世代となり，従来のF&Fでは水平分業故の技術的な一貫性のなさが大きな問題となる．微細化が進むことで電源電圧が低下，動作速度が向上するというメリットがある一方で，これまで考

慮しなくてもよかった寄生素子やパラメータがLSIの動作に悪影響を与え，信頼性の低下や不良率の増加を招いた．そこで，従来のIDMで見られた設計と製造の強いつながりとF&Fに見られた水平分業による高い効率性を融合した新たなIDMが必要とされるようになった．近年の傾向として，F&F内部の企業間事業領域においても再編の傾向がうかがえる．

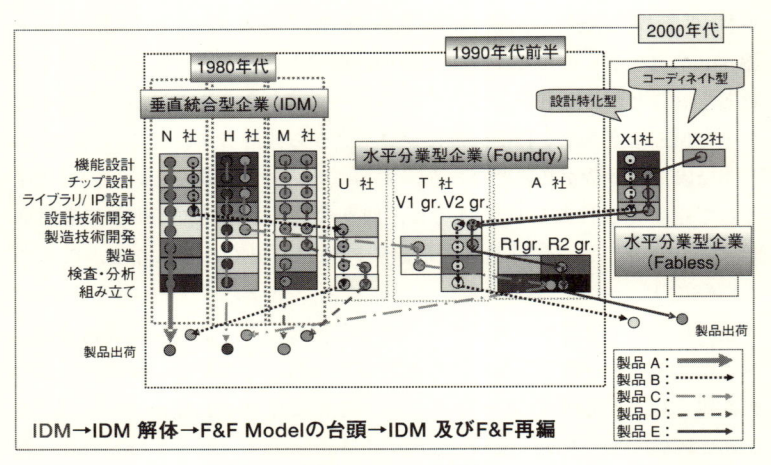

図　IDMの変遷

　日本における半導体事業戦略の一つとして活用されてきたIDMの変遷を図に示す．波線で囲まれた領域が個々の時代における企業の製造フローの枠組みであり，図中の矢印は製品（アプリケーション）毎にプロジェクト的に製造フローが決まる現状を示している．企業の製造フローが社内でクローズされていた1980年代と対比すると，1990年代以降の現状では，取引費用が最小になることを大前提とし，なおかつ顧客ニーズ（TAT：Turnaround Time, Performance 等）を最大限満足させるための最適化された製造フローが構築され，企業間の境界は複雑に入り乱れている．このような企業間取引を最適化できた企業が半導体業界の競争に勝ち残れるとも考えられる．

　　　　　　　　　　　　　　（コラム：和泉　茂一・井上　達彦）

プを締結する必要がある．自社で担当するといっても，顧客企業との緊密なやり取りが必要で，共同開発という形態に近くなる．生産の面でも，ハイエンド製品の場合は，自社もしくは緊密なパートナーによって行われることがほとんどである．逆に，いわゆる，「枯れた技術」の適用によって開発・生産できるチップの場合，台湾の製造専業のファウンドリーと「純粋な市場取引」を行うこともできる．

自社の担当範囲と経済性

さて，上記で説明した自社の担当範囲と他社との関係性が，事業システムの構築にとって決定的に重要なのは，それが基本的な収益原理と深くかかわっているからである．収益原理は，①規模の経済，②範囲の経済，③速度の経済，④集中化と外部化の経済，⑤ネットワークの経済，という五つのタイプに分けることができる．

① 規模の経済

規模の経済（economies of scale）とは，簡単にいえば，たくさん作ってたくさん販売すれば，それだけ安くなるというスケールメリットのことである．製品・サービスの産出量が増えるごとに，単位あたりの平均費用は下がる．規模の経済の本質は，たくさんの製品やサービスに，固定費を分散させる点にある．固定費というのは，生産量の多少にかかわりなく負担しなければならない一定の費用である．一定である点が，生産量に応じて増減する変動費（原材料費や光熱費など）とは異なる．

規模の経済の典型は，汎用メモリーである．汎用メモリーは不特定多数の顧客に，見込み生産でプッシュ販売する．スケールメリットを活かして規模の経済を追求する仕組みであり，多くの場合，当該製品を大量に生産することで投資にかかった費用を回収する．

純粋な意味での規模の経済は，同じ製品・サービスを大量に生産して固定費を回収するということである．したがって，これを追求するということは，事業領域や職能範囲を一定の範囲で絞るということを意味する．たとえ

ば，先端の汎用メモリーをつくるためには，工場の建設を含めた生産設備に1000億円規模の投資をしなければならないので，この投資を回収して利益を上げるためには，グローバルに一定の規模のマーケットシェアをもっている必要がある．韓国のサムソンや日本の東芝は，汎用メモリーというセグメントに重点をおいて規模の経済を追求している．

② 範囲の経済

範囲の経済とは，同一の企業が複数の事業を同時に営むほうが，別々の企業がそれらの事業を独立して営むよりも割安になるという現象である．たとえば，aという事業だけを独立して営むA社，bという事業だけを独立して営むB社，さらには，aとbという二つの事業を一つの企業（あるいはグループ）として営むC社があるとする．もしも，C社の総費用が，A社とB社の総費用を和したものより低ければ，範囲の経済性が成り立つ．

C社の総費用　＜　A社の総費用　＋　B社の総費用
（産出量 Qa+Qb）　（産出量 Qa）　　（産出量 Qb）

範囲の経済が生まれる理由は，規模の経済と同じく，固定費の分散にある．規模の経済は，同じものをたくさん作って，固定費を分散させる．これに対して，範囲の経済では，いろいろな種類のものを作ることによって固定費を分散させるのである．知財やノウハウをいろいろな製品・サービスに利用するというのも範囲の経済性である．

もちろん，いろいろなものを作れば，自動的にコストが低くなるわけではない．共通する部分をうまく作って，それを使い回さなければコストは下がらない．半導体であっても，開発資産や生産設備をいろいろな種類のチップに使い回しする必要がある．このとき，事前に，開発資産や生産設備をどのように転用するかを計画するのがポイントになる．たとえば，SoCに代表される特定顧客向けのチップは，特定顧客にマーケットインの発想で提供する受注生産的な形態に近い．開発にかかった投資は，当該製品だけで回収できるとは限らず，開発資産を他の製品に転用するなどして回収する必要があ

る．スケールメリットを効かせる必要があるという点では汎用メモリーと同じであるが，異なった製品ラインで開発資産を多重利用しなければならない．それゆえ，事業の幅を広くして，複数の製品間の技術利用をうまくコーディネートする必要がある．

③ 速度の経済[10]

速度の経済は，スピードを上げることによって得られる，直接的ならびに間接的な経済的便益のことである．第一に，スピードそのものが顧客価値を高め，競争優位の源泉となるという効果がある．この典型例は，DRAM 開発全盛期（1980 年代後半から 1990 年代前半）の集積度競争であり，この時期は次世代 DRAM をいかに早く開発し，付加価値の高い時期にたくさんの製品を売り切るかが資産の回収と高収益化につながった．DRAM の世代交代（例えば，1MBit → 16MBit → 64MBit → 256MBit → 1GBit といったメモリー容量の向上）がこの典型である．

第二に，在庫回転率を上昇させ，投資効率を高めるという効果がある．いかなる事業でも，投資利益率は基本的な利益率の指標である．投下資本利益率は，利益を投資で除したものなので，この比率は，二つの比率の積（かけ算）として表現することができる．

$$\frac{利益}{投資} = \frac{利益}{売上高} \times \frac{売上高}{投資}$$
$$（投資利益率） = （売上高利益率） \times （投資回転率）$$

右辺の左の項は売上高利益率，右の項は投資回転率である．これは常に成り立つ恒等式である．右辺の売上高どうしを通分すると，左辺の比率が得られる．この公式は，交差比率公式と呼ばれる．

ここで，商品の回転スピードを上げることによって，投資回転率を上げることができれば，売上高利益率が変わらないかぎり，投資利益率を高めることができる．仮に，売上高利益率は平均の約 80％に下げても，在庫回転率

10　この概念の基本的な説明については加護野・井上（2004），加護野（1999）に従う．

を，5倍にまでアップさせることができれば，在庫投資に対する粗利益率は4倍になる．半導体の生産工場は新規に立ち上げた場合，稼働までに2年以上はかかると言われている．これをいかに素早く立ち上げ，可能な限り早期に製品回転率向上に寄与させるかが収益を上げるためのポイントである．

　第三に，商品の回転スピードを上げることによって，売れ残りのロスを少なくできることである．発注－生産－配送－販売サイクルのスピードを上げることによって，売れ残りを減らすことができる．さらに，商品の回転スピードを上げることができれば，商品の切り替えコストが小さくなり，次の商品に切り替えることができる．

　スピードの経済を追求するためには，連携の取れたサプライチェーンマネジメントを構築する必要がある．自社内に，開発，生産，販売という職能を取り込んで統合するか，あるいは，他社とのパートナーシップで準統合する必要がある．自社の担当範囲という意味では，事業の深さとかかわる経済性である．

④ 集中化と外部化の経済[11]

　集中化の経済というのは，一つの事業分野に特化する，あるいはその中の一定の業務活動に特化することによって得られる経済的便益で，多くの場合，外部化の経済と表裏一体である．

　集中化のメリットは，第一に，他の事業の収益をあてにできないため，依存心がなくなり，自助努力のインセンティブが高まる．第二に，限られた経営資源を一点に集中することによって，独自の技術やノウハウを蓄積することができる．第三に，ある特定分野での評判を築きやすく，情報が自然に集まるような構造が作りやすくなる．第四に，事業コンセプトを明確にできるため，意思統一を図ったり社内の意思決定がスピーディになる．半導体の業界では，製造に特化した昨今の台湾のファウンダリーがこれらのメリットを享受している．

11　この概念の基本的な説明については加護野・井上（2004），加護野（1999）に従う．

一方，外部化のメリットは，第一に，外部化によって市場の競争原理を導入することができる．第二に，外部の高度な専門性を利用することができる．第三に，企業としての伸縮自在性を高めることができる．第四に，外部で仕事を引き受けてくれた独立した事業体が，市場で生き残るために適切な判断をしてくれる．半導体の回路設計に特化している欧米のファブレス企業は，製造機能を台湾のファウンダリーに外部化して，シリコンサイクルの波から生じる投資リスクを避けている．

　いうまでもなく，ある特定の事業領域や職能範囲に特化するということは，集中化と外部化の経済を追求するということと同義である．コアとなる部分の専門性を高め，市場の競争原理を踏まえて外部資源をうまく利用しながら，顧客に価値を供給するという考え方である．

⑤　ネットワークの経済（外部利用の一種）

　ネットワークの経済とは，利用者が増えれば増えるほど，利用者の便益が高まるという経済性を指す．この典型は，家庭用VTRにおけるVHS規格である．VHS規格のユーザーが増えれば増えるほど，ソフトの相互利用などの便益がもたらされる．パソコンソフトやゲームソフトにおいても同様の経済が作用する．この経済性は，業界の標準規格を獲得することのメリットと同じことを意味し，半導体でいうと，パソコンのMPU（マイクロプロセッサユニット）の標準規格化がこの経済に該当する．当初，インテルは，自社のチップMPUの性能を向上させても，バスによるデータ転送がボトルネックとなってその性能を十分に発揮できないという問題に直面した．これを打開すべく，より高性能なPCIバスという仕様を無償でオープンにして，関連企業がこの規格を採用するできるように促した．この施策によってインテルはMPUの標準規格を独占するに至り，現在の勝ち組に君臨している．ここにはさまざまな取り組みの結果を経て，単なる部品メーカーから，マザーボードのアーキテクチャを設計するプラットフォームリーダーへと変貌をとげた現状のインテルの強さをうかがい知ることができるのである．

　このように，業界標準を勝ち取るためには，他社との関係性に配慮しなけ

ればならない．規格をオープンにしたり，補完企業を支援したりして，他社にとってもメリットのあるようにしなければならない．

事業システムとは
　以上の説明からもわかるように，自社の担当範囲や他社との関係性は，事業システムの経済原理を決めるという意味で表裏一体の関係にある．原則的に，事業の幅を広くして資源の共通利用ができれば，範囲の経済を作動させることができる．逆に，事業の幅や職能の範囲を絞って専門性を高めることができれば，集中化と外部化の経済を追求できる．垂直のサプライチェーンについて統合，あるいは準統合することによって，商流・物流・情報流を整えることができれば，速度の経済を享受することができるのである．
　そして，事業の幅と深さが，事業の仕組みの経済原理に強く影響するという点に注目すれば，事業システムの基本的な設計パラメータもおのずと明らかになる［本書でも加護野・井上（2004, pp.35-36）に従う］．

　◇どの活動を自社で担当するか，
　◇社外のさまざまな取引相手との間に，どのような関係を築くか，

　しかし，これら二つの選択だけでは，事業システムが決まったことにはならない．戦略的意図，すなわち設計思想をもって，顧客に価値を届けるための活動の連鎖を築かなければならない．社内はいうに及ばず，社外の諸活動も戦略的意図に整合するように調整する必要がある．これらの調整は，組織の分業，人のインセンティブ，情報・モノ・カネの流れ，を整えることによって行われるべきものであろう．より具体的な設計パラメータは，下記の通りである．
　(1) 誰がどの仕事を分担するかについて分業構造の設計
　(2) 人々を真剣に働かせるようにするためのインセンティブの設計
　(3) 仕事の整合化のための情報の流れの設計
　(4) 仕事の整合化のためのモノの流れの設計

(5) 仕事の遂行に必要なお金の流れの設計

　もちろん，上記のパラメータはそれぞれが独立したものではなく，相互に関連しあったものである．インセンティブを高めようと思えば，相手のリスクを減らすべくモノとお金の流れを改めなければならないかもしれない．適切な場所に適切なタイミングでモノを届けるためには，ITなどを整備して情報の流れを密にしなければならないであろう．このように，それぞれが整合して事業システムとして成り立っているわけである．ソニーのプレイステーションにしても，開発したソフトを買い取ってソニーがリスクを負担するからこそ，ソフト開発メーカーに，「多様なタイトルを試行錯誤的に開発しよう」というインセンティブが働く．

　留意すべきは，自社の担当範囲と他社との関係性などの取り決めが，短期の収益性だけではなく，中・長期の成長性をも決定するという点である．なぜなら，自社の担当範囲や他社との関係性によって，どのような情報の流れが作られ，どのような技術やノウハウが資源として蓄積されるかが違ってくるからである．たとえば，オンラインゲームにおいて自らゲームを配信するサーバーを立ち上げれば，その管理の技術やノウハウが蓄積されるだろうし，ゲームマスターを自前でもつことによってヒットするゲームの内容がわかる．それゆえ，戦略的資源がストックとして継続的にシステム化できるような事業の範囲を定めなければ，持続的な成長はありえない[12]．

　以上で述べてきた基本的な選択と，具体的な設計の結果として生み出されるのが，事業システムである．もう一度整理すると，事業システムとは，

「価値を供給するために経営資源を一定の仕組みでシステム化したものであり，①どの活動を自社で担当するか，②社外のさまざまな取引相手との間にどのような関係を築くか，を選択し，分業の構造，インセンティブのシステム，情報，モノ，カネの流れの設計の結果として生み出されるシステム」

12　この点については，伊丹（2003）から示唆を得た．

と定義することができる.

　このように，事業システムというのは，基本的には価値供給の仕組みであるが，それ以外にもいくつかの「顔」をもっている．たとえば，事業システムには，仕組みの差別化を実現して持続的な競争優位をもたらすシステムであるべきだという規範的な側面がある．差別優位をもたらさない仕組みも事業システムであるが，差別優位をもたらす事業システムの方が望ましいということである．この「べき論」から，競争戦略論の「顔」が浮き彫りになる．

　競争相手に対して差別化するためには，一定の能力と仕組みが必要である．また，競争に有利なポジションを確保したほうが収益性は高くなり，資源蓄積にもプラスに作用する．その結果，競争優位が持続するであろう．どの企業も事業システムを有しているが，あるべき姿や考慮すべきポイントは，競争戦略論の知見から引き出すことができるのである．次章では，このような競争戦略の考え方を反映させて，収益エンジンをうまく回すための事業システムの分析の枠組みを提示することにしよう．

（井上　達彦）

第2章 収益エンジンと成長エンジン[1]

1. ポジションとオペレーションと資源

顧客価値と戦略的ポジショニング

ポーター（2001）は，差別化を実現する諸活動を描き出すために，活動システムをマッピングしている．個々の活動を要素として切り分け，相互に関連する部分を線でつないでいる．システム性を表現するためである．

このマップにおいて，活動の相互連関は，戦略的ポジショニングに向けられていなければならない．競争優位を持続するためには，独自の戦略的ポジショニングに立脚している必要があるからである．

具体的に検討してみよう．セコムはリーズナブルな価格で家庭に安心・安全という価値を提供している[2]．一言でいえば，「ホームセキュリティ」というポジショニングをいち早く確立したのである．このポジション，すなわち，全国30万世帯を超える家庭にサービスを提供するというポジション

---

1 P-VARは，ビジネスモデル志向（プロフィット志向とモデル志向）による不完備な収益原理を補うものである．より理論的な位置づけについては，井上（2006）を参照．
2 セコムについては，加藤（1997；2003）が詳しい．セコム顧問の加藤善治郎氏，セコム広報室長の安田稔氏には快く取材に協力していただいた．記して感謝したい．

は，機械警備を軸にしたさまざまな活動によって支えられている．機械警備には莫大な投資が必要とされるが，利用者が一定規模に達すれば人的警備よりも高い収益率を期待できる．

　もともと，セコムは法人向けに，センサーと情報システムによる機械警備サービスを提供して成長してきた企業である．ホームセキュリティは，そこで蓄積されたインフラや資源を転用できたからこそ成り立つビジネスであった．基本的には，法人向けも個人向けも類似した活動システムによって支えられている．以下，セコムの活動システムをみていこう（図2-1）．

　機械警備をするには，盗難や火災が発生したときに感知するセンサーが必要である．ところが，センサーの感知度が敏感すぎると誤報率が上がり，顧

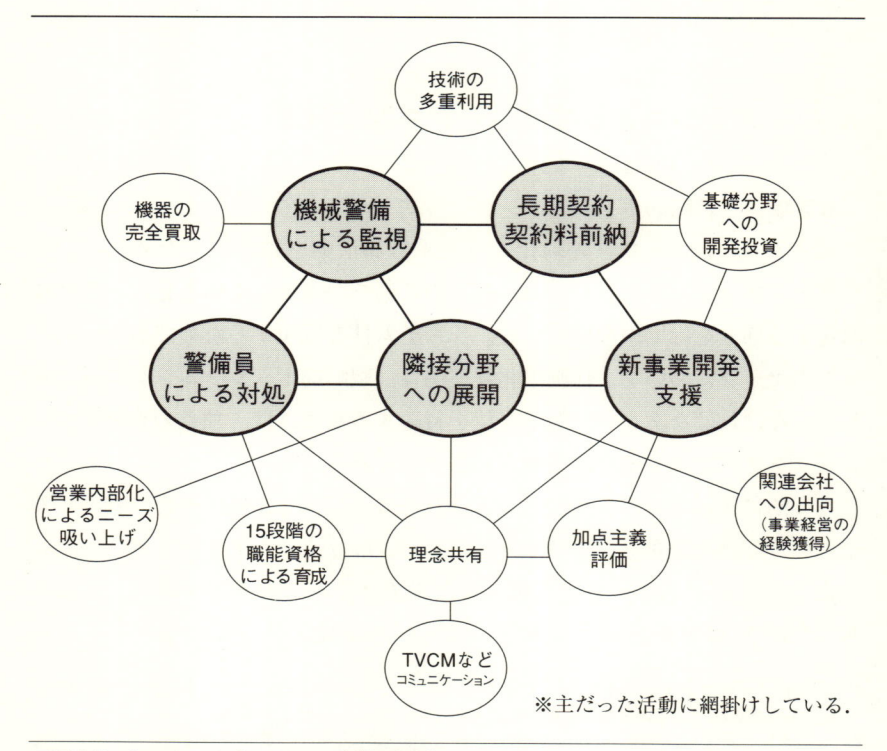

◘図2-1　セコムのセキュリティ事業の活動システム

客に迷惑をかけるばかりでなく事業効率も悪くなる．セコムは他社の力も借りながら最適化していき，ノウハウを自社内に蓄えた．センサーが悪意の第三者の手に渡るとまずいということで，当初から製造したものは完全に買い取って安全性を徹底した．

センサーが適切に感知しても，それが本部に伝わって警備員を派遣できなければ意味が無い．セコムは機械警備事業を展開する中で，NTTとの折衝を行って公衆回線を利用できるようにした．また，三鷹に大規模な投資をして情報ネットワークを築いてインフラを整備した．そして，緊急事態が生じたときにはすぐにでも（法律上25分以内）警備員が駆けつけられるように，ビートエンジニアと呼ばれる警備員の拠点を築き上げたのである．

セコムのホームセキュリティの事業は，法人向けのこれらのインフラや資源を利用している．だからこそ，リーズナブルな価格で全国津々浦々の家庭に「安心・安全」という価値を届けることができる．この意味で，ホームセキュリティの事業は，法人向けセキュリティ事業で確立されたポジションや資源があってこそ成り立つといえる．

もちろん，家庭へのセキュリティの重要性を訴えて，セコムの認知度を高める必要はあった．「セコムしてますか」というTVCMも，このようなマーケティング活動の一環である．セコムは，韓国などではホームセキュリティの代名詞としての知名度を確立しており，「セキュリティ＝セコム」という認識が広まっている．

移動障壁と模倣障壁

セキュリティ事業の戦略には，少なくとも三つのポジションがある[3]．一つめは，伝統的な「法人向けの人的警備」というものである．地域限定で警備員を派遣するという仕組みであり，事業規模を一定レベルに抑えることによって成り立つ．二つめは，「法人向けの機械警備」というポジションである．より高い利益率を追求できるが，全国展開しなければ固定費を回収しにくい費用構造をもっている．三つめは，「家庭や個人を対象にセキュリティサービスを展開する」というものである．ただし，ホームセキュリティは，

機械警備でなければ成り立ちにくい．一世帯あたりの課金が少額で，地域を絞ったとしても住居が散在しているため，人的警備では対応しにくいからである．さらに，機械警備をするということは，莫大な投資が必要とされる．すでに法人向けにインフラを築いている企業の方が圧倒的に有利なのである．それゆえ，このポジションは，法人向けに機械警備を行っている企業にしか参入できない領域である．

ライバル他社の模倣を防いで，競争優位を持続させるためには，そのライバルが模倣したくても模倣できないような活動システムを作り上げればよい．既存の競争相手とは違う活動システムを作り上げればよいのである．機械警備による全国展開というのもその一つである．セコムが，「ホームセキュリティ」を家庭に，「ココセコム」を個人に提供すると，総合警備保障（ALSOK）が後発参入した．しかし，そのほかの機械警備で実績の無い企業はこのセグメントに参入することができない．あるポジションに位置する戦略グループから別のポジションに位置する戦略グループへの移行を妨げる移動障壁が存在するからである．ちなみに，同じ戦略グループ内で，ある企業が別の企業を模倣するのに障壁となるものを模倣障壁として区別することができる（根来，2005）．

戦略的ポジションと活動システム

戦略的ポジショニングが決まれば，それに合わせて活動を整えていく必要がある．個々の活動を，その戦略的ポジションに合わせて結び付けるわけである．これがうまくいけば，戦略的適合（strategic fit）がもたらされる．

---

3 ポジションの定義にはさまざまなレベルがある．そもそも，どの業界を選ぶかという業界レベルのポジションがある．さらに同じ業界の中でも，戦略グループレベルのポジションがあるし，同じ戦略グループの中でもより詳細なマーケティングのセグメントレベルのポジションがある．本書では，戦略グループ，すなわち「同じ機会と脅威に直面している企業群」（Barney, 2002）というレベルに注目している．戦略グループというのは，言い方を変えれば，類似した資源ならびに類似した活動を有する事業システム群であり，事業システムが根本的に異なればそれが属する戦略グループも異なる．われわれは，競争優位を議論するのに業界全般よりも事業システムレベルの分析が有用だと考えている．この点が，同じく脅威に注目しても業界（industry）レベルに注目するMcGahan（2004）のスタンスと異なる点である．戦略グループについては，Hunt（1972），Porter（1977），McGee and Thomas（1986），石井他（1988），根来（2005）を参照．

セコムのポジションは，法人で築いたインフラをベースに，一般家庭や個人向けに低価格で安心・安全のサービスを提供するというものである．このポジションで事業を営むための主な活動は，機械警備によるモニタリングと全国に配備されたビートエンジニアリングによる警備の二つである．収益を上げる活動という意味では，初期の設置メニューとして，機器買い取りと機器レンタルがあり，その後，月々のセキュリティの契約料を集めることになっている．このほかに，販売代理店などに頼らない自前の営業活動，警備員研修，下請けメーカーからの機器の完全買い取り[4]などもある．これらはいずれも安心・安全というポジショニングに適合している．

　セコムの事例では，これらの活動が網の目のように結びついて，「ホームセキュリティ」というポジションを実現する仕組みを構築しているのである．さらに，そのフィットが，他の警備会社が模倣したくてもできないポジションをもたらしている．これらの活動の相互の結びつきが，競争優位を持続させている．

　言い換えれば，一つひとつの活動を模倣するのはたやすくてもよいということである．戦略的に適合していれば，個々の活動は単純でも競争優位を築くことができる場合もある．理由は三つある．一つめは，単純に個々の活動のすべてを模倣するのが難しいということである．そもそも，すべての活動を外から観察するのは容易なことではない．また，どの活動がどのように競争優位に結びついているか，その因果関係を外から特定するのも難しい．誰もがトヨタの生産システムを模倣したいはずだが，本当にコピーできている会社はほとんどない．たくさんの要素が複雑に結びついていて，外部からの観察が難しければ，個々の要素は単純でもよいという面もある．

　二つめの理由は，競争相手から同じポジションを勝ち取ることが難しいからである．とくに，すでに棲み分けされている場合などは，コスト不利に陥る場合が多い．同じような仕組みが築けたとしても，ライバル以上の投資が必要かもしれないし，既存のライバルに対して差別優位は生み出せないかも

---

[4] 防犯に用いるセンサーなどが一般に流通してしまうと，保安上問題が生じかねないので，セコムでは完全買い取りを行なっている．

しれない.

三つめは，内部的な自己矛盾の問題である．仮に，すべての活動を技術的に模倣できたとしても，それを，既にある自社のポジショニングと統合，ないしは矛盾なく両立させるのが難しい場合がある．新しいポジショニングよって自社の既存の活動システムの有効性が失われるのであれば，模倣は困難だといえよう．

このような状況で，すべてを模倣されるリスクはどのくらいあるのか．その模倣リスクというのを考えてみよう．模倣リスクというのは，ライバル他社にまったく同じ活動を模倣されるか，あるいは機能的にまったく同じ機能を別の形で代替されるリスクを示したものである．模倣される可能性が100%の場合は，リスクの係数は1.0となる．しかし，たいていの場合は100%を下回るので，その係数は1.0未満になることが多い．

具体例で考えてみよう．たとえば，警備会社にとって，警備員がちゃんと駆けつけてしっかりとガードするのは前提条件のようなものである．この活動の模倣リスクは1.0に近い．ただし，プロとしての仕事をするというレベルでいうと規律やノウハウが求められ，模倣リスクは0.9とか0.8にまで下がるであろう．逆に，模倣されにくいものとしては，センサーやネットワークを使った全国規模の機械警備があげられる．莫大な資本が必要であり，後発では回収の見込みが立ちにくいので，短期的にはほとんど模倣されることはない．

模倣リスクの分析のポイントは，個々の活動の模倣リスクは高くても，総体としてみれば，そのリスクが下がるということである．ライバル他社としては，個々の活動を部分的に模倣しても意味がない．全体を模倣，あるいは代替しない限り，同じ仕組みが作れないからである．だから，個々の活動がシステムとして結びついていれば，システムとしての模倣リスクはそれを掛け合わせたものになる（Porter, 1998）．それぞれが90%模倣されるものであっても，要素が二つになれば81%にまで下がるし，三つになれば73%にまで下がるのである．

さらに，戦略的なトレードオフがあると，一つひとつの活動さえ模倣でき

なくなる．というより，模倣してしまうと既存のシステムに逆機能を引き起こすからである．このように，戦略の基本はシステム性にある．近年，ある特定の技術，資源や活動が競争優位を決めるという議論が目立つ．しかし，それだけがコア・コンピタンスとなっているとは限らないのである．経営資源の絞り込みは確かに有効であるが，それが全てではない．

活動と資源

ここまで，顧客価値と戦略的ポジション，ならびにそれを支える活動システムについて説明してきた．活動システムにおける個々の活動は，それ自体を可能にする資源に支えられている．セコムの場合，センサーが感知したことを通知できるのは，情報ネットワーク基盤があるからである．また，ビートエンジニアが迅速に駆けつけることができるのは，全国にサービス拠点が張り巡らされているからである．

このように，一つひとつの活動を可能にする資源を特定すれば，事業システムの模倣リスクを資源にまでさかのぼって評価できる．たとえば，個別の経営資源を評価するのにVRIO分析（Barney, 2002）というものがある．これは，資源の価値（Value），希少性（Rarity），模倣困難性（Imitability），組織（Organization）を評価することによって，競争優位の源泉となっているかを評価する枠組みである．個々の要素資源が，価値があり，稀少であるだけでなく，模倣困難で，かつ有効に組織化されていれば持続的な競争優位の源泉となるが，そうでなければ，せいぜい一時的な優位をもたらすに過ぎないという考えである．

また，資源と資源との相互の結びつきも踏まえた分析もある（Black & Boal, 1994）．これは，資源が市場で調達可能であるか否か，蓄積するのに時間がかかるかなどの基本特性を明らかにし，その上でネットワークの埋め込み構造を評価するという分析手法である[5]．

---

[5] 以下の六つの点から資源をネットワークの構造から評価する．すなわち，①複合ネットワークの一要素であるか，②代替要素が存在するか，③取引可能なネットワーク要素と補完関係にあるか，④取引不能なネットワーク要素と補完関係にあるか，⑤他のネットワーク要素と強化関係にあるか，⑥他のネットワーク要素と抑制関係にあるか．

いずれにしても，活動システムと資源の切り分けは，資源の多重利用が可能な場合にとくに重要である．セコムの場合，安価なホームセキュリティサービスは，法人サービスの基盤があってこそのものである．自社にしかない固有の資源と別の新しい資源とを組み合わせることによって新しいポジションを築くという発想が大切である．このような事業立案は，どのような資源をベースに展開しているのか，その資源はどのように蓄積されたり転用されたりしているのを明らかにしなければ思いつくものではない．

　また，自社の資源分析を行えば，ボトルネックとなる資源も明確になる．不足する資源については，買収するか出資するなどして補強する必要がある．資源を自社で保有することなく，必要な活動を遂行したい場合は，市場からスポットでサービスを調達するか，長期継続的な取引を行えばよい[6]．

　以上のように，ポジション（Position），顧客価値（Value），活動システム（Activity Systems），経営資源（Resource）のそれぞれを重層的に重ね合わせることによって，より深く，多面的な分析が可能になる．マルチレイヤー（多層）式に事業システムを描くことによって，事業システムの分析・設計のコアとなるツールにまで発展させることができる．ここでは，それぞれのアルファベットの頭文字をとって，基本P-VAR分析と呼ぶことにする（図2-2）．

活動マップによる分析のポイント

　以上の議論から，事業システムが競争優位をもたらすロジックをわかってもらえたと思う．ポジショニング，システム性，フィットなどによって競争優位が持続するわけである．このロジックが明らかになれば，基本P-VARの静態分析のポイントもおのずと明らかになる．

---

[6] 活動システムにしても資源にしても，その要素が純粋に自社によるものなのか，関連会社のものなのか，あるいは，外部の会社のものなのかを区別しなければならない．事業システムは閉鎖系ではありえない．それゆえ，外部の活動や資源の中で戦略的に重要なものは，活動システムの一部として，区別しながらも描き出すべきであろう．

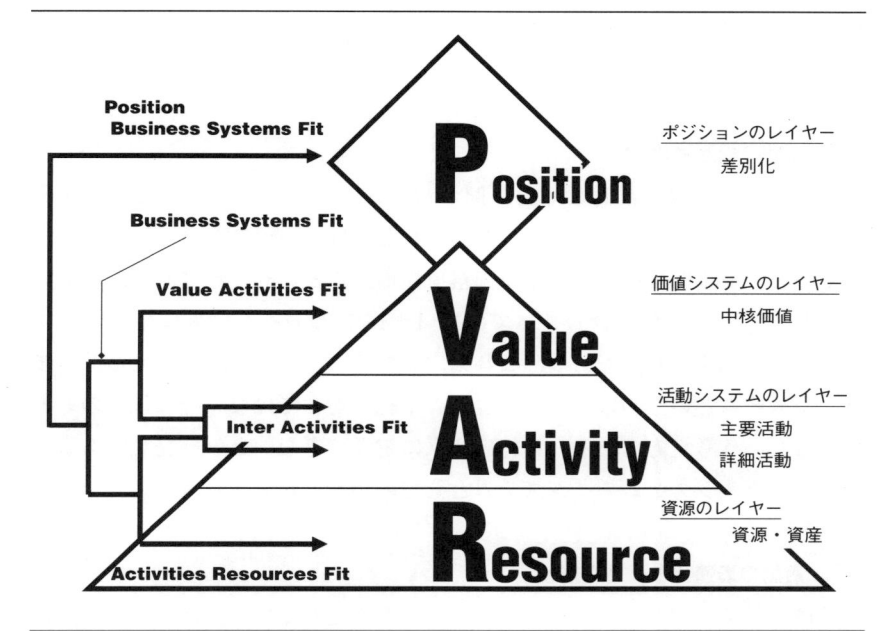

◘図2-2　基本P-VARの概念図

① 顧客の価値，全般的なポジショニング，資源との適合

　第1のステップで確認すべき点は，活動マップが戦略そのものと適合しているか否かである．つまり，他社とは違うポジショニングをとれているかどうか，そして，そのポジショニングに見合った活動システムを構築できているかをみるわけである．このとき，自社のポジションの魅力度をチェックして欲しい[7]．また，下支えしている資源が有効に使われていて，遊ばせているものがないかも調べる必要がある．事業システムが適合していれば，活

---

[7] ポジションの定義というのは事業の定義と通ずるところがあって容易ではない．ポジションを顧客の価値だけから定義すると，マーケティングにおけるセグメンテーションより深まらず，仕組みの部分が見え難くなる．逆に，ポジションを資源だけから定義すると，独りよがりの分析になることが多い（技術力があっても顧客の価値に結びついていなければ有効なポジションをとったことにならない）．本研究では，顧客への価値と経営資源が結びついて有効なポジションを獲得できるというスタンスをとる．したがって，ポジションの定義は，価値と活動と資源の三要素を考慮して行なわれなければならない．

動システムは価値と表裏一体となっており，自社の資源にしっかりと支えられているはずである．

② 活動の相互強化

次のステップは，活動と活動の間がしっかりと調整されているか，シナジー効果があるかどうかの確認である．たとえば，一つひとつの活動が，すべて安心・安全をリーズナブルな価格で提供するという戦略に向けられているにしても，それらが合わさって，1＋1＋1≧3といった効果に結びついているかを評価するわけである．これは，システムの創発性ともいえる．つまり，システムというのは，個々の要素の単純な総和ではなくそれ以上のものであるという考え方である．単純に要素に還元できないという発想である．ここにも事業システムの「システムとしての特性」がみられる．

③ 活動の最適化と代替可能性

最後のステップとして，それぞれの活動が果たしている機能を代替できるかどうかをチェックする必要がある．すなわち，より効率化できる部分を特定し，その方法を明らかにするという作業である．たとえば，ある活動を情報システムで置き換えることができるか，外部パートナーなどの力を借りることができるか，あるいは，顧客に作業の一部を担ってもらうことができるかなどを考えればよい．

基本 P-VAR の限界

以上，ポジション⇔〈価値⇔活動⇔資源〉，という図式を示してきた．このP-VAR分析は，ある一時点における事業システムを静止画像的に映し出したものである．現状について分析すれば，現状の事業システムそのものであるし，将来について設計すれば，それは青写真としての戦略となる．

問題は，基本 P-VAR が静態的な枠組みであるため，将来の青写真をいかに実現するのかの行程やシナリオを描き出すことはできないという点である．また，将来についての設計を行うとき，動態的な進化のプロセスが不明

瞭であるため持続性や発展性などの側面を評価しにくい．基本 P-VAR は，オペレーションだけではなく，戦略的ポジションや資源などの要素をわかりやすく多面的に切り取っているが，システムの制御や変化を記述することが難しいのである．

そこで，事業運営の基本である投資回収のサイクルを P-VAR に埋め込むことを念頭に，次節では，「収益エンジンと成長エンジンの相互循環」のサイクルを紹介する．そして，本章の最後でこのサイクルと P-VAR と統合して，動態に一歩踏み込んだ分析枠組みを構築しよう．

2. 短期収益原理を超えて

短期収益原理の偏重

いかなる事業においても，その営みの基本は投資と回収である．もの造りであれば，通常，技術開発や生産設備に投資を行って製品の供給から投資を回収するであろう．サービス業であれば，たとえば，ブランド構築のために投資をすれば，利幅を厚くして回収するのが常套手段となる．投資と回収が連動して，はじめて事業の継続が約束されるのである．事業経営における収益原理の本質は投資と回収にある．

ところが，その一方の回収の側面に偏重する見方がある．その典型が，「儲かる仕組み」としてのビジネスモデルである．

近年，資産の収益化の側面が注目されるという傾向は，IR（Investor Relations：投資家向けに企業情報を公開すること）の変化とは無関係ではない．とくに最近になって，日本企業はコーポレートガバナンスやファイナンスのあり方が変わり，四半期単位での投資家への説明責任が課されるようになった．短期での収益性への関心が急激に高まり，事業会社もビジネスモデルという発想で，短期・直接的な収益原理の側面をより強く意識することになったのである．

もちろん，「儲かる仕組み」というと俗的に過ぎるかもしれない．この考

えのベースには，利益を事業設計の中心にするという発想（Slywotzky, 1997）がある．技術水準に見合った収益を上げるための仕組みづくりというのは重大な課題であり，収益中心の事業設計という発想自体は，今後も推奨されるべきものである．

　問題は，この議論が過熱して，関心の焦点が収益を上げる直接的要因のみに偏ってしまった点である．もちろん，利益に直接かかわる部分だけ単純化して模倣すればよい，という極端な議論ばかりではない．しかし，実務でもてはやされているビジネスモデルの議論の多くが，直接的に利益を生み出す仕組みに注目するあまり，他の要因をそぎ落としてしまう傾向にある．収益設計を事業設計の起点にするという元来の考え方が転じて，短期の収益性が事業設計のすべてだと考えてしまうわけである．

　たとえば，スマイルカーブに従う[8]という意思決定を考えてみよう．これは，収益の上がる職能領域だけを自社で担当すればよいという発想に由来している．しかし，もの造りを捨てて，純粋に開発設計だけに特化すると，造れないようなものをデザインしてしまうかもしれない．実際，半導体では微細化が進み，髪の毛一本に100個以上のトランジスタ分の集積度があり，相互干渉が問題となっている．この相互干渉があるため，設計上はロジック

---

[8] 縦軸に利益率，横軸に価値供給連鎖の上流（開発や部品製造）から下流（メインテナンスやアフターサービス）を位置づけたとき，パソコンなどでは，両端の最上流と最下流の利益率は高く，その間に位置する組み立て・製造の利益率は低くプロットされる．この状態をグラフに示すと笑っているように見えるためスマイルカーブと呼ばれる．

スマイルカーブに従うという意思決定は，価値供給連鎖とコア・コンピタンスの考え方を反映した戦略行動であるかに見えるが，実はその一部を歪曲して理解したものである．たしかに，価値供給連鎖は，自社が担当する事業領域が収益原理に結びつくという基本スタンスを打ち出した．しかし，価値創造の捉え方は，短期収益モデルに焦点を当てたビジネスモデル概念のそれより包括的である．ビジネスモデル概念が問題にするのは，課金のあり方に代表される収益構造であるのに対し，Porter（1985）が検討範囲として定めたのは，技術開発や人事管理などの投資・支援活動も含めた価値の創造である．

また，コア・コンピタンス論とのかかわりでも，同様の歪曲がみてとれる．コア・コンピタンスというのは，ある特定の事業領域や職能領域に閉じ込められる能力や諸活動というよりも，複数の能力や諸活動を束ねる根幹にある能力であり（Hamel and Prahalad, 1994），上流や下流といった特定の職能活動の枠に収まるものではない．

さらに，Christensen and Raynor（2003）が主張するように，価値を生み出す領域が，その時々の技術環境や競争環境によって「動く」ものだとすれば，価値を生み出して収益を上げる活動がある特定の事業・職能領域の枠内にあり続けるという発想には問題が残る．以上のことからわかるように，価値連鎖における職能間の相互連結性（井上，2000）や，価値を生み出す領域の推移のダイナミズム（Fine, 1998）も含めた議論が不可欠なのである．

回路が引けても，実際に造ってみると機能しないことがある．

　開発や生産だけではなく，販売についても同様である．手っ取り早くシェアを伸ばすためには，販売をアウトソーシングすればよい．しかし，その代償として，顧客の生の声を自社内に取り込んで情報資源として蓄積できなくなってしまう．それゆえ，セコムはホームセキュリティを進めるにあたって，家電などの系列販売店や量販店に委ねることはしなかった．これは，思いもよらない顧客のニーズを自ら拾い上げ，それを次なる事業展開に結びつけるという戦略的な狙いがあったからである．

　実際，心臓の急性疾患などが起こったときに，セコムに知らせるサービスというのは，このような顧客接点があったから生まれたといわれる．まだ，セコムが医療サービスを手がけていなかったころ，ある顧客が「誤って」緊急のボタンを押した．盗難を前提に駆けつけたビートエンジニアが目にしたのは，急性疾患を訴えかける顧客であった．ビートエンジニアは，119番をするぐらいしかできなかったが，このとき，安心・安全のニーズは盗難だけではないことが明らかになり，事業展開が広がったのである．

　先の二つの事例は，短期収益を追い求めて自社の担当範囲を取り決めるという発想とは対極をなす．活動にはさまざまなタイプがあって，直接収益をもたらす活動は，もちろん重要であるが，それを背後で支援したり，補完したり，あるいは，その活動の品質を高めたりする活動も重要である．もの造りにおける評価や検品などは，その典型で，スマイルカーブの考えに従っていったん手放してしまうと，技術やノウハウの蓄積はストップしてしまう．経営環境が変わって，次の事業展開を図ろうとしても技術の空洞化が起こった後ではどうしようもない．

　以上の議論からもわかるように，今ある経営資源をいかに活用して収益を上げるかという側面だけでは不十分なのである．有効な資源をいかに効率的に蓄積するかという側面にも十分な関心を払う必要がある．自社の担当範囲を考えるときに，短期的に収益の上がる事業領域や職能を担当するという発想（事業の選択と集中）だけではなく，ノウハウや資源を蓄積するために自社の担当範囲（技術の選択と集中）を決める必要がある．

成長エンジンと収益エンジン

繰り返し強調しておこう．俗にいう「儲かる仕組み」といえば，短期・直接的な収益原理のことを指す．資産をいかに活用して収益を上げるか，その活動には注目するが，資産をいかに有効的かつ効率的に蓄積・開発するかという問題は背後に追いやられてしまうのである．

しかし，長期・間接的な収益原理はきわめて重要な課題である．そこで，われわれとしては，収益原理として注目すべき範囲を広げ，資源の蓄積・開発の仕組みをビジネスモデルに埋め込む．ここではそれを「成長エンジン」として，短期収益原理としての「収益エンジン」と統合して事業システムの枠組みを構築する．

ここで，成長エンジンとは，カネ（金銭）からカネではない経営資源（技術を含む情報，モノ，権利など）へと変換するためのさまざまな活動のことを指す．その典型は投資活動であるが，成長エンジンというのは設備投資や技術開発などの狭い意味での投資に限定されるものではない．たとえば，標準規格をとるためのロビイング，規格の無償オープン，補完企業へのメリットの提供などのプラットフォームの構築活動（Gawer and Cusumano, 2002）も含まれる．また，市場が立ち上がっていない段階での大規模なプロモーション，新しい使用価値の提案などのマーケティング活動も成長エンジンである．優良顧客に対してトップセールスによってコミットメントを取り付けて，パートナーシップを構築するのも含まれるし，部品や開発資産を多重利用できるように製品のアーキテクチャを変更する活動も含まれる．要するに，収益を上げるための「仕込み」の活動すべてが含まれるのである．

投資にかかわるこれらの活動は，慣習化されて組織のパターンや組織のルーチン（Nelson and Winter, 1982）[9]として定着する．しかし，環境の変化と共にその性質も進化していく必要がある．たとえば，移動体通信キャリアのルーチンは，基地局の設置，ならびに回線の品質の向上のための技術開発

---

9 彼らはルーチンをその定型性に注目して三つのレベルに分けている．第一は，定型業務的性格の強いもので，マニュアル化可能なレベルである．第二は，資本ストックの増減にかかわるものである．第三は，長期的な企業諸活動の変化とされている．藤田（2004）は，このような分類が，意思決定のプログラム化のレベルに対応しているという．

であった．そのため，データ通信の時代になって投資の性質が変化したとき，どのように対応してよいかわからなかったのである．iモードの立ち上げで，コンサルティング会社から助言を受け，外部から人材を雇い入れて「仕込み」をしなければコンテンツプラットフォームが立ち上げられなかったのはこのためである．

　これに対して，収益エンジンとは，カネでない経営資源（技術を含む情報，モノ，権利など）からカネ（金銭）へと変換する活動システムを指す．その典型は回収にかかわる活動であるが，狭い意味に限定されるものではない．売上を伸ばすための活動はもちろん，原材料調達などのコストを削減するための活動も含まれる．収益エンジンの典型は，売上の増大やコストの削減に直接かかわる活動，たとえば，系列チャネルによる安定的な販売，インターネットによるダイレクト販売などである．そして，これらの活動について，収益を上げる方法や収益源（物販，補完財収入，ライセンス収入，手数料収入など）が問題にされる．

　収益エンジンは定型化されて組織ルーチンとなるが，変化しないわけではない．かつて，移動体通信キャリアはパケット通信を従量課金するのが当たり前であったが，定額制へと改められると，コンテンツの作り方やインフラの作り方をはじめ，成長エンジンの基本的な発想も変わった．

　この循環で興味深いのは，成長エンジンと収益エンジンとの対応関係である．第1章で説明した五つの経済性とのかかわりで見ていくと，大規模投資という成長エンジンには，系列チャネルによる安定的な販売という収益エンジンが求められる（①規模の経済の典型）．製品アーキテクチャの内部構造をモジュール化して，多様な製品ラインを準備すれば，マーケットセグメンテーションに合わせた多様な供給チャネルがあったほうがよい（②範囲の経済の典型）．サプライチェーンについて，販売情報や在庫情報などがきっちりと共有するという投資を行うのであれば，その回収としては，部品レベルか最終製品レベルでも在庫回転率を高く保つ必要がある（③速度の経済の典型）．開発や生産でアライアンスを組めば，固定費をかけずに済むので需要の変動が大きくても常に収益を上げることができる（④集中化と外部化の

経済の典型）．規格を知財化できれば，ライセンス収入を上げるという収益エンジンを回せる（⑤ネットワークの経済の典型）．

それぞれの収益原理は必ずしも相互排他的というわけではなく，事業システムによっては複数のものを同時追求することができる．しかし，単純化して理解するためには，それぞれの収益原理ごとに収益エンジンと成長エンジンの対応を典型的なパターンとして示すのがよいであろう（図2-3）．重要なのは，いずれの原理を見ても収益と成長の二つのエンジンが揃わなければ，事業を長期にわたって継続させることはできないということである．たとえば，仮に，基本技術の特許化に成功してライセンス収入を得ることができたとしても，収益を再投資して次なる技術開発をしなければ事業の寿命は限られたものとなる．

事業の継続を前提とした仕組みづくりをするためには，資産から収益を上げる仕組みだけではなく，それを再投資して資産化するという相互循環型の仕組みを築かなければならない．少ないインプットからより大きなアウトプットを引き出し，「技術→カネ→技術→カネ→……」の変換を繰り返しながら，収益と資源の蓄積レベルを保持・拡大させていく必要がある（図2-3）．

この図を用いてビジネスモデルと事業システムの違いを説明しよう．

よく見られるビジネスモデルの図式というのは，収益エンジンから顧客価値を経由して利益を生み出すというフローしか対象にしないものが多い（図

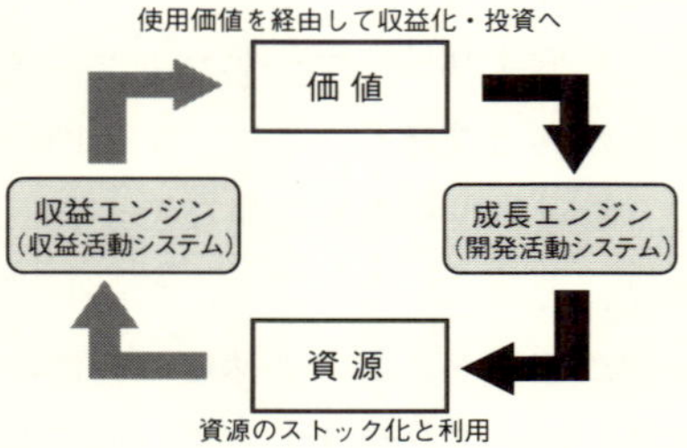

	収益エンジン	成長エンジン
規模の経済	安定・大量販売	設備投資 技術開発
範囲の経済	多様な供給	要素共有設計
速度の経済	投資回転率向上	サプライチェーン設計
集中化と外部化の経済	伸縮自在性向上 投資リスク回避	技術アライアンス
ネットワークの経済	ライセンス収入	標準規格・知財化 プラットフォーム開発

◘ 図2-3 収益原理に対応した成長エンジンと収益エンジンの組み合わせ

中の左上のフロー）．資源を当然視して，商流・物流・情報流にかかわる活動だけが描かれるのである．比較的広く視野をとった研究でも，資産から収益エンジンを経由して利益を生み出すまでのフローまでしか議論しないものがほとんどである（図中の左半分のフロー）．規模の経済性の議論も，はじめに資産ありきで話が進むことが多い．これでは収益構造の全体を描き出すことはできない．相互循環があってこそ，収益を上げる仕組みが完成する．

　実務一般において，ビジネスモデルとは，「事業として何を行ない，どこで収益を上げるのかという儲けを生み出す具体的な仕組み」（IT用語辞典 e-Words）と説明される．このような理解に依拠しているため，事業の仕組みを解き明かそうとするビジネスモデルの調査研究のほとんどが，資産を利用して収益を上げることに注目し，資産をいかに有効的かつ効率的に蓄積・開発するかという問題を捨象しているようである．儲けるための収益モデルという表層部分だけを操作しようとしている．

　しかし，経営資源に手を加えることなしに，収益エンジンを改編することは難しい．たとえば，部品を使い回して範囲の経済を追求しようとすれば，製品の内部のアーキテクチャをモジュラー化する必要がある．また，汎用品化して売上げを伸ばそうとすれば，外部のインターフェイスを標準化しなければならない．いずれにしても何らかの投資をして，経営資源を改編・追加して整備しない限り，よりよいポジションを獲得して持続的競争優位を築くことはできないのである．

3. 良循環の仕組みづくり

行程図としての動態分析

　事業環境が変化する中で，ひとたび仕組みを築けば，持続的競争優位がもたらされるということはありえない．たとえ，仕組みの基本構造を変えずに済んだとしても，それを維持するための投資を怠れば，時間の経過とともに組織の箍は緩んでしまう．また，単なる維持にとどまらず，細かな改善を積

み重ねなければならない場合もある．ましてや，仕組みを革新するときはなおさらであり，事業の営みの中で不均衡を生み出してそれを解消していく行程プロセスを描く枠組みが必要なのである．

そこで，事業運営の基本である投資回収のサイクルを P-VAR に埋め込むことにする．「収益エンジンと成長エンジンの相互循環」という視点を P-VAR と統合することによって，動態に一歩踏み込んだ分析枠組みを構築する（図2-4）．これをダイナミック P-VAR 分析と名づけよう．

ダイナミック P-VAR の循環は，投資，回収，ポジションの創造・維持・変革，という三つのステップから成り立つ．

① **戦略的投資のステップ**

第一のステップは，顧客価値を提供するために，成長エンジンによって投資活動を行うというものである．この活動によって，技術や信頼といった経営資源がアウトプットされる．

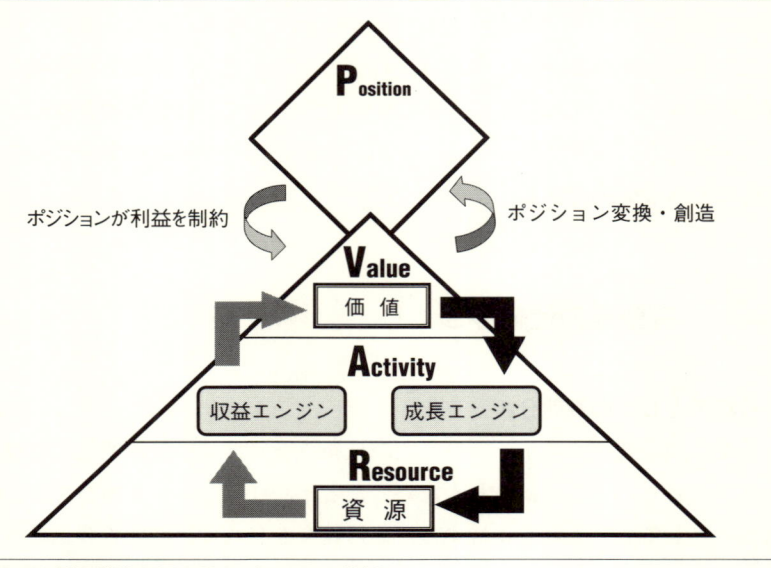

Position

ポジションが利益を制約　　　　　　ポジション変換・創造

Value
価値

Activity
収益エンジン　　成長エンジン

Resource
資源

◘図2-4　循環構造を埋め込んだ P-VAR 分析

このステップは，収益エンジンをうまく回すための下準備であり，「仕込み」の段階に当たる．資源がほとんど蓄積されていない場合は，ゼロベースから効率的に資源化・資産化をする必要がある．セコムの場合，安全が当たり前の時代に，飛び込み営業で前払いの複数年契約を結ぶことによって，資金を確保することができた．このような顧客基盤の整備も，成長エンジンにおける重要な活動の一つである．

資金が潤沢であればコア資源の買収なども一つの手段となりうる．逆に，自社の保有資源を極力抑えながら有効な活動を行うには，外部資源を有効に利用できるような関係を構築すればよい．移動体通信キャリアのauは，クアルコム社のCDMAをうまく活用して成長してきた．

すでに，一定の技術や資源があれば，それを改編して，修正することによって顧客価値に結び付けられる．たとえば，セコムは盗難で開発したセンシング技術を，防火や温度管理のサービスに応用できるように修正しながら蓄積していった．いずれにしても，目標とすべきポジションを明確にした上で仕込みができるのが望ましい．

② 収益の最大化

第二のステップは，蓄積・付加・改編された経営資源を「収益エンジン」にインプットし，顧客価値を実現するというステップである．収益化の方法を見越して資源が蓄積，付加，改編されていれば，「収益エンジン」は回しやすくなる．

収益の上げ方はさまざまである．誰もが最初に思いつくのは，利幅を厚くするというものであろう．しかしプレミアム価格をつけるためには，その製品・サービスの独自性が高くなければならない．また，顧客から反発を買わないように，内部構造を見えにくくして原価構造を隠しておいた方が良い．いずれにしても，「成長エンジン」で下準備しておかなければならない．

利幅を厚くしにくい場合の常套手段は薄利多売である．多売する方法にもいくつかあって，ある時点で多売するベストセラーだけでなく，長期間にわたって安定的に売り上げを伸ばしてロングセラー化するという選択肢もあ

る．デファクト・スタンダードであることを活用したり，販売の回転率を高めたり，共通部品を搭載した姉妹品を売ったりするのも，基本的には個数を増やすための工夫である．複写機の消耗品やサービスの提供のように，回収するタイミングを先送りするという考え方もある．期間やタイミングといった時間軸を十分に考慮して，収益設計を行うべきであろう．

さらにいえば，かならずしも当該製品そのものから収益を上げる必要はない．家庭用ゲーム機器のように，補完製品・サービスで収益を上げてもよい．さらに，顧客から対価をもらうばかりでなく，広告料やライセンス収入としてパートナーから投資を回収するという方法もある．インターネットのポータルサイトなどは，まさにこの典型である．

以上のことを一般化していうと，収益は，利幅と個数と期間とタイミングと相手先の関数として示すことができる．なお，収益源が複数にわたること，そして収益源ごとに関数式も異なるという意味で総和を示す記号であるΣを付した．

$$収益 = \Sigma f（利幅，個数，期間，相手先）$$

③ ポジションの創造・維持・変革

第三のステップは，資源の蓄積や顧客価値の実現を通じて，市場におけるポジションを創造・維持・変革するというステップである．ポジションというのは，顧客価値を実現すると同時に定まる場合が多い．そういう意味では，このステップは，第二ステップと同時発生的である．また，ライバルが別のポジションを築いて自らのそれが相対化される場合もある．このような自然発生的なポジションや受動的なポジションは，必ずしも戦略的に有利になるとは限らない．自らのポジションを，常に意識しておく必要がある．第三のステップとして区別したのはこのためである．

ポジションを意識するときに，いくつかの考え方がある[10]．その代表は，マーケティングの発想であろう．広く使われているポジションの描き方として，PUV（Perceived Use Value）[11]がある．これは，縦軸に顧客が認識してい

る価値をとり，横軸に価格をとるという方法である．この4セルマトリクスでは，高付加価値で低価格というコストパフォーマンスの高い製品・サービスというポジションが理想的とされる．セコムのコストパフォーマンスが高いのは，センサー技術，情報通信，警備員ネットワークがさまざまなサービスに多重利用されているからである．

　他に，技術経営的な枠組みとしては，自社と顧客の製品のアーキテクチャに注目した4セルマトリックスがある（第4章コラム参照）．セコムのサービスは，特定顧客に資産を多重利用するという意味で，中モジュラー外インテグラルのセルに位置づけられる．

　しかし，ダイナミックな分析において重要なのは，ポジションの創造，維持，変革のしかたである．ポジションの創造には，二つの状況がある．まったく新しい市場を築く場合と，既存市場に差別化して参入する場合である．この章で紹介したように，セコムのようなゼロスタートの場合は資源の段階的な確保が重要である．一方，第1章で取り上げたキヤノンの複写機のようなカセットカートリッジによるポジション創造は，人的サービスを軸とするライバルにジレンマやトレードオフを起こさせている．

　ポジションの維持には，資源を蓄積して移動障壁や模倣障壁を築くのが鉄則であろう．顧客ベースを拡大できれば，投資規模をますます大きくして，模倣を防ぐことができる．他社が保有していないような技術を開発することはもちろん，それをほかの経営資源と結びつけてシステム優位を築くことも有効な方法である．第6章で取り上げるシスコなどは，補完技術だけでなく代替技術を取り込んで自らのポジションをうまく維持している．

　ポジションを変革するには，現在保有する資源を別の視点で有効活用して，新しい顧客価値を提供しなければならない．しかし，実際には視点を変えるだけでは有効活用できない場合が多く，資源を追加したり改変したり，ときにはゼロベースで創り上げなければならない．第5章で取り上げるス

10　ポジションの優位性を包括的に評価するためには，Porter（1980）の5要因分析（①既存業界での競争の厳しさ，②新規参入の脅威，③代替品の脅威，④買い手の交渉力，⑤売り手の交渉力）を行えばよいであろう．
11　Faulkner, D. and C. Bowman（1995）が詳しい．

クウェア・エニックスは，ファイナルファンタジーというゲームコンテンツとブランド資源をうまく利用してオンラインゲームへのポジション変革を図っている．

これから続く各章でも読み取っていただけるかと思うが，①戦略的投資，②収益の最大化，③ポジションの創造・維持・変革，という三つのサイクルを繰り返すことが重要である．繰り返すことによって，持続的競争優位の基盤を固めることができる．価値が価値を生み出すというサイクルを強化して良循環を生み出すことができるのである．

もちろん，このような良循環というのは，自動的にもたらされるとは限らない．むしろ，次のステージに上がるときには，経営資源を新しい形で結びつけ，ポジションを拡張・発展させなければならないことが多い．そこには，さまざまなボトルネックがあったり，知恵や工夫が求められたりする．場合によっては，従来の成長・開発のあり方を見直したり，収益の上げ方を刷新したりする必要がある．

事業システム戦略と望ましい P-VAR のパターン

以上の説明から，P-VAR の基本的な考え方については理解できただろう．P-VAR の見地からすると，事業システム戦略というのは，個々の要素の寄せ集めではなく，ポジション⇔〈価値⇔活動⇔資源〉の整合的なパターンなのである．ちなみに，戦略についてのこのような捉え方は，Hofer and Schendel（1978）の戦略の定義と一致する．彼らは，戦略を「組織がその目標を達する方法を示すような，現在ならびに予定された（planned）資源展開と環境の相互作用の基本パターン」（邦訳　1981，p.30）と定義した．P-VAR というのは，環境と資源の相互作用を，投資の成長エンジンと回収の収益エンジンとのかかわりで示しているわけである．

ここで，一つの疑問が出てくる．それは，どのような P-VAR が望ましいかという疑問である．これには二つの意味合いが含まれていて，一つには，どのように P-VAR を回していくべきかというプロセスである．すなわち，いかに環境と資源の相互作用を生み出していくかという問題で，ダイナミッ

クなプロセスのパターンの問題である．もう一つは，その結果，あるいは青写真として，どのようなポジション⇔〈価値⇔活動⇔資源〉の組み合わせがよいかという状態である．これは，P-VAR のそれぞれの内容についての問題で，スタティックな状態にかかわる問題である．

　続く第 3 章と第 4 章では，P-VAR にもう一歩踏み込んでこれら二つの疑問に答えていく．第 3 章では，刻々と変化するネットワーク環境の中での P-VAR の回し方，つまり持続的に優位であり続けるための構造作りのダイナミックなプロセスについて取り上げる．インターネットの世界でポータルというポジションを築いた YAHOO! JAPAN のダイナミック P-VAR 分析を詳細に行うことによって，望ましいポジション創造・維持・拡張の典型的なパターンを，収益・成長エンジンの相互循環として抽出する．さらに第 4 章では，その結果として，どのようなポジション⇔〈価値⇔活動⇔資源〉の組み合わせを青写真として実現すればよいか，そのスタティックなパターンを検討する．光ディスクの業界を取り上げ，収益を上げてきた勝ちパターンをいくつかのスナップショットとして写し取り，この業界における事業システム戦略の「基本的な型」として考えてみたい．

（井上　達彦）

第3章 収益・成長エンジンの相互循環パターン
―収益源の拡大・多層化に向けた「仕込み」―

1. はじめに

　この章では，どのように P-VAR を回していくべきか，その理想的な循環パターンについて検討していく．理想的な回し方といっても，さまざまなパターンがあるはずである．しかし，「収益化」の面からいえば，どのようなパターンであっても次の要件を満たす必要があろう．

- ステップバイステップでポジションをアップしている．
- 収益の入り口を拡充している．
- その背後に，何らかの戦略的一貫性が認められる．

　これらの条件を満たすモデルケースとして，YAHOO! JAPAN（以下，会社名を表すときはヤフー，ポータルを表すときは YAHOO! と表記）を取り上げる．ヤフーといえば，最初にポータルサイトありきで出発した特殊ケースであり，ポジションを創造し，拡張・維持してきたようには見えないかもしれない．しかし，このような認識は正しいとはいえず，日本へのポータル導入からステップバイステップで築き上げてきたのである．また，ヤフー

は，収益の入り口を拡充するときに，二つの基本的な方法を同時に進めている模範ケースでもある．すなわち，一つは既存のパイプを太くすることによって，そしてもう一つは，パイプの数を増やすことによって拡充しているのである．しかも，ヤフーの場合，一貫した「仕込み」があったからこそ，ポジションアップと収益の拡充が実現したと言える．

　ヤフーは技術オリエンテッドなケースではないが，情報通信にも関連していて，世間一般からの関心も高い．本章では，P-VAR の枠組みでヤフーの事業システムの進化を分析することによって望ましい循環への理解を深め，インプリケーションを導いていきたい．

2. YAHOO! の躍進

YAHOO! のパフォーマンス

　YAHOO! は 1994 年ディレクトリーサービスとして米国で誕生した．名前の由来は，スイフトの『ガリバー旅行記』に出てくる怪物の名前である[1]．この物語の中でガリバーは，知能を持った特別なヤフーとして活躍したが，インターネット上の YAHOO! もこの世界のガリバー企業となっている．

　YAHOO! JAPAN は，ソフトバンク率いる孫正義が米国ヤフーとの提携によって 1996 年に設立したインターネットサービス企業である（株式比率はソフトバンク 60％，米国ヤフー 40％）．会社設立 1 年後の 1997 年 11 月には店頭登録銘柄として株式上場，2003 年には東証一部上場を果たした．

　ヤフーは業績面で競合他社を圧倒している．2005 年 3 月期の業績は売上高 1,178 億円，経常利益は 600 億円で，2000 年度から 2004 年度の 5 年間で売上高は約 8 倍，経常利益は約 12 倍になった．時価総額にも目を見張るものがあり，2006 年 1 月 24 日の時価総額は約 4.8 兆円に達し，そのガリバー

---

[1] 一般的には，Yet Another Hierarchical Officious Oracle の略だといわれているが，開発者の David Filo と Jerry Yang が自分たちのことを「ならず者」といい表して怪物の名前になぞらえたといわれる．

ぶりがわかる．

インターネット業界における様々な指標が示すヤフーの存在感も圧倒的である．インターネット業界においてテレビ番組の視聴率と同様に重視されているのが,「ページビュー」(以下 PV)[2]である．PV とは「推定接触者数」×「平均視聴ページ数」で示される指標であり，そのドメインにどれだけ人が訪れるかを測る重要な尺度である．YAHOO! の「ページビュー」は 2 位「infoseek」の約 18 倍,「平均滞在時間」[3]も同約 7 倍と他を圧倒している．日本における主要検索エンジンのシェアも，ヤフーは 46% であるし[4]，ネットオークションにおいてもシェア 70%（取引額 5,796 億円）を獲得している．

ヤフーの事業別売上げ構成比は図 3-1 の通りである．ヤフーはさまざまな事業を手がけている．具体的には，リスティング事業部[5]，オークション

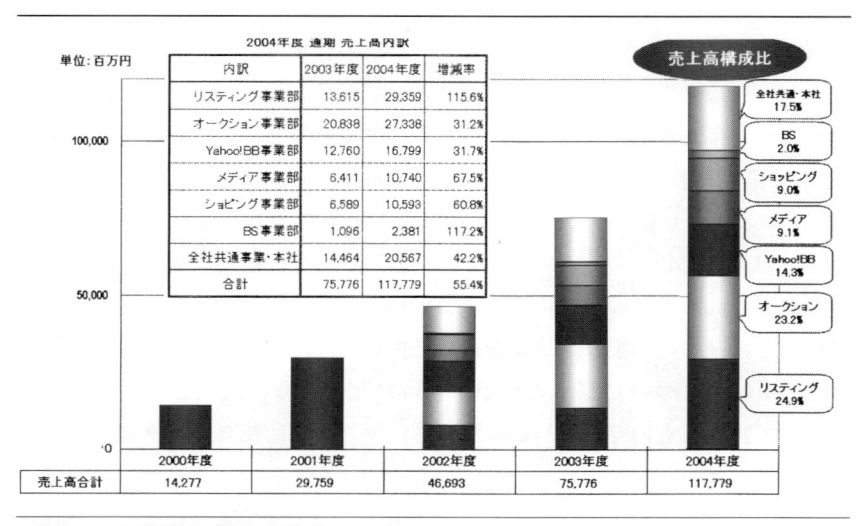

図 3-1　事業部別の売上高構成

出典：「2005 年 6 月 17 日ヤフー経営近況報告会プレゼンテーション資料」P. 12.

2　ページビュー＝推定接触者数×平均視聴ページ．推定接触者数とは，1 週間のうち 1 回でも利用した推定の人数のことである．また，平均視聴ページとは，ドメインのページが期間内（1 週間）に，接触者 1 人あたりで平均何ページ視聴したかを集計したものである．
3　平均滞在時間とは，ドメインについて期間内（1 週間）の接触者 1 人あたりの平均視聴時間を集計したものである．
4　2005 年 12 月 1 日〜31 日の推定訪問者数：日経ビジネス 2006 年 2 月 6 日号．

事業部, YAHOO! BB 事業部, メディア事業部, ショピング事業部, ビジネスソリューション事業部, 全社共通事業（広告以外の法人向けビジネス, 個人向けビジネス）などが挙げられる．

主要な事業部の内容については後述するが，事業構成としても優れたものとなっている．つまり，売上高増加率が極めて高く（全体で55.4%），事業部別の売上高構成のバランスもとれており，さらに，全ての事業部の売上げが伸びている．

3. 相互に支えあう収益エンジン

三つのビジネスの融合

歴史的な経緯についてみていく前に，事業の仕組みについて整理しておこう．ヤフーの諸事業は，別々の事業体として多角化経営していのではなく，それぞれの事業がポータルサイトに融合して成り立っている．ここで事業部という採算単位にとらわれずに仕組みの観点から分類すると，事業群（2005年末まで）は三つの下位システムに分けることができる．それは，「広告型ビジネス」，「パートナー型ビジネス」，「会員型ビジネス」である．そして，これらの三つの下位システムが事業基盤としてのポータルサイトに融合して，一つの事業システムを形成している．

図3-2は，三つのビジネス型が，互いにどのように連携しているかを単純化して描いたものである．この図から，ヤフーは，総合ポータルサイトとして，ユーザーと広告主とパートナーとの間に介在していることがわかる．収益エンジンは三つあって，一つめは圧倒的なPV（ページビュー）を背景

---

5 リスティングとは, スポンサー企業のサイトを検索結果の目立つ部分に表示することでユーザーを企業サイトに誘導し, 広告効果を持たせるものである. 検索したキーワードに関連する商品や企業情報のサイトを表示する形をとっているため, ユーザーの注意を促し, 効果の高い広告手段とされている. ヤフーのリスティング事業部は, ①情報掲載サービス（就職, 自動車販売等）, ②地域情報サービス（電話帳, 地図, グルメ等）③検索サービス（カテゴリ検索等）を提供し, 情報提供元から得る情報掲載料, およびスポンサーサイトによる収益の拡大を図る. 広告, 情報掲載料等を収入源とする.

にした広告料収入である（図中の対角線を左上と右下をつなぐ「広告型ビジネス」）．二つめは，YAHOO! ポータルに何らかの形で参加・利用して，Win-Win の関係を築いているパートナーからの手数料収入である（図中左下の「パートナーシップビジネス」）．三つめは，YAHOO! プレミアムなどの会員になったユーザーから得られる会員費収入である（図中右上の「会員型ビジネス」）．

広告型ビジネス

　まず，第一は，広告型ビジネスである．これは圧倒的なページビューを背景に，広告主から媒体スペースの対価として収入を得るというものである．当初は不特定多数を相手にした単純なバナー広告だけであったが，2002 年からは，特定の関心を持ったユーザーに紹介を行なうというリスティングサービスも始めた．このサービスの典型は，検索結果の目立つスペースにスポンサーサイトを表示することである．リスティングは対象を絞り込んで広告を打つことが可能で，現在では広告型ビジネスの一翼を担っている．

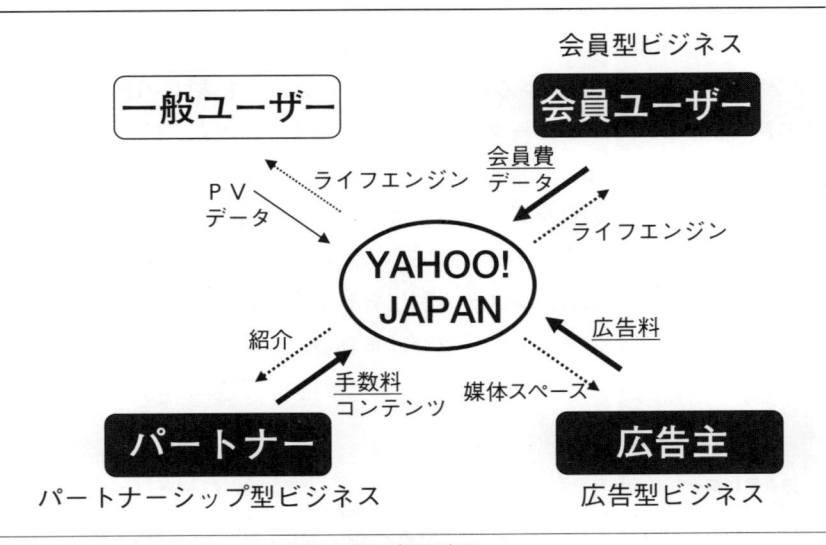

◘図 3-2　YAHOO! の三つのビジネス型の相互連関

パートナーシップ型ビジネス

第二は、パートナーシップ型ビジネスである．その典型は、テナント料や各種手数料を徴収するショッピングモール事業である．インターネットの性質上、ショッピングにおいて一等地は無限に広がりうるが、ヤフーは2005年現在ではその一等地を確保していない．サービス開始当初、信頼と実績のある有名店だけに絞り込んでいたということもあり、「楽天」に差をつけられている．最近では、ユーザーの利便性を第一と考え、個性豊かな専門店を含めた品揃えを充実させている．2005年5月末のストア数は3,928店舗に過ぎなかったが、わずか半年後の2005年12月末には7,760店にまで拡張した．

パートナーシップビジネスには、純粋なYAHOO!サイト内のモールだけではなく、外にあるパートナーサイトも含まれる．たとえば、リクルートとの提携による「YAHOO!リクナビ」である．ヤフーとしては、優良パートナーとの提携により、スピーディーに優良コンテンツを拡充することができるばかりでなく、誘導した対価として、リクルート社から手数料を受け取ることができる[6]．

オークション事業もパートナーシップ的な側面を持ちあわせている．通称「ヤフオク」で親しまれているヤフーのオークション事業は、1999年9月に日本初のインターネットオークションとして始まり、現在では日本最大規模を誇る．ヤフオクでは、一般消費者間（C to C）の商品の売買および法人による商品の競売などの場を提供するだけでなく、法人向けにオークションストア（法人店舗）のサポートを行っている．法人をはじめとするヘビーユーザーから、ストア登録料、システム利用料等を得ており、この意味で、パートナーシップ型ビジネスとして位置づけられる．

---

[6] 他企業に紹介して手数料をもらうという点ではリスティングに近いが、パートナーシップには重要な相違点がある．リスティングではコンテンツの提供を受けないのに対し、パートナーシップは他社からのコンテンツを受けて、「ライフエンジン」としての価値を高めてもらえるのである．この点で、広告事業ではなく、ショッピングモール型に近いと考えられる．

会員型ビジネス

第三は、会員型ビジネスである。パートナー型のビジネスが、コンテンツを提供する法人から収益を上げるのに対し、会員型のビジネスは、コンテンツを利用する特定ユーザーから収益を上げるという違いがある。収益源である会員費収入を伸ばすために、いかに会員数を増やすかがポイントになる。

三つのビジネスの相互関係

以上の三つのビジネス型を、P-VARの項目に沿って簡単に要約すると、表3-1のようになる。この表から、ポジションとして、YAHOO!ポータルが、ユーザー、広告主、パートナーというそれぞれのプレーヤーの間に介在していることがわかる。そして、ヤフーはそれぞれに対して異なる価値、具体的には、ユーザーには「ライフエンジン」、広告主には「媒体スペース」、パートナーには「仲介や売買の場」を提供しているのである。

ヤフーは、「介在するポジション」をテコに、自らが提供する価値の見返りとして、それぞれのプレーヤーから「資源」の供与を受けている。たとえば、ユーザーからはPVを、パートナーからはそのユーザーを引き付けるコンテンツを授かっている。そして、あるプレーヤーから得られた資源を、別のプレーヤーへの価値に変換するような活動を行い、望ましい循環を築いているのである。

◪表3-1 ヤフーのP-VAR

	広告型ビジネス	パートナーシップ型ビジネス	会員型ビジネス
ポジション	総合ポータルサイトとして、ユーザーと広告主とパートナーとの間に介在するポジション		
価値	媒体スペース	仲介や売買の場	ライフエンジン
活動 (収益源)	広告代理店的活動 (広告収入)	ブローカー的活動 (手数料収入)	会員ビジネス的活動 (会員費収入)
資源	PV数の源泉となる 不特定多数ユーザー		特定ユーザー 会員数

4. 収益エンジンの拡大，多層化，相互連結の経緯

次は，1996年のヤフー誕生後の約10年を，そのポジションの拡張に注目して三つの時期（「第Ⅰ期：情報ポータル事業確立期」，「第Ⅱ期：情報プラットフォーム確立期」，「第Ⅲ期：会員プラットフォーム確立期」）に分けてみていく．

まず，各フェーズに入る前に，米国YAHOO!誕生の経緯と日本への上陸について若干説明しておこう．

米国YAHOO!の誕生と日本への進出

米国YAHOO!の発端はスタンフォード大学の2人の大学院生の趣味ではじめたホームページであった．ウェブサイトの爆発的な増加を見て，トピック別に整理する枠組を作ろうと考えたことがきっかけとなり，株価情報からチャットルーム，不妊症，さらには生物化学兵器にいたるまで，ありとあらゆる内容のウェブサイトをディレクトリー（索引）形式でまとめ，サイトをスタートさせた．

成功のポイントは大きく三つある．一つめは，ディレクトリーの基本理念として人間的な部分を重視した点である．ヤフーの競合企業は，当時，自動的にインターネットを徘徊して情報するプログラムである「スパイダー」や「ボット（BOT）」[7]を使い機械的に索引結果を反映させるものであったが，ヤフーは収集したデータから人々が求めている情報やウェブの動向を見極めて人の手で再整理したものを提供した．

二つめは，あくまでもフリーサービスにこだわったことである．当時，YAHOO!がネットスケープ社のナビゲータ・ウェブ，ブラウザーのデフォルト・ディレクトリー[8]に採用されことで同社の地位は確立された．米国ヤフーは，「サブスクリプションサービス[9]には転換しない」という理念を掲げ

---

[7] 「ボットはロボット（Robot）の『ボット』に由来しており，外部からの命令により何らかの動作をするプログラムのこと」（セコムHP『セキュリティ用語辞典』）
[8] ユーザーが設定しない場合に採られる既定フォルダのこと．
[9] 一定期間の利用に対して金額を設定する課金方式のこと．

ていたので，それを支持したセコイヤ・キャピタル社と提携し，商業ベースで存続するだけの資金面を確保したのである．

　三つめは，広告収入をビジネスモデルにおいたオープンな営業活動にある．ビジネスモデルの中心を広告収入と置き，広告主を惹きつけるために，ニュース・セクション，掲示板，チャットなどのオンライン・コミュニティを追加していった．さらに「My YAHOO!」として登場するパーソナリゼーション機能といった高い付加価値機能もサービスメニューに加えていった．これらすべてを無償で提供としたことが成功につながった．設立時から事業計画の中で強調されてきた「独立性」，「編集の中立性」を維持するため，特定の企業や思想に偏らないニュートラルな立場をとり続けてきたことも，広告主を集める上ではプラスに作用した．

　本国での成功の後，YAHOO!はグローバルにプラットフォームを拡大していった．その第一歩はインターネットの黎明期の日本だった．1996年4月米国でのIPOの同月，ヤフー株式会社の開設が発表された．海外進出を早い時期に行うことは，「最初に市場に参加した企業がその分野でトップになる」というネットビジネスの鉄則に従ったものだと，当時のCEOティム・クーグルは言っている．それには，巨額の初期投資が必要であった．

第Ⅰ期：日本での情報ポータル事業確立期（1996年1月〜1998年6月）

　日本という，ある面で閉じられた環境で成功するには，日本企業との合弁事業が必須であった．米国ヤフーはソフトバンクと4対6（8千万円対1億2千万円）の資本比率でヤフー株式会社を設立した．そして，ローカリゼーションを最重要視し，東京にヤフーのオフィスを設置すると，ソフトバンクの井上雅博を社長として迎え入れ，プロデューサーからウェブサーファー，そして販売スタッフまで全て日本人とし，まったくゼロの状態からディレクトリーを作り上げることになった．それが，1996年に設立された「YAHOO! JAPAN」であった．

　当時の米国ヤフーの看板は「ディレクトリーサービス」であった．ディレクトリーサービスとは，インターネット上の目次的存在であり，乱立する

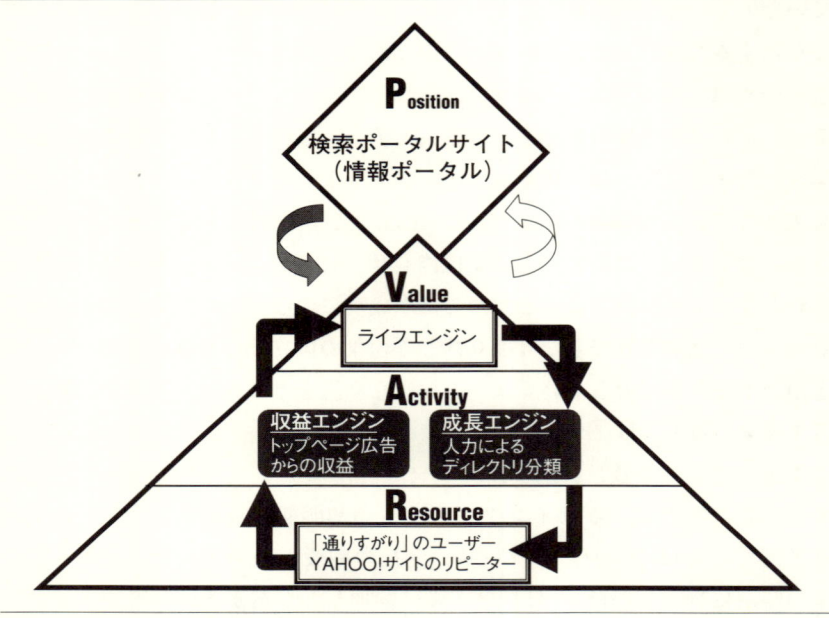

```
         Position
       検索ポータルサイト
        (情報ポータル)

           Value
         ライフエンジン

          Activity
     収益エンジン   成長エンジン
    トップページ広告  人力による
     からの収益    ディレクトリ分類

          Resource
       「通りすがり」のユーザー
       YAHOO!サイトのリピーター
```

◖図3-3　第Ⅰ期：情報ポータル事業確立期

ウェブサイトの有用な情報がどこにあるのか導いてくれるサイトである．このサイトの特徴は，人の判断が介在したという点である．すなわち，サーファーと呼ばれる人員を多数抱え，日々増加するウェブサイトをひたすら検索し，そのアドレスをディレクトリーに整理したのである．

　ヤフーも米国ヤフーと同様のサービスを導入し，日本国内のウェブサイトを整理し続けた．当時，ロボット検索（コンピューターが自動的にウェブサイト内を検索し，あるロジックでアドレスを拾い上げる分類方法）が主流であった．非常に安価に大量の情報を分類することができる一方で，ロジックがうまく働かないと，無用（有害情報を含む）な情報と有用な情報が入り混じって検索されることになるという限界があった．ヤフーの分類方法の特徴は，あえてコストのかかる「人力」に依存することにより，無用と思われる情報をできる限り排除した点にある．これによりYAHOO!の検索の使い勝

手が評判となり，1996年4月1日（15時20分スタート）のYAHOO!サイトオープン初日には17万PVを記録することになった．「人力によるディレクトリー分類機能」は，デジタル的に管理できない感性（ノウハウ）に依存している．これをもとに不特定多数の利用者という顧客基盤を急速に拡大して，一日あたり2000PVを実現するに至った．

なお，この当時のヤフーにとっての収益は検索トップ画面に表示される広告から得る収入だけであった．

第Ⅱ期：情報プラットフォーム確立期（1998年7月～2001年5月）

ヤフーは，設立当初から不特定多数のユーザーに対して無料サービスを開発し提供する中で，「情報検索」以外の目的を持つユーザーへも新たな価値を提供することを考えた．

1998年7月にユーザー登録（YAHOO! JAPAN ID）を利用したコミュニティサービスを開始した．この動きに合わせて，さまざまなコンテンツを拡充し，「情報検索ポータルサイト」から「総合ポータルサイト」へと変貌したのである．この時期のサービスとしては，たとえば，「YAHOO! ゲーム」，「YAHOO! 掲示板」，「YAHOO! 地域情報」，「YAHOO! 求人情報」などが挙げられる．これらのコンテンツを提供することでユーザーの滞在時間を延ばすことができた．

ポイントは，ID登録者向けに，セルフカスタマイズサービスを利用することを提案した点にある．YAHOO!サイトのカスタマイズ（居住地域情報やスケジュール管理など）や，YAHOO!ID会員間のコミュニケーションツール（掲示板やチャットなど）など，ユーザーの生活により深く浸透することができたのである．

さらに1999年9月には，米国のアドバイスもあって「YAHOO! オークション」を日本で先駆けてスタートする．結果的に，情報プラットフォームとしての地位を圧倒的なものにすることになった．

なお，このIDを利用した展開の成果は，大きく以下の3点があげられる．

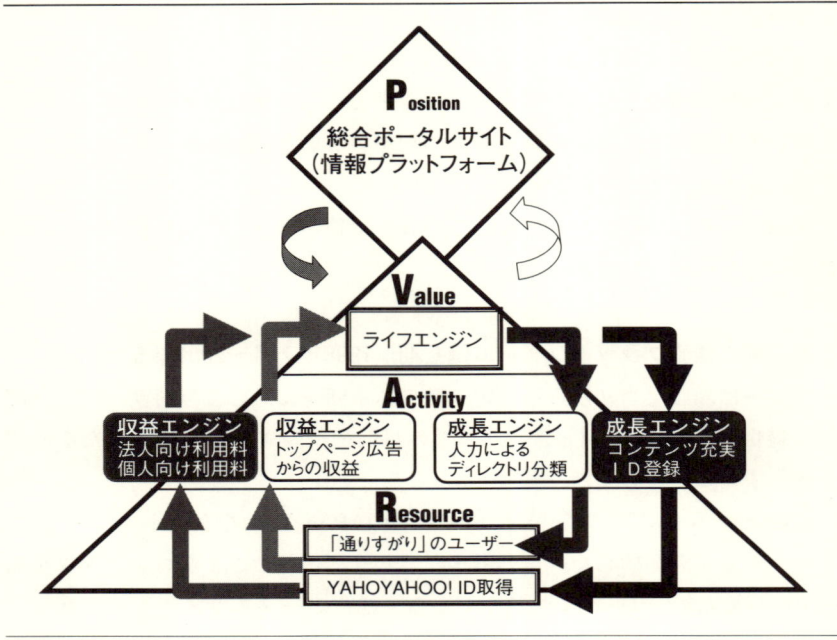

◘図 3-4　第Ⅱ期：情報プラットフォーム事業確立期

① ユーザーの存在自体がコンテンツの品質を押し上げる要因となり，自律的に価値が高まるという循環が生まれた．
② ID取得者としてYAHOO!サイトを訪問する必要性が生じ，広告閲覧機会が増大した．
③ ID取得者に与えられるパーソナライズ機能がヤフーに対する忠誠心を高めた．

以上のように，いわばYAHOO!ファンを拡大することで，ヤフーの事業展開に対して利用者の信頼を高め，個人情報などにかんする警戒感を和らげることができた．

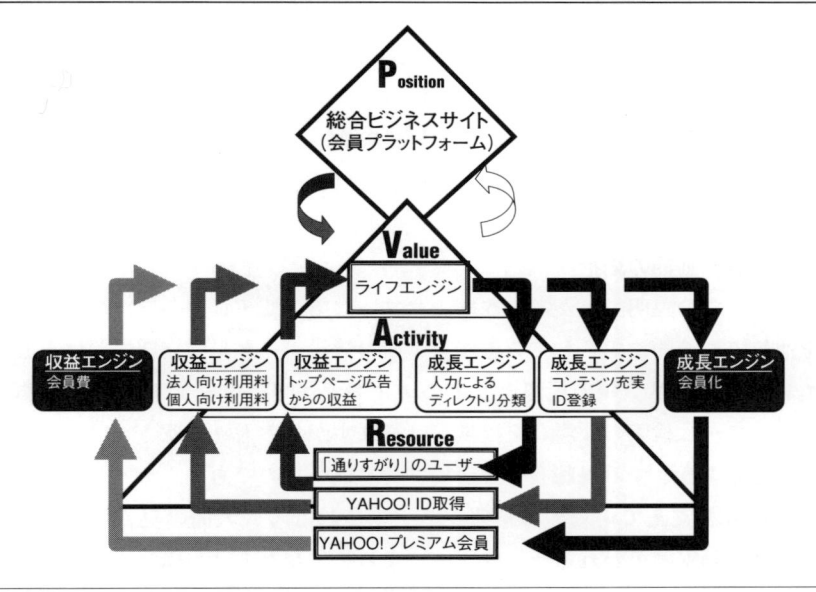

◘図3-5　第Ⅲ期：会員プラットフォーム事業確立期

第Ⅲ期：会員プラットフォーム確立期（2001年6月以降）

「総合ポータルサイト」としての性質が強まるにつれ，YAHOO!を訪れる利用者のニーズ（期待）が更に多様化していった．そこで，YAHOO!は次第に，「総合ビジネスサイト」としての色彩を併せ持つようになる．ここでは，eコマースの仲介機能を持つ場（プラットフォーム）を確立したことで，従来の広告収入以外の収益をもたらすこととなった．

「YAHOO!オークション」は，開始から間もなく，YAHOO!の様々なコンテンツの中では検索サービスに次ぐ，人気サイトとなったが，同時に不正も多発した．ヤフーはオークションの信頼を上げるため，2001年5月に本人確認ユーザー登録料と称して有料化（月間294円/会員）による安心の品質向上施策を試みた．従来，無料で参加していたオークション利用者は，既に有料化を受入れられるだけの満足度に達していた．このような背景から，オークションの有料登録利用者をベースとした会員化を進めることになっ

た．

　翌年7月に，この有料会員は「YAHOO! プレミアム会員」として衣替えし，数々の有料サービスを拡充していった．また，コンテンツ利用範囲を一般会員と色分け（オークションへの無料参加，メール容量拡大他多数コンテンツを設定）することで，「真の会員化」が実現したわけである．

第Ⅰ期〜Ⅲ期の総括

　ここまでの説明でわかるように，ヤフーは第Ⅰ期〜Ⅲ期の三つのフェーズを通じて加速的に成長している．第Ⅰ期の情報ポータル確立期における成長エンジンは，ヤフーの根源としてのディレクトリーサービスの構築であった．ヤフーは検索の「場」を提供し，通りすがりの人々を惹きつけ，コンテンツを見ようとする視聴者へと変貌させていったのである．ディレクトリーサービスを支えていたのは情報システムではなく，人間の臭覚である．ヤフーは非効率と思われるサーファーによるディレクトリー構築を長らく続けることによってこの臭覚を手にすることができた．

　ヤフーは第Ⅱ期では，広告料やリスティング料の収益を原資にして，多数のコンテンツを用意していった．今やポータルサイトの常識となりつつある無料メールやコミュニティを支える掲示板，また今やヤフーの事業柱となったオークションをスタートさせたのもこの頃である．コンテンツを充実させることで，ヤフーは草創期で構築した「検索の場」を「情報の場」に変貌させることに成功した．興味深いのは，IDの発行を，ユーザーに抵抗感を抱かせることなく，小さなコミュニティを形成していったという点である．ひとたびID登録してコミュニティを作ってしまうと，ユーザー自身が離れにくくなるというスイッチングコストが生まれる．この時期はビジネスモデルも拡大し，アライアンス先にかかわる連結事業収益や初めて利用者から徴収するオークション，ショッピングなどの手数料も収入源として加わっていった．

　第Ⅲ期では，安全と安心を武器にヤフーの切り札をテコにID登録者を優良会員へと導いていった．YAHOO! オークションの事故を契機にして，信

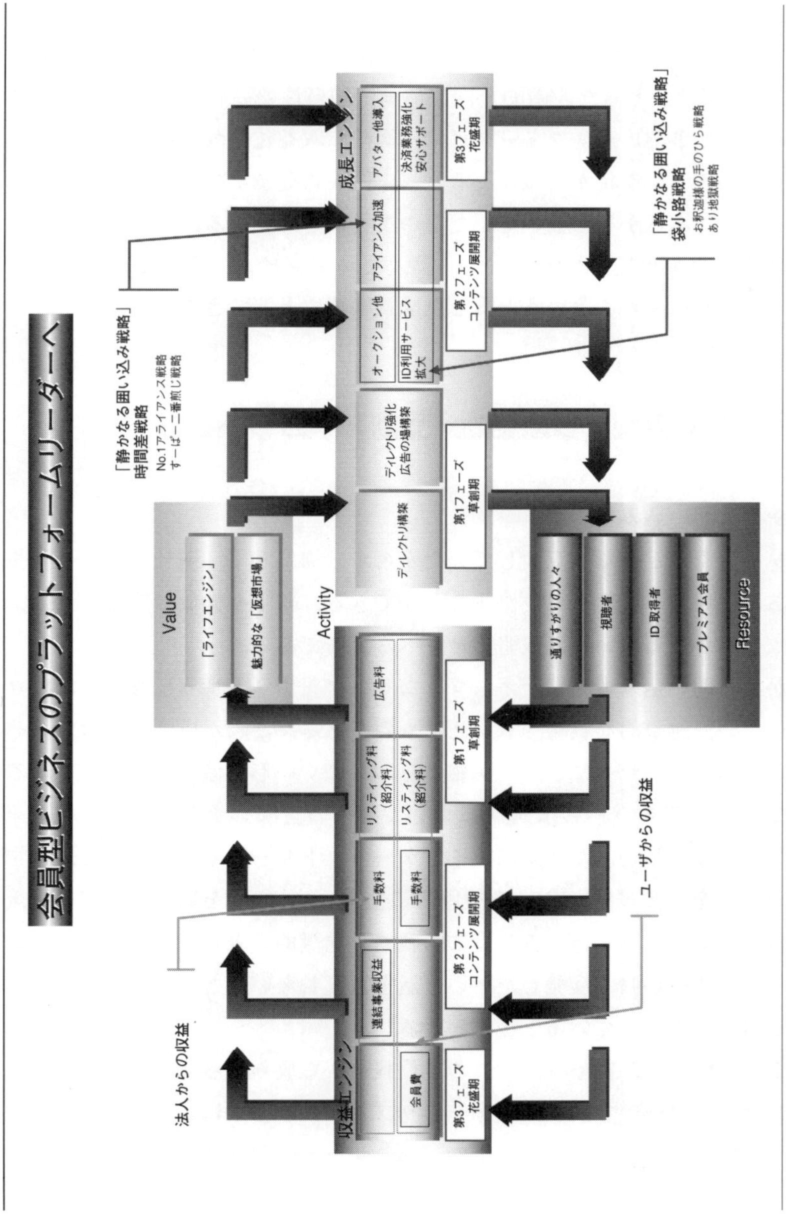

図3-6 業界の変化が描くパターン

第3章 収益・成長エンジンの相互循環パターン　71

頼性を高めることを理由に，サービス基盤の有償化に踏み切ったのである．

このように，ヤフーの事業システムの進化を P-VAR の枠組みで見ると（図3-6），同社がとった段階的な開発活動（独自性の高いディレクトリー構築から会員化事業）が，フェーズ毎に，明確に収益化される結果を導いてきたことがわかる．現状から振り返ると，Ⅰ期〜Ⅲ期までの収益モデルの全体デザインを，あらかじめ描いていたかのようにさえ見える．結果的には，ヤフーはポータル事業を足場として，莫大なページビューを背景にプラットフォーム価値を高めるという一貫した成長戦略をとってきたといえる．

5. 仕組みづくりの能動／受動アプローチ

静かなる囲い込み戦略

ヤフー自身がどれだけ意図していたか否かは別にして，同社の成長の背後にはある戦略的一貫性を見いだすことができる．結論を先取りしていえば，それは「静かなる囲い込み戦略」と呼べるものである．

静かなる囲い込み戦略は，オープンなインターネット世界においては成り立ち得ない，逆説的な戦略ともいえるものである．これが成り立つのは，その囲い込みがユーザーにとって明確に意識しにくい形で徐々に進行しているからである．さきの P-VAR 分析において，その資源レイヤーの蓄積パターンに注目してほしい．たとえば，インターネットサーフィンを楽しむ通りすがりの人々を，まず YAHOO! の視聴者にして，次に ID を取得させて，最後に会員化するという一連の流れはこの戦略を象徴的に表している．このプロセスでユーザーが強く反発したという話を耳にしないことからも，この囲い込みが静かに進行していることがわかる．

静かなる囲い込み戦略は，二つの下位戦略から成り立っている．一つは，能動的なアプローチで，パートナーシップとの共同作業によるものである．もう一つは，受動的なアプローチで，ユーザーとの関係性にかかわる．

能動的アプローチ

　能動的アプローチというのは，パートナーシップによってYAHOO!の世界を築き上げ，ユーザーには気づかれないように，その世界の外に出さないというものである．

　YAHOO!には多種多様のサービスがあり，この中にはパートナーとのサービスも多く含まれる．パートナーとのサービスを利用していると，どのサービスを利用しても必ずYAHOO!のロゴをその片隅に見つけることができる．これはYAHOO!のドメイン（yahoo.co.jp）の中に構築されたサービスを利用しているという証である．ユーザーとしては，自由意志で大海原のインターネット空間を飛び回っているつもりかもしれないが，ディレクトリをたどっている限りは，YAHOO!の世界から一歩も外に出ることはできない．ブラウザの「戻る」ボタンをクリックしても，結局帰りつく先はポータルとしてのYAHOO!である．それはあたかも，孫悟空が天竺にいるつもりであったが，実はお釈迦様の手のひらの上を觔斗雲（キントウン）で飛び回っているかのようである．

　もちろん，ユーザーの中には，この仕掛けを知った上で利用している者もいるだろう．安心や信頼を求めて，YAHOO!のお墨付きを求めている場合もあるだろう．しかし，ほとんどのユーザーは，このような仕掛けに気づいていないだろうし，「YAHOO!に囲い込まれている」と感じていないはずである．

　裏側の仕組みを具体的に説明しよう．ヤフーはパートナーのビジネスを，1日10億件弱のページビューという圧倒的な利用者を持ってサポートするのと引き換えに，彼らのサイトとは別にYAHOO!内にそのページを構築している．たとえばリクルートにしても，自身で独自に完結する就職専門サイトを所有しているが，それとは別にYAHOO!のドメイン内にも完結する就職専門サイトを構築している．基本的には完結したコンテンツであり，ユーザーはリクルートのサイトを利用しているつもりかもしれないが，実際はYAHOO!のドメイン内にいる．YAHOO!は，パートナーから事業収入（連結事業収益など）を徴収する仕組みとなっている．

第3章　収益・成長エンジンの相互循環パターン

以上の能動的アプローチを可能にするのが，パートナーシップである．ドッグイヤーで進化するインターネット世界で，時代にあった「ライフエンジン」を提供することは容易ではない．様々な趣向をもつ膨大な会員に，質の高いコンテンツメニューを加速度的に広げなければならないからである．自社開発にこだわっていては時間がかかりすぎるし，M&Aに依存しすぎると中立的なポータルサイトという立場を維持するのが困難になる[10]．このような状況の中，ヤフーは，「いち早く」，「多種多様な」サービスメニューを提供するために，リアルワールドのNo.1プレーヤーとパートナーシップを組むという選択をとったのである．具体的には，セブンイレブン，JTB，ぴあ，リクルートなどの企業である．

　No.1企業にはリアルワールドにおいて成功した知名度，ノウハウが既にあるが，ヤフーには当然リソースとして蓄積されていない．つまり，ヤフーはメニューを展開するにあたって，No.1企業のサービスを，バーチャルな世界でそのまま利用することにより時間の短縮と質の高いサービスを同時に手に入れている．また，ヤフーとしては，たとえその提携が失敗したとしても，多大な設備投資をしているわけでもいため，撤退時にはリスクが低い．つまり，ヤフーはNo.1企業と組むことによって，①サービス構築までの時間短縮，②質の高いサービス提供，③リスクの回避，といった三つの観点を同時に満たすことができる．

受動的アプローチ
　一方，受動的なアプローチによる「静かなる囲い込み」というのは，豊富なサービスとコンテンツを背景にユーザーの「ロイヤルティの深耕」をうながすというものである．すなわち，まず，YAHOO!の世界を行き来している「通りすがりのユーザー」にライフエンジンとしての価値を認めさせ，次

---

[10] ヤフーは，パートナー側に事業主体を置くことにより，プレーヤーとしての色彩を薄めることで複数の既存クライアントの反発を回避しようとしている．ヤフーは合弁事業の立ち上げにあたり，支配権をもたない出資比率に留めている．また，このアライアンス戦略は，収益をパートナーと分け合う点で収益性は薄いが，いわば「事業リスクを負わない成長エンジン」であり，また，既存クライアントからの反発が予想以上の場合は即座に撤退できることもメリットである．

に，そのユーザーに忠誠心を深めてもらい，ID登録，そして会員化に誘導するというステップである．このような深耕は，生誕から2006年現在まで，三つの段階に分けることができる．

第1段階：通りすがりの人々から視聴者へ

その先行性と圧倒的な知名度により，YAHOO!には，パソコン初心者から玄人まで，検索ポータルとしてのYAHOO!に訪れる．これらの「通りすがりの人々」にポータル画面に設定してもらう必要がある．これが，第1段階の「視聴者（リピーター）」化である．

この段階では，ユーザーは下記のいずれかに過ぎない．それは，①まだYAHOO! JAPANの数々のサービスを理解していないユーザーか，②YAHOO! JAPANにポータル以外では価値を見出さないユーザーか，あるいは，③インターネットを理解していないユーザー（素人）である．ヤフーはこれ

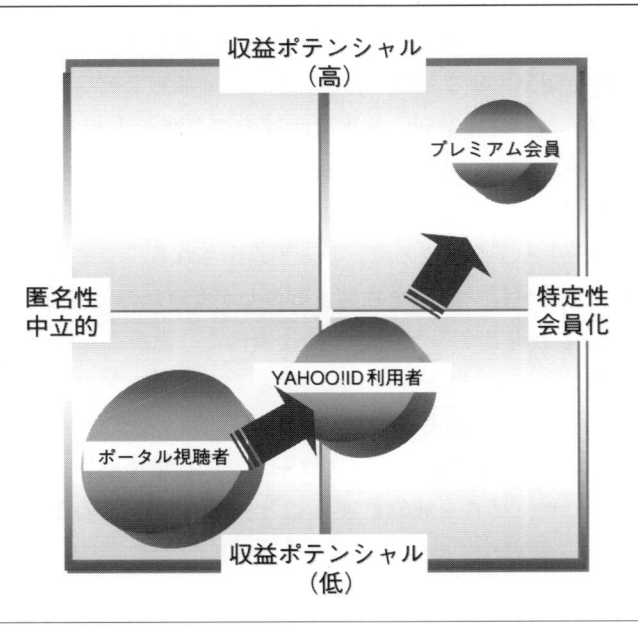

◖図3-7　利用者のステップ

らのユーザーに対しては，あくまで「嫌われない存在」でなければならない．したがって，この段階では執拗なアプローチは行わず，あくまで，サイトを通り過ぎていく人々に，その充実したサービスを見せることが肝要なのである．

第2段階（視聴者から愛好家へ）

次は，これらの視聴者にID取得をうながすプロセスである．ヤフーは，「会員がYAHOO!サイトを利用するにあたりIDが必要」というスタンスで，ユーザーのID化を行っている．従来のビジネスの世界では，「こんな特典があります！」というトーンであるが，ヤフーは，「無料IDを取得すると自分流にカスタマイズできたり，コミュニティに参加できたりします」という気軽さでID登録者を増加させた．利用者は匿名でもIDを登録することができるため，「会員」（囲い込まれた）という意識は極めて薄い．

一般論であるが，「ID登録」に関しては膨大な獲得コストを要する．ヤフーはこれに代わり，無料サービス（メールやフォーラムといったコミュニティツール）を開発することで，自然発生的（安価）な利用者獲得を実現している．ヤフーは，毎年2回，利用者向けのアンケートを通じてサービス要望を集め，それらの声から，掲示板やショッピングなどを生み出してきた．これらのサービスは，主として利用者と利用者の間を結ぶプラットフォーム（バーチャルな交流の場）から生み出される．つまり，安価にコンテンツを拡充しながら，ID化を推進することができたのである．

ここで，IDを取得者するとヤフーの仕掛けた「忠誠心深耕」に一歩足を踏み入れたことになる．ユーザーにとって，コミュニティの変更には心理的なスイッチングコストがあり，簡単には抜けられない．これらの会員予備軍はすべて無料で引き止められていてヤフーからの拘束を感じていない．しかし，YAHOO!のサービスを頻繁に使うほど，次第に帰属意識が高まっていく．

第 3 段階（愛好家から真の囲い込みへ）

こうして，ID取得者は日常生活を営む上で，YAHOO!を不可欠な存在とみなすようになっていく．コミュニティサービスの活性化によって，「会員帰属意識」は高まり，「安心感」と「信頼感」が醸成される．文字通り，「ライフエンジン」という価値が時代の要請に応じた形で進化していくのである．

このような基盤のもと，いよいよヤフーは本格的な「会員化」を推進することになる．そのきっかけとなったのは，1999年9月からの始まったYAHOO!オークションの問題であった．この背景について少し説明しよう．

既に説明したようにヤフーのオークション事業は絶大な人気を得ていた．ヤフーは，さらに会員意識の高揚を促す仕組みとして，出展会員の取引履歴に基づき「会員の信頼度」を数値化したものを公開した．これによって利用者は，本来の目的である出展に加え，公開されている自らの「信頼度数」を上げることに新たな動機づけを与えられるようになった．

その一方で，このYAHOO!オークションという仕組みを悪用する参加者もいた．初期のID会員では，その匿名性ゆえに，自分を特定されないことを悪用できた．それが現実となったのである．

しかしながら，ヤフーは，結果的に「匿名性の悪用」を「真の会員化」のための絶好の機会とした．つまり，顧客（オークション利用者）に対して，「安全」を確保する対価として，いとも簡単に「ヤフーが有料利用者を組織化することの正当性」を納得させたのである．

ヤフーは，まず，YAHOO!オークションを利用するための月会費（294円／月）を，「システム対応などの費用」として徴収することにした．年間で，一人当たり3,528円となり，現在の登録数では，多大な収益的な貢献（年間100億円超）となっている[11]．

要約すると，ヤフーは膨大なオークション利用者を獲得したあと，この利用者向けに「プレミアム会員」[12]サービスを提供（月会費額はそのまま）した．オープンなスタンスで通してきたヤフーが，顧客に対して「プレミアム」というクローズなニュアンスの言葉を使ったのはこれが初めてである．

現在では，プレミアム会員はヤフーにとって有望な収益源となっている．無料が定番であるインターネットの世界で直接の利用者から収益を上げる，あまり類を見ない形態であるといえよう．

カテゴリーごとの「一会員の生涯収益貢献額」は，①利用者（視聴者＋通りすがり）の段階では，27.4円に過ぎないが，②ID取得者となるとその額は99.5円まで拡大し，さらに③プレミアム会員へとランクアップすると989.4円へと飛躍的に向上する．その会員種別に応じた収益性はやはり大きく異なる．

6. 結び

この章では，どのようにP-VARを回していくべきかを検討してきた．その理想的な循環についての知見を得るために，ヤフーの発展経緯を，P-VAR図を描いて分析してきた．この図を見ると，良い循環を考える上でのヒントが三つあることがわかる．

第一は，基本的なポジションについては維持・継続させながらも，時代の変化にあわせてその立場をバージョンアップさせているという点である．P-VAR図に示されているように，ヤフーは，生誕から現在まで，「総合ポータルとして，ユーザーと広告主とパートナーとの間に介在する」というポジ

---

11 この額は単純計算に過ぎない．旧来の会員で期間限定の294円フリーのサービスを利用した会員は，基本料金を支払わなくて済む場合があるようだ．ただ，ヤフーによれば，この問い合わせに対して，以下のように回答しており，原則として，294円の料金を回収していると考えるべきであろう．「Yahoo!オークションでは，ご利用のお客様により安心してご利用いただくことを目指して，オークション参加者の本人確認を2001年5月28日（月）より実施させていただいております．本人確認の実施以降，Yahoo!オークションへ出品，入札，Q&Aを使った出品者への質問をする場合には，本人確認を済ませておくことが必要になります．その確認費用として落札数・出品数の変動によらない月額280円（税込み294円）の参加費のご負担をユーザーの皆様にお願いしております．なお，2003年7月1日，Yahoo!プレミアムサービス開始に伴い，「本人確認費」は「Yahoo!プレミアム会員費」に名称変更となりました．」（2006年5月12日）．
12 プレミアム会員の年会費は，①「特定の金融機関の口座からの自動振替」か，②「クレジットカード決済」のいずれからか選択することになるが，決済口座もしくはクレジットカードを特定することで匿名性は排除され，更に月次会費の課金であるため，毎月口座からの引き落としが行われることから偽造または盗難カードでの利用が困難になるのである．こうして「決済機能を併せ持つYAHOO!の消費者集団」としての会員組織の価値が飛躍的に高まっていったのである．

ションをとり続けてきている．しかし，総合ポータルに求められる役割や機能は時代と共に高度化している．ヤフーは，基本的な立ち位置を固定しながらも，時代の要請を一歩先がけるようなかたちでポータルの内容をステップバイステップで向上させてきたのである．

　第二は，収益の入り口を拡充しているということである．より正確に言えば，収益の入り口だけでなく，収益を上げる仕組み自体がバージョンアップしている．P-VAR図をみると，それぞれの「期」において，新しい収益エンジンが付加されていく様子がわかる（図3-6左半分）．具体的には，広告料収入，ショッピングモールやオークションにかかわる手数料，そして，会員費収入である．興味深いのは，これらの新しい収益エンジンを回すために，ヤフーの成長エンジンの内容自体も変化しているという点である（図3-6右半分）．当初はインターネットベンチャーに見られる仕込みである．しかし，第二期になると仕込み活動の性質は，百貨店のようなデベロッパーに近くなる．そして第三期で求められた仕込み活動は，クレジットカード会社顔負けの会員化活動である．いずれも全くかけ離れた活動なのである．

　第三は，その背後に，何らかの戦略的一貫性が認められるという点である．P-VAR分析図の資源レイヤーに示されているように，はじめはPVに貢献するだけの「通りすがりの人々」だったのが，YAHOO!を利用する「視聴者」になり，やがて顔の見える「ID取得者」，最後には名前まで特定できる「登録会員」へと転じていく．ヤフーは，静かに着々と資産価値を高めているのである．

　　　　　　　（財）社会経済生産性本部平成17年度経営アカデミー
　　　　　　　　　　　「経営戦略コース」Aグループ
　　　　　　　　　　〈指導講師〉井上達彦
　　　　　　　　　　〈メンバー〉矢野公平　岡崎正明
　　　　　　　　　　　　　　　　荻原　健　照沼昌弘
　　　　　　　　　　　　　　　　塩見公彦　馬場崎栄司
　　　　　　　　　　　　　　　　石田勝己

第4章 収益・成長エンジンの四つのパターン

1. はじめに

望ましい P-VAR とは？

この章では，どのような P-VAR が望ましいのかについて引き続き考えていく．とくに，P-VAR のそれぞれの要素の組み合わせについて，目指すべき青写真を浮き彫りにしたい．すなわち，どのようなポジション⇔〈価値⇔活動⇔資源〉の組み合わせがよいか，そのパターンを検討する．

まず，自社の視点と市場の視点を組み合わせて，基本4パターンを導く．そして，光ディスク装置業界における成功パターンを選び出し，4パターンそれぞれに照合させてみる．成功パターンごとにポジション⇔〈価値⇔活動⇔資源〉を抽出して，その成功要因やロジックについて議論する．その上で，この4パターンを青写真としての「基本的な P-VAR」として提示していきたい．

二つの基本パターン，「垂直／統合型」と「水平／モジュール型」

一般的に，事業システムには二つのタイプ（型）があって，それぞれに応

じた P-VAR パターンがあると考えられる．一つは，「垂直／統合型」であり，もう一つは，「水平／モジュール型」である．「垂直／統合型」の場合，最終消費者に製品・サービスを提供することができるため，ブランドイメージを築いたり，機能スペックを超えた付加価値をつけたりしやすい．したがって，付加価値をつけるためのポジション⇔〈価値⇔活動⇔資源〉の組み合わせとなる．たとえば，昔の音楽再生用の CD プレーヤーは，製造コストに比べて最終小売価格が高く，十分な利益を出している．部品構造を見ると，アナログカセットより CD プレーヤーの方がある意味でシンプルだが，ブランド，操作性のしやすさ，充実したコンテンツ利用環境などによって，消費者がより高い金額を支払ってくれる．

これに対して，「水平／モジュール型」の場合，ブランドによる高付加価値を追い求めるのが難しい場合が多い．最終消費者ではなく，事業者を相手にビジネスを展開していかなければならず，機能性が合理的に判断されるからである．たとえば，同じ CD プレーヤーであっても，パソコンの部品として納めてしまうとブランドが表に出ず，機能スペック以上の付加価値をつけることは難しくなるため，どちらかといえば薄利多売の収益構造となる．したがって，ポジション⇔〈価値⇔活動⇔資源〉の組み合わせも，いかにたくさん売って儲けるのかがポイントになる．水平／モジュール型で利益率を高めるには，ブランドよりむしろ，特許をライセンス収入の源泉にするような事業設計が有効な場合が多い．

もちろん，実際の事業システムはもっと複雑で，付加価値重視か薄利多売かという二分法では捉え切れるものではない[1]．顧客ターゲットを大きくとるのか狭く絞り込むのかによって，競争環境やポジションも違ってくる．つまり，顧客ターゲットを大きく取るというのは，業界リーダーのポジションを勝ち取るということで，成長ポテンシャルは高いが競争は厳しいというパターンである．逆に，市場を絞り込むというのは，ニッチ戦略を追求すると

---

[1] 近年注目されている製品アーキテクチャの視点（藤本，2004；延岡，2002；藤本・延岡，2004）からみれば，組み合わせモジュール型のパソコンか，擦り合わせインテグラル型の自動車かによって，P-VAR パターンも違ってくるということになろう．

◘表4-1 企業視点と市場視点による四つのパターン

		顧客ターゲット	
		広い	狭い
担当範囲	垂直／統合型	第1パターン CD-オーディオ，LD，MD	第3パターン DVD-RAM
	水平／モジュール型 *	第2パターン CD-ROM， CD-R/RW	第4パターン MO

＊ここでは，大きくはパソコン向け用途を示唆する．

いうことで，成長に限りはあるが，競争も制限されているパターンである．

　そこで，本章では，「垂直／統合型」か「水平／モジュール型」かという企業側の視点と，顧客ターゲットを「広くする」か「狭く絞り込む」かという市場側の視点とを組み合わせてパターンを四つに分ける[2]（表4-1）．

　ところで，本章で光ディスク装置（CDやDVD再生録画装置）業界を取り上げるのにはいくつかの理由がある．第一に，この業界は高度な技術によって成り立っており，歴史的にも日本の電機メーカーの主要領域であり続けてきたこと．第二に，それにもかかわらず，この業界がデジタル化の影響を強く受けて変化が激しく，「技術から収益を上げる」のがますます困難になってきていること．そして第三に，変化が激しいだけに収益を上げるパターンが変化してきており，一つの業界で複数の成功パターンを抽出できると考えられるからである．

　実際，後述するように，小川（2005）によれば，光ディスク装置業界においては，四つのパターンがあり，それぞれ，第1パターンから第4パターンと一定の対応関係をもっている．本格的な分析に先立って，光ディスク装置業界について，その背景を説明しておこう．

---

[2] この4パターンは小川（2005）をわれわれなりに解釈して導き出したものである．

2. 光ディスク装置の歴史的展開

　光ディスク装置の歴史は 1972 年にオランダのフィリップスの開発に始まり，その商品化には多くの日本企業がかかわってきた．光ディスク装置とは半導体レーザを用いてディスク上の情報を光学的に読み書きするシステムの総称であり，昨今では CD（Compact Disk）と DVD（Digital Versatile Disk）が代表的なデータ記憶媒体となっている．光ディスクの出荷台数は 2004 年には約 6 億台，売上額にして 2.5 兆円といわれ，ハードディスクに並ぶデータストレージになっている．規格が乱立する CD，DVD 共に再生，記録型に区分けされ，次世代 DVD も規格が統一されるには時間がかかりそうだ．

　CD は 1982 年にソニーによって世界初の製品化がなされたとき，当初はオーディオ用途が主であった．しかし，そのフォーマットが次々と拡張され，データストレージとしての利便性が認められると，コンピュータから家庭用テレビゲーム向け用途として爆発的に拡販され，価格も劇的に下がった．

　一方，CD-R（CD-Recordable）は 1988 年に太陽誘電によって開発された．初期は通常のプレス CD より高く，業務用にしか使われてこなかった[3]．昨今は初期とは比べ物にならないほど低価格化が進み，気軽なデータを書き込みメディアとして広く使われるようになっている．

　続く CD-RW（CD-Re-Writable）や DVD は，この流れを引き継いでいる．現状の光ディスク装置は DVD で代表される場合が多く，高画質映像用途や大容量データストレージとしてその応用範囲は広がっている．ただ，ここに至るまでの光ディスク装置業界の動きは激しく，新しい規格が生まれては消えていった．MO（Magneto-Optical）ディスクは記録推奨メディアとして使われてはいるが，さらなる成長は見込めない．松下電器が開発した PD（Phase change rewritable Disk）は CD-R/RW とのマーケティング戦争に敗れ，市場撤退を余儀なくされたのである．製品ライフサイクルが非常に短い

---

[3] CD-DA（音声格納規格），CD-ROM のマスタリング時の確認用などの用途．

中で生き残った製品規格が CD であり，DVD であったといえる．

しかし，勝ち残った CD-R/RW や DVD が勝ち組かといえば，そうともいい切れない．CD-R/RW 装置は価格下落が激しく，光ピックアップにかかわるビジネスからは多くの国内企業は撤退し，台湾・韓国の台頭が著しい．もちろん，DVD は光ピックアップの生産がそれほどモジュール化できていないこともあり，記録系について国内企業がシェアの多くを握っているが，今後どのように推移するかは不透明である[4]．ここでは競争が激化する光ディスク装置ビジネスを P-VAR で示し，いくつかのパターンを抽出することにする．

3. 光ディスク装置業界の P-VAR 分析

光ディスクの四つのパターン

2006 年，TV 番組を録画したりする一般家庭向けの DVD 記録再生機の国内予想需要は約 640 万台である．これに対して，光ディスク装置をデータストレージとして用いるコンピュータ向けの需要は約 1300 万台が予想されている．この数字が物語るように，光ディスク装置業界におけるコンピュータセットメーカーの影響力は大きい．ウィンテル連合[5]やデル，HP の思惑が業界を左右するといっても過言ではない．

ただ，このような業界構造はパソコンが登場してからのことである．光ディスク装置の走りといえる音楽用 CD（以下 CD オーディオ）が登場した当時は，全く様相が異なっていた．ここでは，時代背景を踏まえた業界情勢，ここに関わる企業の事業システムを P-VAR 分析を用いて調べてみる．

小川（2005a; 2005b）は，光ディスク業界全般の分析を行って，四つのパターンに分けられることを示した．この研究において，各パターンが収益を

---

[4] 光ディスク業界全般については小川（2003）が詳しく分析しており，詳細はそちらを参照されたい．
[5] PC アーキテクチャを実質支配しているインテルとマイクロソフトの 2 社の総称．

上げる側面だけでなく，投資の回収として示されていてP-VARとの親和性も高い．この章では，さまざまなデータソースからP-VAR分析に必要なデータを補完しながら，小川の4パターンに沿った形で事業システム分析を行うことにしよう．

第1パターン：CDオーディオ，LD，MDの事例

第1パターンは，(1)普及と利益追求が同時に実現できる理想型である．これは，陳腐化スピードと利幅がコントロール可能な事業システムである．ゆっくりと普及させて，ブランドを生かして長期に一定の利幅で投資を回収する仕組みである．光ディスク装置でいえば，CDオーディオ，Laser Disc（以下LD），Mini-Disc（MD）が，このパターンに一致すると考えられる．

1980年代前半から1990年代にかけて，光ディスク装置の主な用途が，CDオーディオ，LD，MDであった時代をP-VARで示そう（図4-1）．4セ

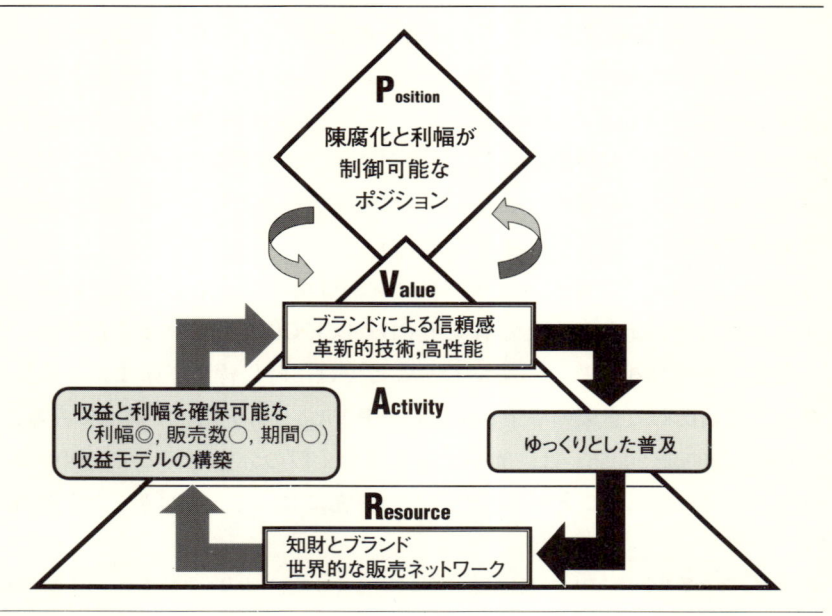

◘図4-1 光ディスク第1パターン

ルマトリックスでいえば,「垂直／統合型」で「広い顧客ターゲット」を狙うというパターンにほぼ対応することがわかる.

　この時代には,いくつかの特徴がある.まず,現状のような価格競争の激しいデジタル家電の構図はなく,陳腐化スピードも遅かったということ.光ディスクの主たる用途がコンピュータに向けられていなかったので,製造メーカー主導で価格や利幅のコントロールが可能であった.また,それゆえ,「垂直／統合型」によって,ブランド資産を活用しやすかった.ソニーのMDを例にとって考えると,ブランド力を背景に,5年間にわたる価格下落（カタログ値）は20%程度に抑えられている.MDの普及元年が1996年であることを考えるとこの値は驚異的であり,年率20%以上で価格が下がり続けているDVD録画再生機とは比較にならないような高収益である.CDオーディオについても当初の基本特許がフィリップスとソニーにあったことから,価格低下率は5年で50%程度にとどまっている.価格破壊が起こらないように,メーカーが適切に価格コントロールできる環境にあった.

　ここでの収益エンジンの特徴は,利幅を確保できることを前提に製品を普及できた点にある.これによってブランドを背景とした製品に対する信頼感や機能の付加価値が企業の価値として構築されることになる.

　成長エンジンとして位置づけられるのが,パソコンのように急速に普及されるのとは異なる,ゆっくりとした製品化の流れであり,この時代のアーキテクチャが完全にモジュラー化（第4章補論参照）されていなかったことにも起因する.いわば日本企業にとって理想的な収益モデルの構築が可能な事業システムであったといえる.

オーディオ市場とコンピュータ市場との融合

　ただし,CD–ROMのコンピュータ利用が進むようになると,モジュラー化への流れが徐々に始まり,CD–R/CD–RWを主製品群とした価格破壊の流れを加速させることとなった.CDオーディオと記録方法の基本原理を同じくしたCD–R/CD–RWは,データストレージを主目的にコンピュータ用途に爆発的な普及をみた.CD–R/CD–RWの価格下落率は5年で75%,2006年

の現状では単品では製品原価が維持できないくらいに価値は下がっている．これに CD-ROM を含めた CD ビジネス全般は，製品のコモディティー化が急速に進み，部品もモジュール化した．製造方法も部品を組み合わせることによって単純化できる典型的な薄利多売製品と位置づけられ，日本企業の多くがこの業界から現状は撤退している[6]．光ディスク装置業界における水平／モジュール型の事業システムの到来であったと考えられる．

　国内に限定して考えると，CD ビジネスは失敗事例として認識することもできる．コンピュータ用途向けに製品の普及を優先させたがゆえに市場は短期に著しく拡大したが，知財による技術の囲い込みが十分機能しないまま規格をオープン化したために，参入企業の多くは収益を上げられる状況にはならなかった．部品の寄せ集めによってなされる単純化された製造の方法は，知財によって守られない状況下では，韓国・台湾に日本にない強みがあるといわざるを得ない．彼らは，製造コストを低く抑えており，開発投資を含むオーバーヘッド[7]も低い生産を得意としており，日本とは異なった思想・やり方で生産活動を展開しているのである．

第2パターン：CD-ROM，CD-R/RW で取るべき代替案

　では，どのような事業戦略ができていればこの業界での成功事例を構築できたのか．当時，とるべきであった事業戦略を第2パターンとして提示する．それは，(2)急速な普及による製品コモディティー[8]化への対応型である．これは，製品がコモディティー化され，その製造方法も部品の組み合わせによって単純化されるような場合[9]であっても，収益が上げられる事業システムであり，迅速な普及を背景に知財で収益構造を作るパターン①と，研究開発投資を抑制する低オーバーヘッドな生産方法を組み込むことで，標準化や

6　厳密には光ピックアップと完成品で議論を分ける必要があるが，ここでは完成品に限定して考えている．
7　広義には間接費を示すが，ここでは製品の生産に至るまでの研究開発費や種々の投資諸費用を示す．
8　本来は日常品という意味だが，同時にあまり価値のない，収益性の低い普及品という意味に使われる場合が多い．
9　アーキテクチャが中モジュラー・外モジュラーな製品とも表現できる．

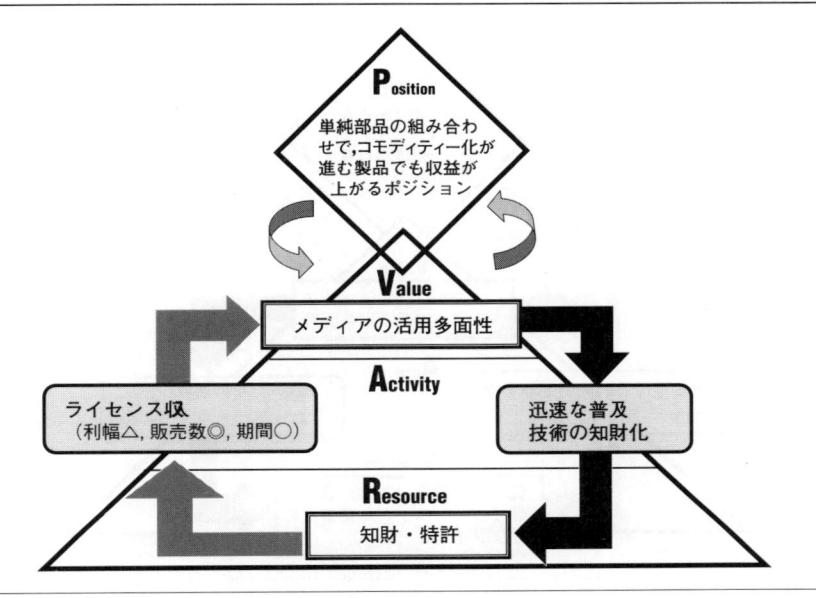

◘図 4-2(a) 光ディスク第 2 パターンその①

　モジュラー化に対しても収益構造を構築できるパターン②がある．
　P-VAR を用いて示してみよう．基本的には，製造方法が単純化されたコモディティー製品であっても収益が上げられる仕組みでなければならない．これには，図 4-2(a)，(b)に示される二つのパターンが考えられる．その一つは，図 4-2(a)その①に示される資源・資源として知財・特許が機能する場合である．もう一つは，図 4-2(b)その②に示されるパターンであり，薄利多売でも収益を上げられるオーバーヘッドの少ない事業システム[10]である．いずれも，「水平／モジュール型」で「広い顧客ターゲット」を狙うというパターンに対応する．その①は，収益エンジンがライセンス収入だというパターンである．たとえ規格がオープン化され，製品が急速に普及して価格が低下しても，知財・特許を有していれば収益の基礎を崩さずに済む．実

---

[10] 製品生産に直接関わらない間接費全般が低い事業システムと捉えていただきたい．ここには研究開発費を低く抑えることも含まれている．

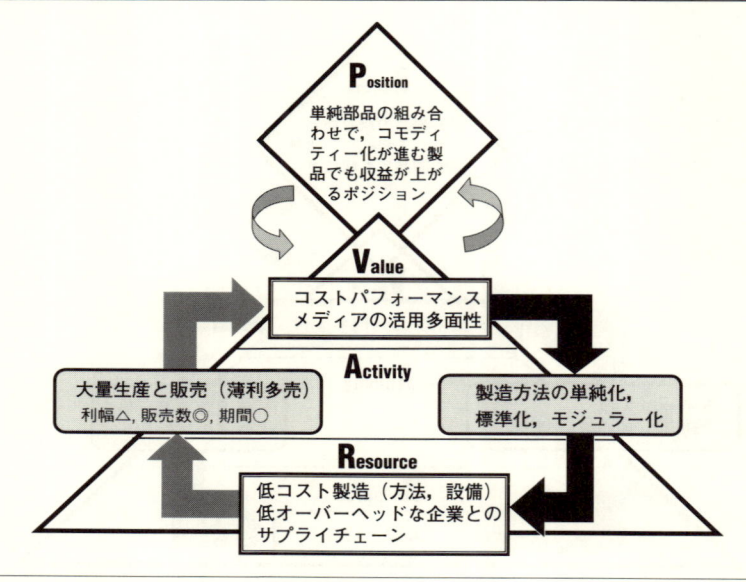

◆図4-2(b)　光ディスク第2パターンその②

際は，国内企業はライセンス収入で収益のパターンを確保することなく総崩れになったが[11]，目指すべきパターンの一つである．

一方，図4-2(b)に示されるその②というのは，大量生産による薄利多売という収益エンジンがカギを握る．つまり，研究開発（R&D）への投資をいかに少なくするかがポイントになる．このパターンは台湾，韓国，中国の事業システムをイメージしやすいが，国内企業では船井電機，ミツミ電機や三協精機[12]などが現在も実践しており，必ずしも国内企業はすべて失敗しているとはいい切れない．資産・資源となるのはいかに低コストで生産できるかの製造設備や手法が位置づけられ，ここで形成されるサプライチェーンも重要な資源と考えられる．

ちなみに，成長エンジンとしては低コストでの生産を実現する上での製品アーキテクチャの標準化やモジュラー化がカギとなる．初期の段階では熟練

11　その背景には，知財を権利として認めないかつての台湾のあり方も問題視される．
12　現在の日本電産サンキョーである．

を要する高度な製造方法であっても，この段階では部品の寄せ集めにより単純化・標準化されていなければならない．標準化が完成した製品製造方法を更に低コストにできるかが収益性を左右する．簡単にいえば，生まれてくる製品価値はコストパフォーマンスが最重要であり，いいものをいかに安く作れるかが大切なのである．

市場規模を見ても，このようなパターンが成り立つことがわかる．これまでは音声や映像の記録を主に作られたメディアがコンピュータ用途にも拡張され，万能データストレージとしての価値も生み出しており，大量生産と大量販売の可能性も拓けているからである．

第3パターン：現行 DVD-RAM の事例

第3は，(3)フォーラム形成に基づく規格活用型である．一部の企業が有する知財を規格に封じ込めフォーラムメンバーにオープン化し，多くの企業間で収益構造を確保する事業システムである．これは，当初第1パターンと第2パターンとの中間を狙ったものであったが，その形態は一様とはいえず，ここでは DVD フォーラムの中核に位置付けられた DVD-RAM を DVD 規格の代表例として取り上げて考えてみる．

2006年での光ディスク装置といえば DVD を示すのが一般的で，この年は次世代 DVD への移行期にも当たる．記録容量としては，DVD-R 片面2層の 8.5GB，DVD-RAM 両面の 9.4GB が実現されている反面，記録装置の製品価格の下落は激しい．パイオニアやソニーのハードディスク内蔵 DVD 録画装置の価格は2003年から2004年末にかけて50%以上下がっている．ただ，DVD は(特に DVD-RAM に限定すると)CD に比較してモジュラー化が進めにくく，国内企業が依然健闘している点が異なることから，「垂直／統合型」の範疇といえよう．表 4-2 は善本・新宅(2005)による読み込み・記録型それぞれの CD，DVD の国内製品シェア率の調査結果を示したものである．

この表からわかることは，CD 完成品および DVD-ROM の国内シェアは非常に低くなっているのに対して，DVD-W（Writer の総称）は国内優位の生産体制を維持していることである．これは光ピックアップなどの高精密な

●表4-2　日本企業のドライブと光ピックアップのシェア[13]

	完成品シェア (日本企業単独)	完成品シェア (アライアンス含む)	光ピックアップシェア
CD-ROM	5.25%	54.49%	92.50%
CD-RW	5.64%	40.53%	94.00%
DVD-ROM	10.27%	78.13%	98.20%
DVD-W	67.60%	87.17%	82.80%

部品を台湾・韓国では作れない，摺り合わせ技術を要する製品と考えられるためだ（CD向け光ピックアップでも中モジュラーな製品といえるのは，2006年現在も日本に限られた話であろう）．CD最終製品を部品から組み立てる事業システムは，製造コストを低く抑えられる台湾・韓国が低オーバーヘッドを背景に優位に進めることができるのである．「水平／モジュール型」のCDがコモディティー化している一方で，「垂直／統合型」のDVD-Wは最終製品であってもCDほど容易に組み立てることができない．それゆえ，国内シェアは現状も優位性を維持している．

　普及までには長い時間を要したものの，DVDフォーラムの中核に位置付けられたDVD-RAMは，東芝・松下電器・日立などによって第1パターンを目指し，結果的にハードディスク付きDVDレコーダーなどのブランド主導のコンシューマ向け市場で大きなシェアを握ったが，導入当初は日本市場に限定されたメディアインフラだったともいえる．この点から，DVD-RAMは「狭く絞り込む顧客ターゲット」と考えられる．最終的には顧客ターゲットを「広くする」ことになるが，まずは狭い日本市場において，日本製家電のブランドに使えるハイスペックな製品が受け入れられるところから始まったといえる．他方，DVDの規格にはソニーやフィリップスが提案したDVD+R/RWもあるが，基幹部品をモジュール化しすぎたがゆえに日本企業の優位性は早期に崩壊しており，DVDの事例としてはDVD-RAMをその成功例として取り上げた．図4-3ではここまでの流れをP-VARを用いて示してお

13　善本哲夫・新宅純二郎「海外企業との協業を通じた基幹部材と完成品事業の連携モデル」『Business Insight』Autumn 2003, pp.20-35.

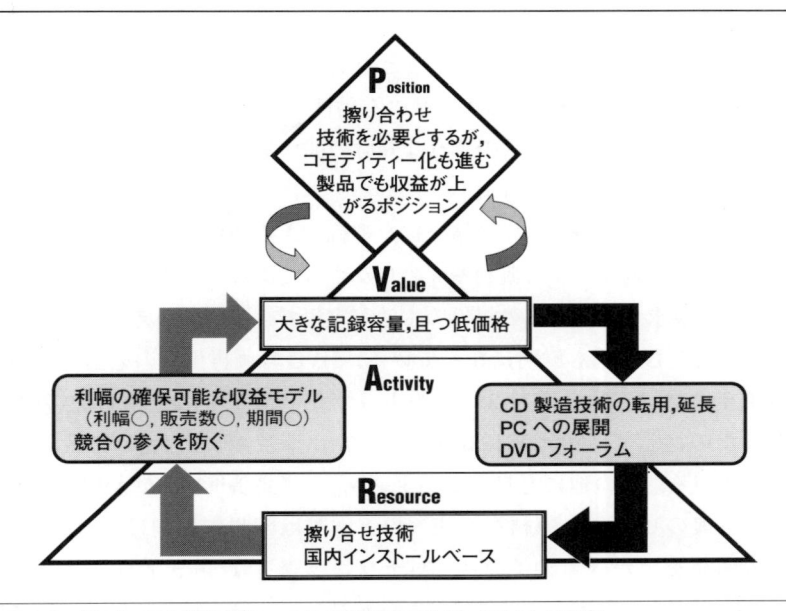

```
            Position
         擦り合わせ
      技術を必要とするが,
      コモディティー化も進む
      製品でも収益が上
         がるポジション

              Value
         大きな記録容量,且つ低価格

              Activity
 利幅の確保可能な収益モデル    CD 製造技術の転用,延長
  （利幅○,販売数○,期間○）    PC への展開
   競合の参入を防ぐ         DVD フォーラム

              Resource
            擦り合せ技術
          国内インストールベース
```

◻図 4-3　光ディスク第 3 パターンである現行 DVD（DVD-RAM）

り，光ディスク装置の第 3 パターンとして表記した．台湾・韓国では製品の標準化が完全には整っていないとの判断から，製造には擦り合わせ技術を要し，模倣は比較的困難ではあるものの，製品自体はコモディティー化するようなポジションにおいて，その資産・資源は擦り合わせ技術及び国内を基準にしたインストールベースにあったと考えられる．以上，われわれの 4 セルでいえば，「垂直／統合型」で「狭い顧客ターゲット」を狙うというパターンに対応すると考えてよいだろう．

　これ以外にも DVD と CD ビジネスとの大きな違いがある．標準規格の確定のプロセスで DVD フォーラムの設立が大きく影響したことである．DVD フォーラム（旧 DVD コンソーシアム）は DVD 規格の制定や普及，促進，ライセンス管理などのために 1995 年に設立された業界団体である．DVD フォーラムには，DVD-R/RW/RAM などを推進する業界団体，またはそのフォーマットを開発しているハードウェアメーカーのグループが所属し[14]，

第1回総会は1997年12月5日に開催されている．DVDの規格，DVDビデオ，DVD-ROM，DVD-R/RW/RAMなどの規格を定め，協賛メーカー間での規格使用権を許容し，DVD関連知財の有効性確保に努めている．フォーラムの形成によりCDビジネスのような知財の囲い込みや，著しい事業システムの崩壊はなかったと思われる．

もっとも，現状の仕組みで価格優位を継続できるかは別の話になる．規模の経済に則った普及による薄利多売のビジネスであれば，これまで以上に巨大な規模を要求される．この規模の水準が実現できないがゆえに収益を上げられずに苦しむ構図も鮮明になっている．DVD録画再生機の老舗ともいえるパイオニアは，2001年は23.0％のトップシェア（全出荷数170.9万台）であったのに対して，2004年には15.0％（全出荷数407.1万台）と苦戦を強いられている．この他にも日本ビクター[15]，三洋電機[16]などがAV用途DVD録画再生機のビジネス凍結を発表，松下電器は欧州市場向けDVDレコーダーの開発を手がける独子会社（パナソニックAVCネットワークスドイツ）を清算すると発表している[17]．このポジションでの収益確保が容易ではないことがわかる．

ヘゲモニーを巡る争い

更に考察を進めると，対立するヘゲモニー[18]争いの構図を見ることができる．結果として，非パソコン分野から立ち上がったDVD-RAMは，おおよそねらい通りの事業システムを構築するに至る．松下電器，東芝，日立などによって構築された先行するこのDVD規格では，結果として第2パターンその①（図4-2(a)）に近い事業展開を目指していたと思われる．これに対

14 　発足時のメンバーは，日立製作所，松下電器産業，三菱電機，フィリップス，パイオニア，ソニー，トムソン，タイム・ワーナー，東芝，日本ビクターなどである．その後，よりオープンな組織としてDVDフォーラムとなり，アップルコンピュータ，韓国のサムスン電子，シャープ，ソニー，NEC，パイオニア，日立などが加盟した．
15 　2005年6月発表．
16 　2005年9月発表．
17 　2006年6月発表．
18 　ヘゲモニーとは，一般的には支配権や主導権のことである．ここでは「影響力上もしくは権力上の優越」という意味を含めて捉えていただきたい．

して，後続として現れた DVD-R/RW ではソニー，フィリップスなどにより，第2パターンその②（図4-2(b)）に近い事業展開を目指していたように思われる．DVD-R/RW 陣営では，ライセンス収入を前提としたCDでの成功例をDVDに展開したいとの目論見もあったが，実際には思い通りの事業システムを展開するには至らなかったと考えられる．

　それでは，DVD-RAM 連合が実現した事業システムで思い通りの収益パターンで継続できたかといえば，そうともいいきれない．それはコンピュータセットメーカーが予期せぬ形で現れ，関連製品を含むコンピュータ業界全体への実質価格コントロールを支配したからである．この支配権は強大であり，DVD 装置産業の収益構造の根底を揺るがすような大きな影響力を有する．光ディスク装置を含めたコンピュータ周辺機器はコンピュータセットメーカーの認定なくしてはコンピュータに搭載されないだけではなく，搭載されたとしても価格コントロールの実質支配権をコンピュータセットメーカーに献上しなければならなくなっている．もともとは，陳腐化スピードと利幅のコントロールが可能なはずであるポジションを，価格支配権を持つコンピュータセットメーカー（新たな驚異）の出現によって剥奪され，事業ポジションの変化に伴う収益構造の崩れが発生したとも考えられる．本件に関わる詳細は十分には解明できていないが，DVD 装置産業の収益悪化の何らかの原因につながるモノと推察する．ただ，ここでの争いも変貌を遂げ，次世代 DVD[19] での争いの構図は更に複雑な様相を呈すると予想される．

---

[19] 二つの規格が併存している「次世代 DVD」は 2006 年に本格的な普及期を迎える．東芝や NEC が主導する「HD-DVD（以下 HD）」，対して松下やソニー等などの「Blu-Ray Disk（以下 Blu）」が本格生産を宣言しているからである．HD 最大の特徴は現行の DVD 規格との高い互換性にある．光ピックアップの開口数（NA:0.65）も現行 DVD 規格と同じである．こうした互換性の高さにより，現行 DVD 機器の上位互換機種として HD を開発する優位性を考えることができる．また，HD メディアの生産設備も現状 DVD メディアのものを流用でき，設備投資の抑制も可能となる．一方，現行の DVD 規格との互換性をほとんど持たない Blu は，従来生産技術の横展開ができないことがデメリットとい言われている．ただし，データ転送レートは 36Mbps，記録容量は最大 27GB，単層でも記録容量が 25GB にもなり，ハイビジョン映画の 2 2 時間録画が容易である．主に民生用の映像記録用途にフォーカスした規格で，映像記録方式は MPEG-2 が予定されている．更に，米国ハリウッド映画会社の協賛が多く，「プレイステーション 3」への採用を背景に強気の姿勢を見せている．DVD フォーラムは HD DVD 規格に AOD（Advanced Optical Disk）を採用し，次世代型 DVD 規格は AOD 陣営（DVD フォーラム）と，Blu 陣営に分裂することが決定的になっている．規格争いの行方は容易に予想できない．

第4パターン：MOの事例

第4パターンは，(4)国内インストールベース設置型である．非常に特殊なケースであるが，標準化を背景に国内限定で進んだことによって収益構造を確保できた事業システムである[20]．光ディスクでいえば，国内の市場（世界的ニッチ）のみに焦点を合わせた光磁気ディスク（MO）がこれに該当する．われわれの4セルでいえば，「水平／モジュール型」で「狭い顧客ターゲット」を狙うというパターンに対応すると考えてよいだろう．

MOは会計監査院が定める会計情報の持ち運び媒体となり[21]，2005年には全国銀行協会が定める推奨媒体となるなど，国内に限られるもののディジュリ規格[22]に基づいたビジネスとしての長期安定化が確保されている．ただし，爆発的な普及性はなく，先に分析したCDやDVDとは異なるビジネスの流れをたどることになる．MOはその書き込みに磁気機能を必要とすることからCDやDVDなどの記録方式ほど小型化できず，携帯型コンピュータに搭載することができないデメリットがあり，コンピュータ用途は据え置き型に限定された．それゆえ製品アーキテクチャは「水平／モジュール型」となり，かつ「狭い顧客ターゲット」を狙う拡大しない市場向けとなったのである．逆に市場が拡大しなかったことが功を奏したのか，韓国や台湾の参入がなく，大きな価格破壊がもたらされなかった．日本企業が比較的大きい収益を確保できたのはこのためであり，特殊なパターンとして取り上げている

---

20 小川の報告によると，ISOを舞台にしたディジュリ規格はその標準化に著しく長い時間を要し，多くの場合でビジネスとしては成功しなかったが，日本市場限定に普及が進んだ光磁気ディスク（MO）は例外的に日本企業に利益をもたらしたとある．
21 平成15年4月1日発行の官報号外71号・第1章・第7条の1による．
22 「標準」決定のプロセスは，大きくデファクト・スタンダード（事実上の標準）とディジュリ・スタンダード（公的な標準）に分けることができる．デファクト・スタンダードとは「標準化機関の承認の有無にかかわらず，市場競争の結果，事実上市場の大勢を占めるようになった」（ケアブレインズ 2004）標準のことで，デジュリ・スタンダードは「標準化機関の認証により制定された」（ケアブレインズ 2004）標準のことである．一方，デジュリ・スタンダードとは公的な標準化機関が認証した標準のことであり，国際的な機関によって決められるものと国内の機関によって決められるものに分けられる．国際的な標準化機関として国際標準化機構（ISO），国際電気標準会議（IEC）などがあり，また国内の標準化機関としては日本工業標準調査会（JISC），日本農林規格協会（JAS協会）などがある．このような標準化の目的は主に品質の保証と互換性を確保が挙げられる．

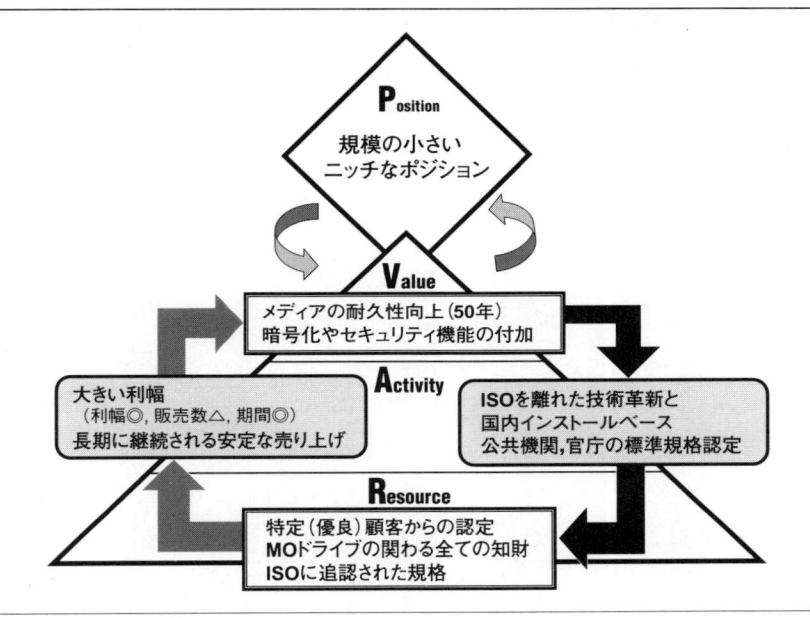

◘図 4-4　光ディスク第 4 パターン

理由でもある．図 4-4 に示される第 4 パターンは，顧客が限定される世界的なニッチなポジションで展開されている．ここで創造される資源・資産は特定顧客からの認定であり，後に ISO から追認定される規格の知財化である．ここでの収益エンジンは，競合との競争が比較的激しくない利幅が大きくとれるビジネスモデルである．MO は記録保持性に優れており，50 年以上の耐久性を有しているので，生み出される価値はメディアの耐久性に代表される情報の高信頼性や安全性と考えられる．成長エンジンとしては開発に携わったリーダー企業が当初 ISO を離れて技術革新に果敢に挑戦し，最終的に ISO から追認定を得るに至る国内インストールベースの確立とそれに関わる知財の確保，更には情報保持の推奨媒体になった事実が挙げられる．その背景として，公共機関からの標準規格としての認定が大きく影響しているのである．

■表 4-3　光ディスク装置事業の P-VAR／収益・成長エンジンのパターン

	ポジション	価値	成長エンジン	収益エンジン	資源
第1パターン CD-Audio	陳腐化スピードと利幅のコントロールが可能なポジション	ブランドによる信頼感 革新的な技術による製品の高性能化	ゆっくりとした普及	利幅確保が可能な収益モデルの構築 利幅◎、販売数○、期間○ 普及すれば膨大な利益に	知財とブランド 世界的な販売ネットワーク
第2パターン CD	製造が単純な部品の組み合わせで単純化でき、コモディティー化が進む製品であっても収益が上げられるポジション	メディアの活用多面性 PC、AVに共通したデータストレージ	迅速な普及 技術の知財化	ライセンス収入 利幅△、販売数◎、期間○	知財 特許
		コストパフォーマンス メディアの活用多面性	規格の標準化、モジュラー化 普及優先な規格のオープン化 (標準化される製法に)	大量生産と販売 (薄利多売) 利幅△、販売数◎、期間○ R&D必要なし 低オーバーヘッド企業との協業	低コスト製造方法、設備 低オーバーヘッドな企業と形成するサプライチェーン
第3パターン DVD	製造に摺り合わせ技術が必要であるが、コモディティー化が進む製品であっても収益が上げられるポジション	大きな記録容量、且つ低価格 PC、AVに共通したデータストレージ マルチメディア環境の創造	CD製造技術の転用、延長 大きな投資なしに記憶容量を増やす、 PCへの展開 AV用途からPC用途への転用 DVDフォーラム	利幅を確保 利幅◎、販売数○、期間○ 国内ハイスペック品市場から参入 競合の参入を防ぐ 高度摺り合わせ技術により台湾や韓国の市場参入抑制	摺り合せ技術 国内インストールベース
第4パターン MO	規模の小さいニッチなポジション	メディアの耐久性向上 (50年) 暗号化やセキュリティ機能の向上	ISOを離れた技術革新と 国内インストールベース ISO規格追認、拡張路の確保 会計監査院や全国銀行協会が定める推奨媒体への認定	大きい利幅 利幅◎、販売数△、期間◎ 規模は一定以上伸びない 長期に継続される安定した売り上げ ISOのディジュリ規格で国内市制覇、市場限定だが、継続的で利幅が大きい	特定(優良)顧客からの認定 MOドライブの関わる全ての知財 ISOに追認された規格

MOに示される第4パターンは，他のパターンとは全く異なる非常に特殊なケースとして位置づけられる．それでもなお，この事業に関わった企業の多く（例えば，富士通，ソニー，フィリップス，IBMなど）が収益を確保できた点は注目に値する．このパターンは，限られた市場においてロングセラーで収益を伸ばす仕組みである．製品の普及前提に薄利多売で収益を形成するねらいのデジタル家電のパターンとは全く別の流れだといえよう．ただし，収益確保が可能ではあるが，現状の大きな流れからするとニッチなポジションを狙った事業システムにとどまるのかもしれない．

　ここまでに示された四つのパターンについて，収益エンジンと成長エンジンをまとめてみよう（表4-3）．

　現状までの光ディスク装置業界の事業システムをパターンごとに比べてみると，各パターンで収益エンジン，成長エンジンともに変化していることがわかる．業界内のタームごとに製品アーキテクチャや事業システムが変わっている．その度に，収益を確保すべく新しい仕組みを構築しなければならない光ディスク装置業界の激しい変化をうかがい知ることができる．光ディスク装置開発当初には，成長エンジンとして知財を抑え，製品の普及を図る収益エンジンがあれば，収益の上がる事業システムのポジショニング確保が可能であった．しかし，時代を経るにつれ様相は複雑になる．新たなポジションに対して適切なエンジンを見いだすことこそが，事業システムの構築において最も重要なことになっている展開がうかがえる．

4　むすび
―将来の設計のためのプロローグ―

　この章では，事業システム戦略の成功パターンについて考えてきた．成功パターンというのは，捉え方によって数多くのバリエーションがあるはずであろう．われわれも，ここで示した4パターンで議論しつくせるとは考えていない．しかし，どのようなポジション⇔〈価値⇔活動⇔資源〉の組み合わせがよいのか，そのパターンを検討するのはとても重要なことである．また同時に，少しでも体系的に整理しようと類型化を試みるのは必要であ

る．

　われわれが提示した4パターンは，光ディスク装置の事業システムを見るかぎり，主だった成功モデルを網羅的に説明できることがわかった．とくに，第1パターンと第2パターンとの対比軸は，多くの研究蓄積とつじつまが合うものであり，有効だと考えられる．

　さらに，この4パターンに限らず，成功パターンをP-VARで示すことの意義を確認できたように思われる．小川（2005）が示す光ディスク装置のパターンを，タームごとに分けてP-VARを適用したところ，小川（2005）の主張をわかりやすく示すと同時に，「収益エンジン」と「成長エンジン」を具体的に示して，事業の仕組みの理解を深めることができた．収益を上げることができる事業システムが複雑に変化するハイテク産業においては，必要とされる事業システムのポジションに対して，「収益エンジン」と「成長エンジン」を的確に描き出すことが重要であり，個々の業界や企業分析には有効なツールとなるのである．

　しかし，過去の成功パターン分析は，そのまま将来の設計に役立つわけではない，ということも改めて確認できた．とくに，同一業界では，過去のパターンで勝つことは難しいし，また同じパターンで勝ち続けるのも難しい（逆をいえば，他の業界であれば参考になるかもしれない）．光ディスク装置の業界の歴史を見ても，過去と同じパターンで勝ったことは少なく，常に新しい成功パターンが生まれている．同じパターンは踏襲できないのである．

　すなわち，先々の事業のポジションが常に新しい驚異に対して変化していく必要があり，その都度新しい事業システムを創出する必要性が生じる．既存DVDの業界においても，想定を上回るコンピュータセットメーカーの価格支配が出現し，そこには従来事業システムでの成功例をそのまま実践しても，それだけでは勝ちパターンを創造することはできない．CDビジネスでの失敗をDVDビジネスでフィードバックしてはいるが，新しい脅威が出現することで新たな事業システムの構築が必要となり，価格コントロールの主体もその都度変わるのである．したがって，事業ポジションは変化せざるを

得ない．この限界を踏まえてこそ，過去の成功パターンにかかわる P-VAR 分析が，将来の設計に役立つということを指摘しておきたい．

（和泉　茂一）

第4章補論 アーキテクチャの位置取り戦略

　藤本（2004）による「アーキテクチャの位置取り戦略」は，「もの造り戦略」におけるポジショニング分析のためのマトリックスである．このマトリックスは，MBA的発想のポジショニング分析（典型はポーターの5要因分析）の限界を踏まえて構築されている．5要因（Five Forces）分析を行う際に技術戦略という文脈で問題になる点の一つは，その網羅性である．5要因分析は，あらゆる業界の競争環境を網羅的に分析できる反面，技術固有の問題（裏の競争力）にフォーカスした議論を展開しにくい．もう一つは，その分析指向性である．5要因分析は分析指向が強くて事後的にポジショニングの優劣を体系的に評価できるが，事前のポジショニングの取り方についての示唆に乏しい．技術設計を通じて，どのようにポジショニングを取るべきかの事前の方針を指し示してはくれない．そこで構築されたのが，事前の設計構想としてのアーキテクチャに注目した戦略的ポジショニングである．

　藤本・武石・青島（2001）が提唱するアーキテクチャとは，「どのようにして製品を構成部品や工程に分割し，そこに製品機能を配分し，それによって必要となる部品・工程間のインターフェース（情報やエネルギーを変換する"継ぎ手"の部分）をいかに設計・調整するか，に関する製造に関わる基本的な設計構想のこと」（p.4）と定義されている．アーキテクチャは，大別すると，モジュラー型とインテグラル型に分けることができる．モジュラー型というのは，事前に設計ルールやインターフェースを明確にして，後工程での相互調整を最小限にする方法である．相互に独立性の高いモジュールとして組み合わせることができるという意味で，「組み合わせ型」とか「寄せ集め型」と呼ばれる．これに対して，インテグラル型というのは，相互調整をしながらもの造りを進めていく方法で，「擦り合わせ型」と呼ばれる．冗長性が少ないという意味での最適な設計を実現しやすいという特徴をもって

■表 4-3　事業システム間の比較

顧客のアーキテクチャ（製品・システム）

	インテグラル	モジュラー（オープン）
自社のアーキテクチャ（製品・工程）　インテグラル	**中インテグラル・外インテグラル** ハイエンドマイコン（32 Bit） ハイエンドASIC	**中インテグラル・外モジュラー** インテル製MPU 光ピックアップ 最先端ルール型DRAM 半導体LD（光ピックアップ部品） DVD 記録再生装置
モジュラー（オープン）	**中モジュラー・外インテグラル** ゲートアレイ ローム製カスタムIC 車載向けシステムLSI DVD向けシステムLSI LDドライバー	**中モジュラー・外モジュラー** ローエンドマイコン（4, 8Bit） CD 記録再生装置 DVD 再生装置

藤本隆宏『日本のもの造り哲学』（日本経済新聞社，2004年）を参照して考察．

藤本（2004），p.270の枠組みに井上・和泉（2005）調査結果を反映させて作成．

いる．藤本のアーキテクチャの分析枠組みの特徴は，自社製品（部品）のアーキテクチャだけに注目するのではなく，その製品（部品）が埋め込まれる先の顧客のアーキテクチャにも注目した点にある．以下，具体例を挙げて説明する（表 4-3）．

(1) 中インテグラル・外インテグラル

個別のセルについて見ると，左上の「中インテグラル・外インテグラル」は「自社も顧客も擦り合わせ」というアーキテクチャ戦略である．ある顧客の特定モデル向けの特殊設計部品としてしか販売できないため，大きな収益を上げられないことが多い．また，自社製品・工程も擦り合わせ型なので使い回しが難しい．自社のもの造り能力を鍛えるための「道場」的な位置づけにあり，直接の収益源というよりも開発投資的な意味合いが強い．このセルに相当する製品群は擦り合わせ度の高い製品であって，デジタル家電の中枢といえるハイエンドのマイコンやASICの半導体部品が相当する．顧客密着型で開発が進む最先端デバイスである．一般的には，儲からないかと思われ

がちであるものの，例外がないわけではない．ゲーム機向けハイエンドASICがエンドプロダクトで大ヒットする場合がそれに当たる．規模の経済を背景に収益を大きく伸ばすことはあり得るが，稀な話である．

(2) **中インテグラル・外モジュラー**

右上の「中インテグラル・外モジュラー」は，自社の擦り合わせ技術をコピーできない形でカプセル化して，汎用性の高い製品として販売を伸ばす戦略である．たとえば，インテルは，擦り合わせ型の半導体を「オープン・モジュラー産業」であるパソコンメーカーのコアの汎用部品として販売を伸ばし，莫大な収益を上げている．このようなアーキテクチャの位置取りが「中インテグラル・外モジュラー」である．業界1位か2位に位置していれば，ネットワークの経済性を生かせる位置取りである．このセルは擦り合わせの必要なプロセスを用いて製造された汎用品を示し，光ディスク関連部品でいうと光ピックアップが相当する．藤本のフレームワークでは「中モジュラー・外モジュラー」に区分けされているDRAMであるが，最先端ルールを駆使するDRAMの中アーキテクチャはほとんど全ていってよいほど擦り合わせを要する製造プロセスであり，このセルに含まれると考える．多くの顧客にアプローチできる製品群拡張が可能であり，範囲の経済に従って収益性を確保できる可能性を秘めるのがこのセルの製品の特徴である．

(3) **中モジュラー・外モジュラー**

右下の「中モジュラー・外モジュラー」は，汎用品の生産設備を寄せ集めて製品を作り，汎用部品として販売を伸ばす戦略であるである．ここには規模の経済が収益性に結びつくとされ，設備の規模や稼働率，あるいは事業の急速展開力がカギとなる．日本の統合型もの造りが機能しないことからも，日本企業は劣勢になりやすいと説明されている．近年の台湾や韓国の事業システムはこの範疇に属し，前述したCDやDVD-ROMに用いられる再生録画装置の最終形態は「中モジュラー・外モジュラー」の典型的製品ともいえる．別途，このセルに含まれる製品の製造設備は減価償却が完遂している場

合が多く，製造原価を極めて低く抑えることができ，収益的には採算が取れるラインを確保できるものもある．

(4) **中モジュラー・外インテグラル**

　最後に，左下の「中モジュラー・外インテグラル」というのは，自社の部品や設備に汎用性をもたせて使いまわし，多様な顧客のニーズにカスタム品として個別に対応するという戦略である．カスタム品を汎用品の生産設備から造るといった工夫次第では大きな収益性が挙げられる位置取りである．内部資源やノウハウを多重利用するという意味では，範囲の経済性を活かしやすい．擦り合わせのいらない既存技術でカスタム品を提供する製品群で，その典型が半導体部品のゲートアレイ[23]であろう．このセルに含まれる製品は枯れた技術の活用でもあり，製品の製造も設備の減価償却が大きく負担にならないので，収益的には採算が取れるラインを確保できる．また，もう一つの特徴が「中インテグラル・外インテグラル」の製品群からの移動であり，フルカスタム品の一部製品が特定用途向け専用品となり（「中インテグラル・外モジュラー」のセル），かつ一部顧客向けのカスタマイズがなされた際にはこのセルの製品群となる．DVD 記録装置向けシステム LSI や自動車向けエンジン制御 ASIC はこの代表例ともいえる．

　藤本の主張によると，日本の統合型もの造りを生かすために，自社か顧客のアーキテクチャのどちらかをインテグラルに，また，その能力を活かして収益を上げるためには，自社か顧客のアーキテクチャのどちらかをモジュラーにした方が有利である．その帰結として，「中モジュラー・外インテグラル」か「中インテグラル・外モジュラー」という位置取りが奨励されている．

（コラム：和泉　茂一・井上　達彦）

---

[23] ゲートアレイとはシステム LSI に比較すると製品擦り合わせ度が低い ASIC の最も基本的な形態で，広義には専用 IC を意味する．基本論理セルの配列があらかじめ用意されており，その上でメーカーの求める機能に応じて各々のセルを接続するもので，多品種少量生産に向いている．

第5章 業界と事業システムの複眼分析

1. はじめに

　技術進歩のペースが速まって，開発した技術資産が瞬く間に陳腐化している．また，インターネットを用いたダイレクト販売やIT技術を活かした流通革新なども目立っており，新しいビジネスモデルも次々に生まれている．業界構造の地殻変動や転換が常態化している今日の状況では，事業システムを設計するときに，当該事業が置かれた業界の経緯を理解することは不可欠である．

　この章では，P-VAR分析を補完するために，当該事業の文脈となる業界を分析する枠組みについて紹介する．すでに説明してきたように，P-VARの一つの特徴は，活動（activity systems）と資源（resource）の峻別にある．この峻別を立脚点にした「業界コンテクストと事業システムの複眼分析」を提示し，具体的な分析例とともに解説する．

2. 業界の進化パターン

業界進化の経路の4類型

技術をはじめとするコア資源,ならびに IT を用いたビジネスモデルに注目した業界の分析として,マクガーハンの「業界進化の経路分析」[1]がある.この分析枠組みは,P-VAR 分析と同様,オペレーションレベルの「コア活動」と,その基底にある資源レベルの「コア資産」に注目したものである.その特徴は,「コア活動」と「コア資産」とを切り分け,それぞれ,陳腐化の脅威の有無を評価し,進化のパターンを四つへと類型化している点である(図 5-1).業界の 10 年単位の進化の経路を俯瞰的に見るだけでなく,技術資源を活かした仕組みづくりにも役立てることができる.

さらに,この4類型の分析枠組みを,自社の事業システムが置かれた文脈としての業界分析として援用すれば,産業・業界というマクロレベルの分析および個別企業の事業システム分析という二つのレベルを複眼的に分析できる[2].複眼分析についての詳しい説明やコア活動とコア資産の厳密な定義は後で説明するとして,まず,その4類型について見ていこう.

(1) 漸進型

コア資産とコア活動が共に脅威を受けていない場合,その業界は漸進型の進化に従う.漸進型の業界では,顧客・サプライヤーとの関係は安定しており,シェアの変動も大きくない.顧客もサプライヤーも,また当該業界の既存企業も現状維持を望んでおり,漸進型という進化パターンは,数十年とい

---

1 McGahan (2000; 2004a; 2004b) を参照. The Four Trajectories of Industry Evolution のことである.邦訳では「産業進化の4法則」とされている.本書では,産業/業界/戦略グループという三つのレベルを意識して,業界という訳語をあてた.というのも,日本語で産業というとより大きな括りを想起するからである(パソコン産業には,OS, MPU, HDD などの業界が含まれる).
2 事業システムの観点からすれば,マクガーハンの分析枠組みには,いくつかの問題もみられる.端的にいえば,あまりにも環境決定論的に過ぎて,事業システムレベルに固有な進化経路を捉えきれないのである.われわれは,彼女の枠組みを,事業システムを組み込んだ複眼分析の枠組みに発展させることによって,その問題を解消できると考えている.詳しくは,本章補論を参照して欲しい.

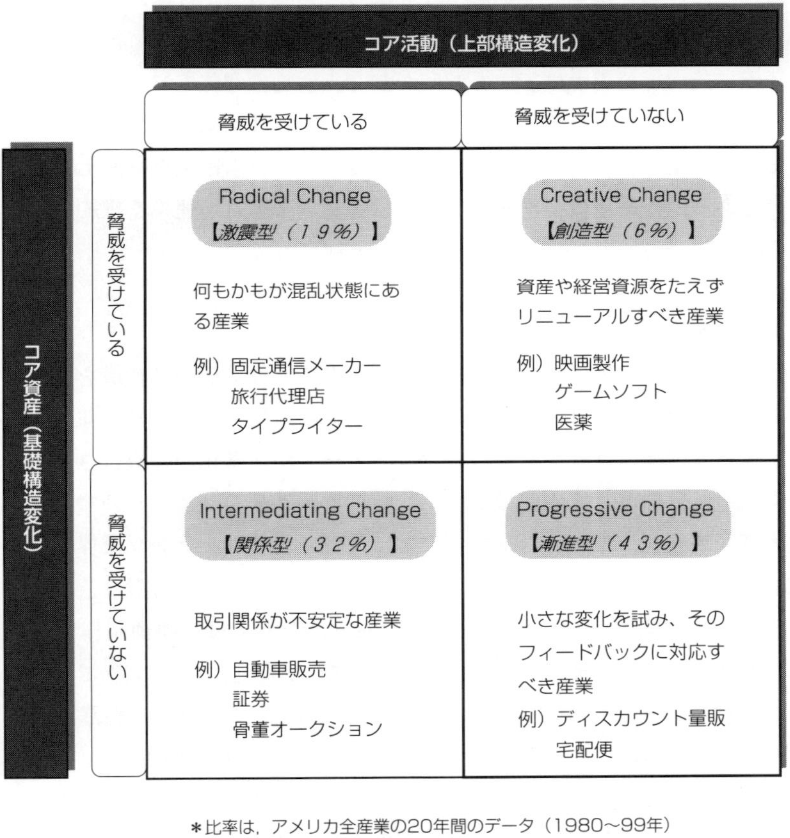

		コア活動（上部構造変化）	
		脅威を受けている	脅威を受けていない
コア資産（基礎構造変化）	脅威を受けている	**Radical Change**【激震型（19%）】 何もかもが混乱状態にある産業 例）固定通信メーカー 　　旅行代理店 　　タイプライター	**Creative Change**【創造型（6%）】 資産や経営資源をたえずリニューアルすべき産業 例）映画製作 　　ゲームソフト 　　医薬
	脅威を受けていない	**Intermediating Change**【関係型（32%）】 取引関係が不安定な産業 例）自動車販売 　　証券 　　骨董オークション	**Progressive Change**【漸進型（43%）】 小さな変化を試み、そのフィードバックに対応すべき産業 例）ディスカウント量販 　　宅配便

＊比率は，アメリカ全産業の20年間のデータ（1980～99年）

◘図5-1　業界の変化が描くパターン[3]

う長いサイクルにわたって続く場合もある．たとえば，ディスカウント量販業界，宅配便業界がこれにあたる．

　漸進型業界では，さまざまな活動を相互に連関させて効率の良いシステムを築く能力（たとえば，顧客やサプライヤーからのフィードバックにすばや

---

[3] 出典：McGahan（2004a）の翻訳（「産業進化のダイナミズム」『*Diamond Harvard Business Review*』，February, p.23）をもとに作成した．訳語については，McGahan（2004a; 2004b）を参照の上，McGahan（2004b）の翻訳（『産業進化4つの法則』）に従った．

く対応する能力）が重要である．なぜなら，業界の安定性は，特定の活動というよりは活動間の緊密な連携関係から生まれるからである．漸進型の企業は着実に能力を積み上げていく傾向が強く，活動の変化もコア部分を阻害しないよう徐々に行われることが多い．言い換えれば，効率を上げながら支配的モデルを築きつつも，他社が真似しにくいシステム優位を作り上げていくわけである．たとえば，ウォルマートは活動システムの連携を継続的に改善することによって，イノベーションを引き起こしている．

(2) **創造型**

コア資産が経常的に脅威を受けている一方で，コア活動は脅威を受けていない場合，その業界は創造型の進化に従う．創造型の業界では，顧客・サプライヤーとの関係は安定しているが，コア資産が陳腐化の脅威にさらされている．下部構造としての基盤が弱く，常に危機感がつきまとうのである．たとえば，映画制作やゲームソフトなどに代表されるコンテンツ業界や特許を収益源とする医薬業界がこれに該当する．これらの業界の特徴は，コア資産の賞味期限が限られているという点である．たとえば，映画制作においてキャラクターを多メディア展開するといっても，同じコンテンツで長期間収益を上げ続けることができるわけではない．医薬においては特許期間が決まっており，常に，「特許切れ」という脅威にさらされている．

創造型進化では，いかに資産（コンテンツや特許）を開発していくかがポイントとなる．これらの業界では一部の資産（コンテンツや特許）が会社全体の収益を支える傾向にあり，ヒット率が低くても高リスクプロジェクトに投資せざるをえない．また，最初の投資から収入を上げ始めるまでのリードタイムが長いので，一つだけのプロジェクトでホームランを打とうとしても，企業の存続を危うくしてしまう．開発インフラを築き，ポートフォリオ式にプロジェクトを運営しなければならない．この運営の有効性と効率性が業界におけるポジションを決める[4]．

(3) 関係型

　コア資産が脅威を受けていない一方で，コア活動が脅威を受けている場合，その業界は関係型の進化に従う．関係型の業界では，情報の流れが変わり，従来よりも効率の良い取引方法が生まれ，顧客・サプライヤーが従来のビジネス方式（業界）から離れていってしまう．とくに，川上市場と川下市場の双方の関係に変化が生じたときは決定的で，業界内部の圧力が静かに高まっていき，あるレベルに達すると取引関係に大変化が起こる．ほとんどの企業の業績は不安定で，次第に悪化していく．インターネット販売による流通革新をはじめ，新しいビジネスモデルによって攻撃を受けた業界の多くが関係型として位置づけられる．その典型は，米国では，自動車販売，証券，骨董オークションだといわれている．

　このような攻撃に対処するには，手持ちのコア資産をそれまでとは異なった方法で利用して，新しい価値を生み出せばよい．たとえば，コア活動をうまく変えながら，まだ使えるコア資産の価値を引き出す，新たな関係を構築して活動を再編成する，あるいは従来の企業関係と別のところでコア資産を再利用するといった方法が考えられる．自社も新しいビジネスモデルに従おうとすると，既存の事業形態とトレードオフを起こしかねない．この意味で，四つの型の中では最も経営の舵取りが難しいといわれる．むしろ，上部構造変化（コア活動の陳腐化）を引き起こしている新興業界の方へ多角化すると効果的に資源を利用できる場合がある．

(4) 激震型

　激震型進化は，新たなアプローチが業界のコア活動とコア資産の両方を脅かすときに起きる．たとえば，パソコンという新たなアプローチから脅威を受けたタイプライター業界がこれに該当する．

4　業界のトップ企業は，資産が不安定であっても，それを安定した関係（顧客やサプライヤー）で補うことによって，長年にわたってその地位を維持しようとする．優れた業績を上げるためには，新たな資産を効率よく効果的に開発する①プロジェクト管理能力，②プロジェクトのポートフォリオを全体として管理するリスク管理能力，そして③川上・川下業者との補定的ネットワークを構築し効率的に新製品を商品化（市場化）するという三つの能力が必要である．

激震型進化は，新しい技術が急速に普及した場合や公的規制の劇的な変化がきっかけになる場合が多く，何らかの外部要因により生じる．激震型進化が起きると，顧客もサプライヤーも従来の方式では取引をしなくなる．また，コア資産も陳腐化してしまうので，通常，激震型進化が起きた業界は，完全に構造を変えて規模も小さくなってしまう．競争の条件が変わりやすくなるので，残存者利益を狙うのがせいぜいである．

激震型進化が始まる前にリーダーであった企業が，後に起きた新興業界のリーダーになった例はほとんどない．活動を大幅に再編成する必要があるし，新規の顧客やサプライヤーと関係を構築しなければならず，大きな困難を伴うからである．とりうる選択肢は，運営効率を上げる，現業で利益を出しながら効率よく撤退する，あるいは事業の多角化によりコア活動とコア資産の価値を維持するなどである．

業界進化のステージ

進化の経路は，大きく二つに分けられる．

一つは，漸進型と創造型に共通するパターンで，そのライフサイクルは，分裂期，再編期，成熟期，衰退期の四つのステージからなる（図5-2a）．基本戦略としては，漸進型では，着実に能力を積み上げ，活動システムを強化して，支配モデルを築くことである．創造型では，画期的な製品，ポートフォリオ式プロジェクトによるリスク管理，製品を次々に市場化するコア活動のシステムなどが必要である．

もう一つは，関係型と激震型に共通するパターンで，そのライフサイクルは，出現期，収斂期，共存期，支配期という四つのステージからなる（図5-2b）．新興業界の出現によって，漸進型あるいは創造型であった既存業界が，関係型あるいは激震型の経路をたどることになる．

基本戦略としては，関係型では，コア活動を変えながらまだ使えるコア資産の価値を引き出す，新たな関係を構築して活動を再編成する，従来の企業関係と別のところでコア資産を再利用（新しい目的へ転用）するのが望ましい．激震型では，現業で利益を出しながら効率よく撤退する，事業の多角化

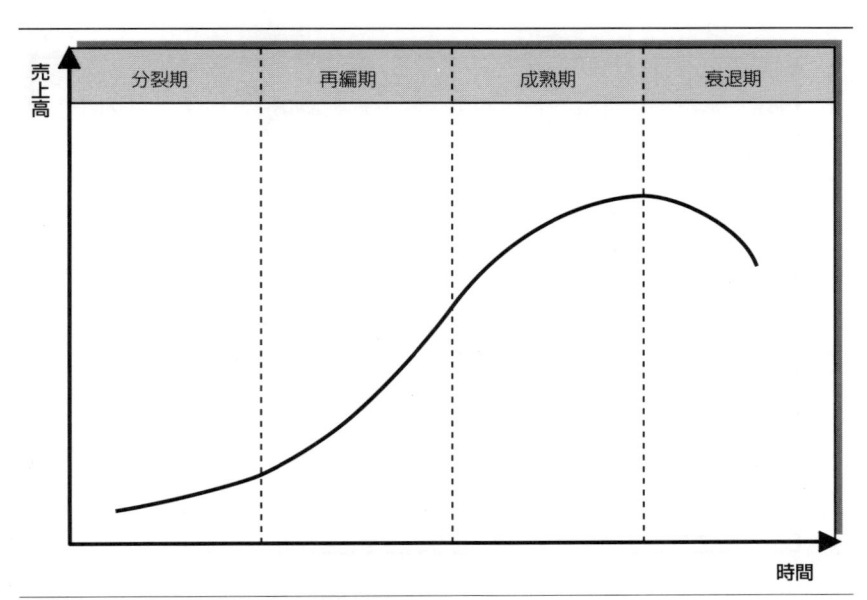

◪図 5-2 a　業界進化の経路（漸進型・創造型）5
◪表 5-1 a　四つのステージと主な対応 6

	分裂期	再編期	成熟期	衰退期
漸進型	リーダーになるには多くの試行錯誤をして支配的モデルを見つける必要がある．	優れた活動システムを作るには時間をかける必要がある．コア資産は経験と学習を通じ蓄積される．支配的モデルは常に進化していく．	成熟期が長い．進化をリードするには，常に運営効率の基準を上げ続ける必要がある．業績に満足している企業は進化に従う．	リードするには，支配的モデルを変更する必要がある．多くの場合，現在の戦略を維持した方が有利である．
創造型	多様で複雑，リードする形は一様でない．三つの領域（ヒット作品，ポートフォリオ管理，補完的活動）で優れた結果を出す試みが必要である．	新たな標準作りをリードして，規模の経済性を獲得する必要がある．支配モデルの3つの領域のバランスをとるのが望ましい．	人気商品を創造する価値創造能力を向上させ続ける必要がある．大手企業は，支配的モデルを改善し続けることで進化をリードすればよい．	規模を縮小しながら，ヒット率を上げる．コア活動を組みなおす．

5　マクガーハン（2005a）「産業進化のダイナミズム」『*Diamond Harvard Business Review*』，February, p.32.
6　マクガーハン（2005b）『産業進化の4つの法則』ランダムハウス講談社，pp.208-227 を要約．

売上高

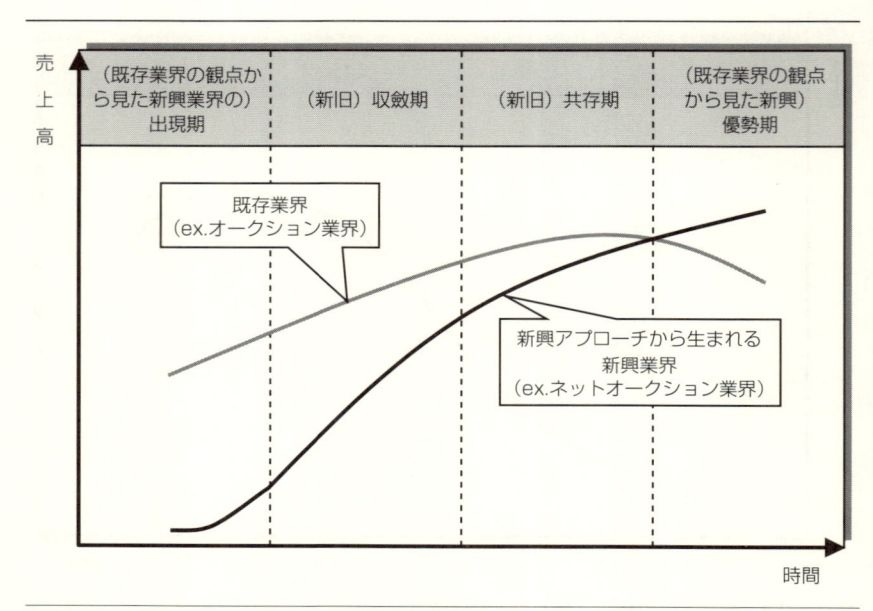

（既存業界の観点から見た新興業界の）出現期	（新旧）収斂期	（新旧）共存期	（既存業界の観点から見た新興優勢期）

既存業界（ex.オークション業界）

新興アプローチから生まれる新興業界（ex.ネットオークション業界）

時間

◻ 図5-2a　業界進化の経路（漸進型・創造型）[7]

◻ 表5-1b　四つのステージと主な対応 [8]

	出現期	収斂期	共存期	支配期
関係型	進化をリードするには，変化の意味を認識し，様々な形の取引を試み，長期的に資産の価値を活かせる場を見極める必要がある．既存業界で儲かっている企業は，追従にメリットを見出す．	新たなアプローチの優位性が明らかになる．進化をリードするには運営効率を上げ，新興業界と競争できるように事業を再編成する必要がある．	新たなアプローチの持続性が明らかになる．新興業界に多角化できた場合を除き，従う方がよい．リードするには，現業へのこだわりを捨て価値創造の新たな標準を作る必要がある．	新興業界に多角化できなかった場合，価値あるコア資産を現業から引きあげることを優先すべきである．
激震型	現状維持，追随が有利である．進化を促進してリードしてしまうと，既存業界を侵食して，自らの立場を苦しめる．	利益が新興の企業に奪われはじめる．新たなアプローチの持続性が明らかになる．多くの企業は進化に従う方が有利である．	既存業界の弱さが明らかになる．長期的に先細りの業界に過剰な投資をしない．大半の企業が選んでよいのは，路線変更である．	業界規模が縮小する．新興業界へ多角化を考える企業は，進化をリードする．

によってコア活動とコア資産の価値を維持する必要がある．生き残りは，運営効率を上げるか，コア活動とコア資産を他の産業に転用するかにかかっている．

このように業界の進化経路は四つのパターンがあり，各パターンには四つのステージがあって対応すべき内容が異なる．したがって，自社がどのパターンに属し，またどの段階にあるのかを把握して，対応を考えるべきである．早い時期に気付けば，それだけ選択の幅が広がる．

3. 業界コンテクストと事業システムの複眼分析

複眼分析の枠組み

複眼分析というのは，第2章で説明した基本 P-VAR 分析を補完するために，先に説明したマクガーハンの業界分析を発展させたものである．基本的には，業界進化のパターンを決める「コア資産とコア活動」と，自社の事業の競争力を左右する「資源と活動システム」とを照合させて，その「差」を明確にしつつ今後の展開を検討するためのものである（補論参照）．

すでに，P-VAR 分析については説明したので，この章ではマクガーハンの4類型図をベースにした「複眼分析プロット図」に焦点を当てる．

はじめに断っておくが，プロット図を作成するのは，なにも自らが位置する業界を確認するためではない．万が一望ましくない経路に乗っている場合，業界の平均的な動きから離脱して，安定的な進化経路に乗りかえるのが望ましい．その可能性を探るには，業界の平均的な位置づけと個別事業の位置づけとの「差」を相対的に示して，陳腐化の脅威の有無を「ある／なし」の二分法ではなく，連続的に捉える必要がある．そこで図5-3のように，時期ごとに業界レベルの動きと事業レベルでの動きを切り分けて示すことに

---

7 マクガーハン（2005a）「産業進化のダイナミズム」『*Diamond Harvard Business Review*』，February，p.32 の図に加筆．
8 マクガーハン（2005b）『産業進化の4つの法則』ランダムハウス講談社，pp.228-246 を要約．

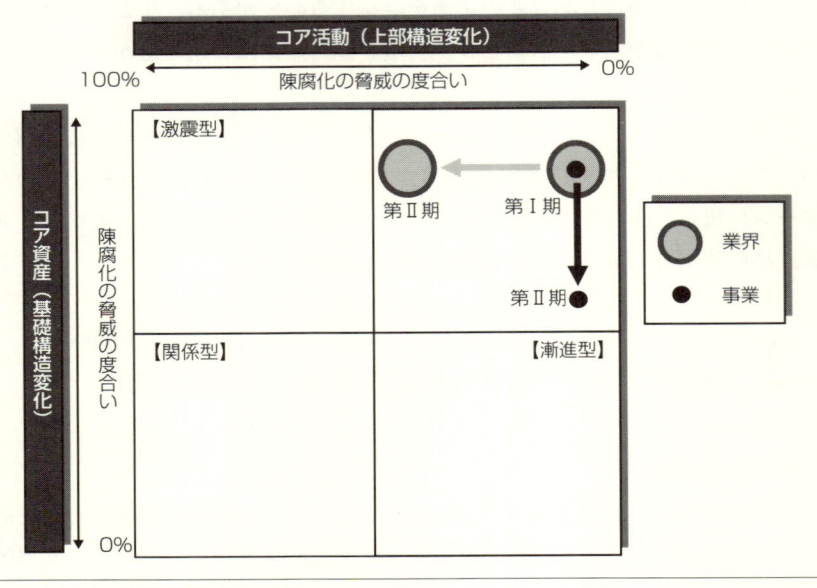

◘図5-3　複眼分析プロット図

しよう．

コア活動とコア資産の捉え方

　プロット図を作成するためには，コア資産とコア活動を，「業界レベル」と「事業システムレベル」の双方で特定しなければならない．まず，コア資産とコア活動とは何か，それらの陳腐化とはどういうことかを説明する．

　まず，資産と活動について簡潔に説明しよう．資産とは，「業界内の企業が所有する耐久性のあるモノやサービスのこと」（マクガーハン［2005］，邦訳 p.50）である．原則的には，貸借対照表において所有していると認められる有形・無形資産を念頭におき[9]，設備，商標，特許を資産として認め

---

[9] マクガーハンが，このような資産概念を使った理由は，財務データによる実証分析のためと考えられる．しかし本章では，資産と資源をほぼ同義とし，マクガーハンの定義する資産つまり所有権を主張できる有形資産と無形資産に加えて，資産に相当する資源（たとえば，いつでも特許化できるノウハウ，情報的経営資源等の無形資源）も資産に含むと定義する．

ている．その一方で，従業員のスキルや研究開発する予定の技術などは資産として含めていない．また，所有権だけではなく，その耐久性にも注目しており，会計制度に準拠して，おおよそ1年間休眠させたり不使用であったりしても，その性質が変わらず有効であるものに限っている．ブランド資本や知的所有権はこれに該当するが，すぐに腐ってしまうような原材料は資産としてみなされないのである．

一方，活動というのは，「企業のために売上を上げ，コスト管理することを目的に，企業の指示で行われる業界内での行動」（2005b, 邦訳 p.51）のことを指す．具体例としては，価値連鎖を構成する，購買，生産，流通，マーケティングなどが挙げられている．つまり，顧客や供給業者とのかかわりの基本要素のことであり，ポーターの活動システム（第2章参照）を構成する個々の活動と同じだと考えられる．本書で紹介されている P-VAR の活動システムのレイヤーに対応している．ただし，業界進化を議論するうえで注目されている活動は，収益エンジン活動に限定されていて[10]，成長エンジン活動は含まれていない．

ところで，業界進化の分類にとって重要なのは，すべての資産や活動ではなく，コアとみなせるものに限られる．便宜的には，もしその資産や活動がなくなって，相当期間（たとえば1年間）欠如したとき，業界全体の収益率が落ちていればその資源や活動はコアとして捉えられる[11]．

脅威の有無と連続変数化

さて，コア資産とコア活動が特定できれば，いよいよ業界進化経路のタイプを特定できる．それぞれが陳腐化の脅威にさらされているかを評価すればよいわけである．

やや主観的な判断になってしまうが，脅威というのは，「コア活動とコア

---

[10] 資源の上部構造としての活動は，ビジネスモデルにたとえて説明されており，彼女自身，「活動には耐久性はないが，企業の会計報告書に載る収入項目の数字を動かす原動力となる．」（邦訳 2005b, p.51）と述べている．
[11] 裏を返せば，1年以内に代替などの措置が取れる場合，その資産や活動は，コアとはいえない．抽象的には，コアというのは，「既存の業界において，脅威が現れるまで価値の創造に中心的な役割を担うもの」（2005b, p.27）のことである．

資産が利益を生み出す力を失ってしまうほどの危険性」のことである．言い換えれば，その業界のトップ企業が危機的な状況に陥りかねないほど重大で，同業他社のすべてが一定の影響を受けるほど広範であるとき，脅威があるという．たとえば，オーディオにしてもカメラにしてもアナログに対するデジタルの脅威などはこれに該当する．

さらに，連続変数化してプロット図を作成するためには，二分法を超えて個々の事業の違いを明らかにできるようにしなければならない．連続変数化は，以下の手順によって行なわれる．まず，マクガーハンの定義に従ってコア要素（活動，資産）を同じレベルで特定してその要素数を母数とする．それぞれの要素について陳腐化の脅威を評価し，陳腐化の脅威のあった要素数をカウントして，陳腐化要素数とする．これを母数で除して陳腐化の度合いを評価するわけである．

$$陳腐化の度合い = \frac{陳腐化要素数}{総要素数}$$

もちろん，コア要素の数が総数で一つしかないような場合，無理に要素分解する必要はない．個別要素の評価を行なえばよいのである．この場合，コア要素の陳腐化の脅威の度合いを業界や事業ごとに評価して位置づけるため，その業界に固有のスケール（ものさし）とならざるをえない．たとえば，コンテンツビジネスを考えたとき，キャラクターの寿命が大切かもれない．ウォルトディズニーのような長寿キャラクターを擁している事業と短命キャラクターしか擁していない事業では陳腐化の脅威は異ならざるをえない．また，保有するキャラクターをリニューアルさせたり発展させたりする仕組みが整っている事業体とそうでない事業体とでも評価が異なるであろう．

ここで重要なのは複眼分析の発想なので，早速，分析例を提示したい．

4. 業界におけるスクウェア・エニックスの動き

事例の選定と記述様式

　われわれの関心は，一般的な法則に埋もれて，典型的な進化のパターンに従う事業体ではない．むしろ，業界の転換点を重視し，新しい技術をテコにして業界進化の法則に反してユニークな動きをした企業にこそ関心がある．

　本章では，家庭用ゲームソフト業界と，そこで活躍するスクウェア・エニックスを取り上げる．その理由は三つある．第一の理由は，この業界はコア活動やコア資産を特定しやすいからである．基本的に，コア資産は開発された「ゲームソフト」資産であるし，コア活動はそれを消費者に届けるための「販売・流通・サービス」活動だと考えられる．

　第二の理由は，業界そのものの動きが面白いということである．この業界は，もともとゲームソフトをコア資産とする典型的な「創造型」であった．ところが，インターネットの普及によってオンラインによるゲーム配信が可能になり，「激震型」へと転ずる．これまでの諸活動やビジネスモデルが陳腐化の脅威にさらされて「激震型」の進化経路に転じ，新しくオンラインゲームの業界が「創造型」の軌道を歩みだす様子は，業界分析そのものとしても興味深い．

　第三の理由は，スクウェア・エニックスがユニークな動きをしているからである．この会社は，2003年にスクウェアとエニックスが合併してできた業界最大手の一つである．それぞれ，ファイナルファンタジー（以下FF），ドラゴンクエスト（以下ドラクエ）というメガヒットを生み出し，それをシリーズ化して陳腐化の脅威を和らげてきた．さらに，合併によって開発資産の安定化を試みたり，FFのオンライン化をしたりして，激震の進化経路からうまく逃れられるように工夫している．

　まず，歴史的な視点から，ケースを紹介しよう．具体的な分析とそこから何が学べるかは，その後にする．ケースは，業界の一般的な動きと業界の進化経路のステージとを考慮して，四つの時期に分ける．

第Ⅰ期：分裂期から再編期へ（1983年〜89年）
ゲームソフト業界の特性

家庭用ゲームソフト業界は，1983年，任天堂のファミコンの登場とともに創出された．ゲームソフトのヒット率はかなり低く，任天堂の山内元社長の「百に1つのソフトウェアによってマーケットが支えられている」[12]という言葉に象徴されているとおりである．

業界全体（表5-2）[13]で見ると，メガヒットタイトル数／新作タイトル数の比率であるヒット率は，新作タイトル数が少ない市場創出初期を除いて概ね1％程度で推移し（22年間の平均で1％），山内元社長の言葉と一致する．

また，開発したゲームソフトが売れるのは短い期間であり，発売の「初週に全体の30％が売れ，……（中略）……，初週からの累積売上は10週目（発売後2.5ヶ月）で総売上の約80％に達し，24週目（6ヶ月後）でほとんど売れなくなってしまう」[14]というデータがある．

業界のコア資産であるゲームソフトは，常に陳腐化の脅威を受けていると考えられる．もっとも，市場が立ち上がる1980年代は市場拡大期であり，ゲームソフトを販売するというコア活動は陳腐化の脅威を受けていなかった．しかし，20年の推移を見る限り（表5-2），家庭用ゲームソフト業界は，マクガーハンの進化パターン「創造型」に該当するといえよう．

メガヒットの幕開け

エニックスは，1985年よりファミコンソフトの発売を始めた．1986年5月にドラクエを発売し，149万本のメガヒットとなった．第3作目のファミ

---

12 山内溥「任天堂のソフト化戦略」*BUSSINESS INSIGHT,* Autumn 1993, p.62
13 各種データの出典：業界全体およびスク・エニのメガヒット数は，「ゲーム＆テクノロジー・ヒストリー」『TOKYO GAME SHOW 2005 OFFICIAL GUIDE BOOK』，pp.82-85．業界全体の新作タイトル数は，2003年までのデータは『情報メディア白書2000年版・2005年版』電通総研，2004年は『テレビゲーム産業白書』メディアクリエイト総研．スク・エニの新作タイトル数は，スクウェア・エニックスのホームページの掲載に基づきカウント（オンラインゲーム，ミレニアムコレクション等を除く）した．
14 生稲史彦・新宅純二郎・田中辰雄（1999）「家庭用ゲームソフトにおける開発戦略の比較」『東京大学ディスカッションペーパー』Rev.99.3.20, pp.37-38．

◘表5-2　家庭用ゲームソフトのメガヒットの推移

		業界全体			スクウェア・エニックス		
		新作数(本)	ヒット数(本)	ヒット率(%)	新作数(本)	ヒット数(本)	ヒット率(%)
第Ⅰ期	1983	9	3	33.3			
	1984	19	7	36.8			
	1985	67	4	6.0	3	0	0.0
	1986	119	13	10.9	4	1	25.0
	1987	187	4	2.1	11	1	9.1
	1988	217	4	1.8	6	1	16.7
	1989	283	5	1.8	2	1	50.0
第Ⅱ期	1990	485	5	1.0	4	2	50.0
	1991	582	2	0.3	3	1	33.3
	1992	643	6	0.9	8	2	25.0
	1993	638	9	1.4	9	3	33.3
	1994	862	4	0.5	9	1	11.1
	1995	1,003	10	1.0	11	3	27.3
	1996	1,080	12	1.1	11	1	9.1
	1997	1,066	12	1.1	20	4	20.0
	1998	1,120	12	1.1	22	2	9.1
	1999	1,291	12	0.9	27	1	3.7
第Ⅲ期	2000	1,329	5	0.4	22	2	9.1
	2001	1,261	8	0.6	14	3	21.4
第Ⅳ期	2002	1,051	3	0.3	25	0	0.0
	2003	1,085	3	0.3	17	0	0.0
	2004	1,036	7	0.7	8	2	25.0
合計	計	15,433	150	1.0	236	31	13.1
	年平均	701.5	6.8	1.0	11.8	1.6	13.1

コンソフトであったドラクエは，「はじめて意図的に人材を結集して，そうそうたるメンバーがチームをつくって制作」[15]した作品であった．その後，

15　福嶋康博（1998）『マイナスに賭ける！』ベストセラーズ，p.43.

1987年1月にドラクエⅡ，1988年2月にドラクエⅢを続けて発売し，それぞれ前作を大きく上回る大ヒットとなり，ゲームファンの形成に貢献するとともに，メガヒットメーカーとしての地位を築いた．

　一方，スクウェアは，1983年にメンバー4人で設立されたが，当初はヒット作に恵まれなかった．後に業界屈指のクリエーターといわれた坂口博信氏（1991年より副社長，2001年独立）が，最後（ファイナル）の作品のつもりでファミコン向けに開発し，1987年12月に発売したFFが52万本のヒットとなった．坂口氏は，当時を振り返り，ドラクエに衝撃を受けて，「工夫さえすれば，ファミコンでもロールプレイングゲーム（RPG）[16]ができるんだ」と思い，FFを作るきっかけになったと述べている[17]．翌年12月にもFFⅡを発売し，76万本のヒットとなった．1989年の魔界塔士Sa・Gaが110万本売れて，スクウェア初のメガヒットとなった．

　市場の黎明期に，エニックスとスクウェアの両社は，メガヒットタイトルを創り出して，メガヒットメーカーとしての手がかりをつかんだ．

第Ⅱ期：再編期から成熟期へ（1990年代）
業界の成長と成熟

　ゲームソフト市場は，1997年のピークに向かって右肩上がりに成長していく．1994年には，ソニー・コンピュータエンタテインメント（以下SCE）がゲームソフトのプラットフォーム（ゲーム機）に参入した．1990年代後半に，家庭用ゲームソフト業界は成熟期を迎える．

メガヒットタイトルのシリーズ化

　エニックスとスクウェアは，看板タイトルであるドラクエとFFのシリーズ化を推進して，勝ちパターンを確立している．このメガヒットタイトルの

---

[16] 「RPGは，主人公が世界を旅して色々な体験をする物語を楽しむゲーム．…（中略）…このキャラクターはプレイに応じて"成長"していくようになっていて，「自分自身がグレード・アップしていく」という感覚が，プレイヤーをゲームの世界に引き込んでいく」『ファイナルファンタジーで遊んでみませんか？』デジキューブ（2000），p.11．

[17] 坂口博信（2005）「『ファイナルファンタジー』を創った男」『CONTINUE Vol.22』，p.110．

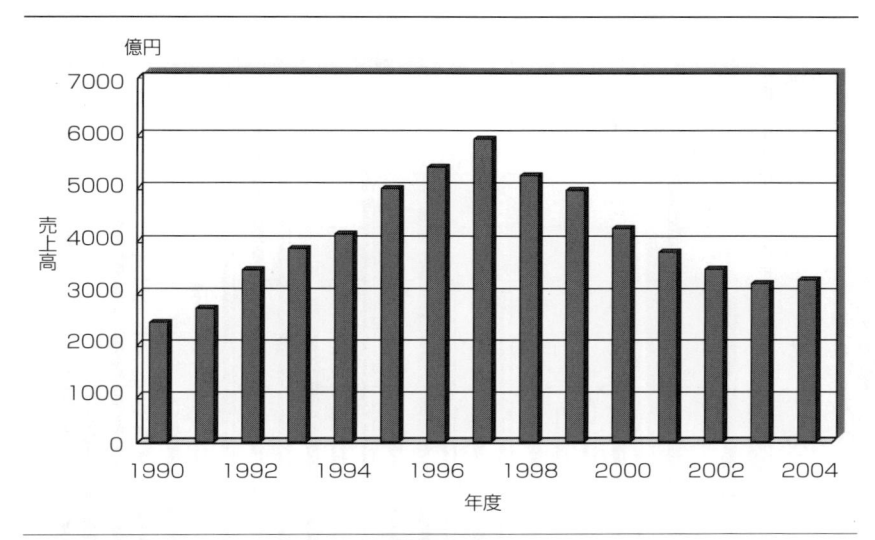

◘図 5-4　家庭用ゲームソフト国内市場規模の推移 [18]

　シリーズ化は成功を収め，両社の業績に大いに貢献した．ドラクエと FF は，ゲームをしない人の間にも名前が浸透し，ブランドとして確立された．2006 年現在で，ドラクエシリーズは 4,000 万本以上，FF シリーズは 6,800 万本以上の世界出荷を記録している[19]．

　1990 年代で，エニックスのメガヒットタイトル数は七つあり，このうちドラクエシリーズが六つ含まれる．ドラクエシリーズは，上位ゲーム機種向けに過去のタイトルが発売され，それらもメガヒットとなった．

　エニックスは，1995 年発売のドラクエⅥまで任天堂のゲーム機向けにソフトを供給していたが，2000 年発売のドラクエⅦからは SCE のプレステ向けにソフト開発を行い供給するようになった．

---

[18]　1990 年度～1995 年度は「98'テレビゲーム流通白書」メディアクリエイト総研，1996 年度～2004 年度は「CESA ゲーム白書」社団法人コンピュータエンターテインメント協会に基づき，作成した．
[19]　スクウェア・エニックスのホームページ（http://www.square-enix.com/）

第 5 章　業界と事業システムの複眼分析

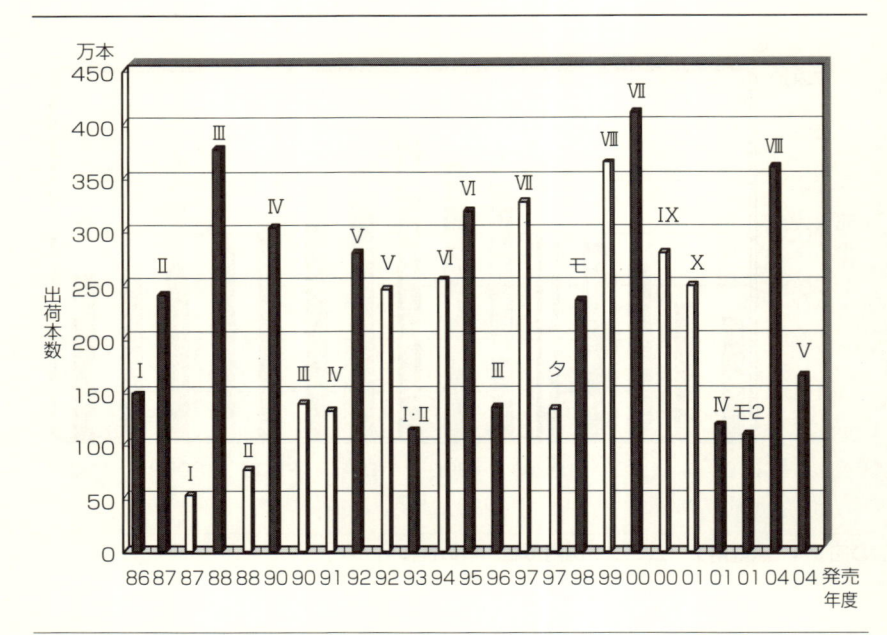

◘図5-5　ドラクエとFFの出荷本数[20]

　同社の開発体制はユニークである．日経産業新聞[21]によると，「エンターテインメント分野は外部の才能のある人材をその都度使った方が効率的．社員に才能があるとは限らない」という創業者福島康博氏（当時，社長）の考えが徹底されている．開発をすべて外部委託し，社内に開発部隊を持たないのである．ソフト企画部門に所属するプロデューサー（社員）が，仕事に合わせて社外から人材を集めて開発チームを編成し，ゲームソフトの開発を指揮する仕組みである．1998年度末時点の開発チーム数は21，プロデューサーはサブプロデューサーを含めて17人であった．チーム編成では，シナリオ，プログラム，コンピュータグラフィックスなどの専門会社へ分割して

20　「ゲーム＆テクノロジー・ヒストリー」『TOKYO GAME SHOW 2005 OFFICIAL GUIDE BOOK』，pp.82-85に基づき，作成した．棒グラフ：網掛けはドラクエ，白抜きはFF．（モ：モンスターズ，タ：タクティクス）

21　エニックスの開発方式に関する記述は，「店頭企業ライバル比較ゲームソフト」（日経産業新聞1998年4月6日），「外部の才能を取り込め」（日経産業新聞1999年5月19日）を要約．

発注する．外部の知的資本を積極的に取り込むことが，ヒットを生み出す原動力になっている．

エニックスの株式は，1991年に店頭登録銘柄として登録され，1999年に東証1部に上場された．

一方，スクウェアの1990年代のメガヒット数は13タイトルあり，このうちFFシリーズが7タイトル含まれていた．FFシリーズは，1997年よりプレステ向けにソフトを開発，供給している．FFシリーズ以外に，聖剣伝説2（1993年150万本），ロマンシングサ・ガ3（1995年130万本），クロノ・トリガー（1995年203万本），サガフロンティア（1997年108万本）などのメガヒットがあった．

スクウェアの開発スタイルは，エニックスとは対照的に，徹底した自社開発主義である．その理由は，「ゲームは映画などと違ってノウハウや開発手法が開発者そのものより組織に集積する」（武市社長，当時）[22]と考えられていたためである．スクウェアでは，「ゲームソフトが出した利益に応じて報奨金が制作・開発チームに出る．……（中略）……大ヒットの目安とされる100万本を超えると2億円，300万本を超えると9億円がチームに支払われ，数十人で分配された」[23]．

スクウェアは，経営資源を集中して大作ソフトを生み出し，それをシリーズ化する大作主義戦略をとってきた．日経産業新聞[24]によると，プレステ向けゲームソフトの平均開発費が1億円程度なのに対し，FF Ⅶ（1997年1月発売）の開発費は約30億円と桁違いであった．ハイリスクのゲームソフト開発に桁違いの投資ができたのは，確実にメガヒットにできるという自信と実績があったからであり，大規模な投資によってヒットの規模を一層大きくする狙いがあったと考えられる．プレステでは3次元グラフィックスでの立体感を出せたため，スクウェアは多くのコンピュータグラフィック技術者を抱えた．

22 「店頭企業ライバル比較ゲームソフト」（日経産業新聞1998年4月6日）
23 「特集神話を生む経営厳しく競わせ大胆に報いる」日経ビジネス1998年6月29日号，pp.27-28．
24 「映画に近づくゲーム事業」（日経産業新聞1997年6月2日）を要約．

スクウェアの株式は，1994年に店頭登録銘柄として登録され，2000年に東証1部に上場された．

第Ⅲ期：激震型進化へのシフト（2000年～01年）
オンラインゲームの出現と既存業界の危機

1997年をピークに，家庭用ゲームソフトの国内市場は縮小傾向に転じ，2001年にはピーク時より約4割減少した．ちょうどこの時期，ゲーム業界に新しく「オンラインゲーム」が出現したのである．韓国は，1990年代後半からのオンラインゲーム産業の急成長により，現在では世界最大のオンラインゲーム産業国になっている．韓国のオンラインゲーム会社は日本市場に参入するため，NHNジャパンを2000年9月，NCジャパンを2001年10月に設立した．オンラインゲームはほぼ同時期に現れた携帯電話のモバイルゲームとともに，家庭用ゲーム市場の縮小に影響を与えてきたと考えられる．家庭用ゲーム機向けに絞った従来の活動，すなわち売り切りソフトの開発・流通・販売活動は，陳腐化の脅威を受け始めた．

オンラインゲームソフトの開発と運営はともに，ゲーム，ネットワーク，ITにかかわる高度な最新技術（Web，ネットワーク，データベース，認証，AIなど）を使って実現される．オンラインゲームは，テスト期間やサービス開始後にもプログラム修正ができ，また市場に出した後にユーザーの反応を見ながらゲーム内容を更新できる特性をもつ．オンラインゲームは，多くの会員を獲得して月額課金等で長期にわたって回収していくモデルであるため，ユーザーを飽きさせない仕掛けや頻繁なゲーム内容の更新が重要である．このような更新を継続すれば，ストーリーを追加・変更することができるため，かなり長い期間，ゲームソフトの寿命を延ばすことができる．

ガンホーの森下社長は，そのビジネスモデルを次のように紹介している．「MMORPG（Massively Multi-player Online Role Playing Game）[25]は，終わら

---

[25] オンラインゲームの代表的なジャンルの一つ．同時に数百人から数万人の人達がインターネットを介して参加し，リアルタイムでさまざまな冒険や生活を繰り広げるロールプレイングゲーム．非常に多数の，しかも見ず知らずの人が同じ仮想世界上でプレイするため，一般的なネットワークゲームと比べても他のプレーヤーとのコミュニケーションを楽しむ要素が強い．

ないマラソンみたいなものです．……（中略）……オンラインゲームのビジネスモデルは長期的なものです．これを成立させるにはファンを育てていくしかない．……（中略）……パッケージビジネスの場合は単発単発でゲームがおもしろければいいということはあるかもしれません」[26].

　家庭用ゲームソフトは売り切り型である．つまり，「販売本数×単価（ソフト価格）」が売上げになり，発売後短期間でゲーム開発やマーケティング等の投資を回収する．これに対して，オンラインゲームは，継続的に投資を回収する．登録ユーザー数×月額利用料，アバター[27]・アイテムの販売料，広告など多様な方法で回収するわけだ．投資は，ゲーム開発やマーケティングに加え，データセンターやネットワークシステムなど運用システム整備，課金システム構築，アップデート開発等が必要である．ユーザーのコミュニティーが成立すると，長期的に安定収入が期待できる．

　この点はセガの染谷オンラインマーケティング部長のコメントにも如実に表れている．彼は，TGS フォーラム 2005 にて，「オンラインゲームビジネスはサービス継続提供型ビジネスであり，新規ユーザー獲得数と離脱者数（継続率）が重要であり，特に離脱者数を減らすために既存ユーザーの満足度が重要だ．長期的に遊んでもらえるゲームバランスを初めから仕込んでおく必要がある」[28]と述べている．

エニックスとスクウェアの環境変化への対応

　このような業界のうねりがある中で，エニックスは，プレステ向けドラクエⅦを発売した 2000 年度の経常利益が 205 億円となり，130 人（2001 年 3 月 31 日）いる社員 1 人当たりの経常利益は 1 億 5 千万円を超える業界一の水準を実現していた．

　一方のスクウェアは，オンラインゲーム進出および CG 映画制作というハ

---

[26]「ガンホー代表取締役社長森下一喜氏インタビュー」GAME Watch ホームページ（2005 年 8 月）
[27] 魏（2006）によれば，「アバターとは，ヒンズー教で化身を意味する単語で，ゲーム上のユーザーのシンボル（キャラクター）である」．p.94
[28] 染谷光廣（2005）「オンラインゲームの運営とコミュニティー」主催 CESA，共催日経 BP 社の講演ならびに配布資料より．

イリスク・ハイリターンを狙った二つの大きな動きを見せた．「スクウェアは，2000年1月，ゲーム事業の土俵を，従来のCD-ROMソフト販売から，自社サイトに登録した会員からの会費収入に転換するPlayOnline構想を発表した」[29]．2001年末に発売するFF XIをPlayOnlineのオンラインゲームとして開発する計画であり，ゲーム以外にも音楽，漫画，ネット通販などをPlayOnlineで提供する予定であった．

2000年6月に社長に就任した創業メンバーの鈴木尚氏は，オンラインゲーム事業へシフトを進める理由について，当時，次のように述べている．

「原点はゲームに対する危機感だ．一人で遊ぶタイプのゲームはもはや限界．ゲーム機とソフトの関係も転換期にきている．プレステ2はソフト会社にとってチャンスでもあり危機でもある．任天堂やSCE等のハードメーカーがソフトを支配していると言うがそれは当然．フォーマットを握った者が勝ちだ．スクウェアはネット上に新しいフォーマットを作る」[30]．

スクウェアのオンラインゲーム進出には，ゲーム専用機メーカーの支配から脱却して，ゲームソフト会社として自立し主導権を握る狙いがあった．その意図は明確で，オンライン化によって，ゲーム関連産業内での収益配分を変え，自社の収益を拡大できると考えられたのである．つまり，流通の経路が直接販売に変われば，ゲーム機メーカーへのロイヤリティー支払い[31]が少なくなる．しかも，PlayOnline利用者から，毎月の会費や有料コンテンツの収入を得るため，ヒット作の有無に左右されがちな業績を安定化できるわけだ．

また，スクウェア（SQUARE USA, INC.）は，3年半の期間と1億3700万ドル（約160億円）をかけて，全編CGの"FAINAL FANTASY THE MOVIE"を制作した．この映画はCG映像集としては貴重な作品であり，北米で2001年7月，日本で同年秋から公開され話題になったが，興行は失敗に終わった．その結果，スクウェアは2001年度に映画事業で140億円の

---

[29] 「スクウェア3度目の賭け」（日経産業新聞2000年8月2日）
[30] 「スクウェア3度目の賭け」（日経産業新聞2000年8月2日）
[31] ゲームソフト会社は，ゲーム機メーカーに対し，CD-ROM等のソフト1枚毎に一定のロイヤリティーを支払う．ゲーム機の仕様公開の対価に該当するロイヤリティーは，SCEの場合，希望小売価格の約10%とされる．「ケーススタディーソニー・コンピュータエンタテインメント」（日経ビジネス1998年10月26日号）を要約．

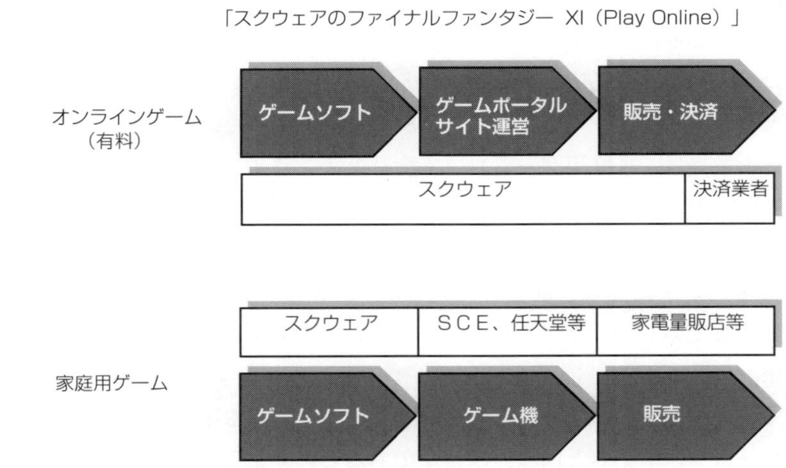

「スクウェアのファイナルファンタジー XI（Play Online）」

オンラインゲーム（有料）：ゲームソフト → ゲームポータルサイト運営 → 販売・決済
スクウェア ／ 決済業者

家庭用ゲーム：スクウェア／ＳＣＥ、任天堂等／家電量販店等
ゲームソフト → ゲーム機 → 販売

◘図5-6　スクウェアのバリューシステム

特損を計上し，映画事業から撤退した．

第Ⅳ期：激震型出現期から収斂期へ（2002年〜現在）
スクウェアのオンラインゲーム参入と戦国時代の到来

2002年，スクウェアのFF XIとガンホー・オンライン・エンターテイメント（以下ガンホー）のラグナロクオンラインによって，本格的に国内オンラインゲーム市場が創出された．この二つのゲームが約8割の国内シェアを獲得していた模様である[32]．スクウェアの和田社長（当時）は，2003年を「オンラインゲーム元年」という．

オンラインゲームフォーラムの調査結果[33]によると，2004年の国内オンラインゲーム市場規模[34]は約579億円（パッケージ売上が212億円，運営サービスの売上が367億円），登録会員は約1,942万人，うち14%（約266万

---

32 「ヘラクレス上場会社情報IPOレポート」（2005）株式会社QUICK．
33 「オンラインゲーム市場統計調査報告書2005」オンラインゲームフォーラム．
34 PCやプレステ2，Xbox等から通信インフラ経由で同時にプレイするタイプのゲームで，多人数タイプ（MMO）だけでなく，少人数タイプ（MO）も含む．

人）が課金会員であった．この市場規模は，家庭用ゲームソフトの約18%に該当し，2005年には820億円へと拡大した[35]．小学館が2005年6月に行った調査結果によると，「小学生がパソコンを使ってやることで最も多いのは『ネット上でゲームをする』で，84.2%」[36]であった．

　ゲーム業界は，家庭用ゲームソフト会社とオンラインゲーム専業会社，また日韓企業が入り乱れ，ピンチもあればチャンスもある戦国時代になった．

　ガンホーは，オンラインゲーム専業会社初の上場（2005年3月，ヘラクレス市場）を果たした．2005年12月末で8本のオンラインゲームを商用サービスしているが，ラグナロクオンラインへの売上依存度が約82%[37]と高い．オンラインゲームは，オリジナルタイトルを開発するのに2～5年もかかってしまう場合が多く[38]，数十万人級のヒットになる確率も低いため，家庭用ゲームソフト業界と同様，創造型であると言えよう．

　スクウェアが2002年5月にオンラインゲームとしてサービスを始めたFF XIは，ゲーム開発に多額の投資を必要とした．サーバー構築費用も含めると100億円かかったと言われる[39]．当時，国内に大規模オンラインゲームの運営実績がなかったため，自前でデータセンターを構築し，ISPとネットワーク接続実験等を行いながら運営環境を整備していった．2004年1月に50万人を超えたPlayOnlineのインフラとして，約1800台のサーバーを稼動させた．世界中のユーザーが，東京のデータセンターにインターネットを経由してパソコンなどを接続し，ゲームを楽しんでいる．

　PlayOnlineのインフラを統括する伊勢幸一氏（ネットワークシステム部長）によれば，市販の製品や一般のシステムはオンラインゲームには適さないため，自分たちで一からシステムを考えたという．通常ならプロバイダに委託するネットワーク周りを，通信料，品質および障害対策を考慮して，自

---

[35] 「オンラインゲーム市場統計調査報告書2006」オンラインゲームフォーラム．
[36] 「数字は語る小学生『ネットでゲーム』8割」（日本経済新聞2005年7月25日）
[37] 「ガンホー・オンライン・エンターテイメント株式会社有価証券報告書」（平成17年1月1日～平成17年12月31日），p.12.
[38] 「ガンホー・オンライン・エンターテイメント株式会社有価証券報告書」（平成16年1月1日～平成16年12月31日），p.16.
[39] 魏晶玄（2006）『韓国のオンラインゲームビジネスの研究』東洋経済新報社，p.26.

社運用したのである[40].

二大巨頭の合併

　2003年4月，エニックスがスクウェアを吸収合併し，スクウェア・エニックスが誕生した．企業文化の違いから統合が難航するとの見方もあったが，順調に業績を拡大し，2004年度は過去最高益を更新した．開発企画力と技術力というお互いの持ち味やドラクエとFFという二つのメガヒットシリーズによって，業績面での安定と成果が期待された．

　スクウェア・エニックスの2004年度連結売上高営業利益率は36%であり，ゲームソフト世界最大手の米エレクトロニック・アーツの26%（2004年4～12月期）を上回る．国内ゲーム市場の伸び悩みの影響を受けるライバルと比較しても群を抜く[41]．セグメント別の売上高・営業利益（表5-3）では，オンラインゲーム事業は各19%を占め，既存のゲーム事業に次ぐ規模にまで成長した[42]．スクウェア・エニックスは，家庭用ゲームソフトのメガヒットタイトルをオンラインゲーム事業，モバイル・コンテンツ事業等に展開する多角化戦略を推進している．

　ゲーム事業[43]では，2004年11月発売の「ドラクエⅧ空と海と大地と呪われし姫君」が，国内プレステ2向け初の300万本超の出荷を達成した．発売日の早朝，家電量販店の前に長い行列ができるドラクエ現象は健在であった．ドラクエⅧは，社団法人コンピュータエンターテインメント協会（略称CESA）が主催する第9回 CESA GAME AWARDSで，最優秀賞とベストセールス賞を受賞した．

　また，同社はオンラインゲーム事業[44]において，日本（2002年5月），北米（2003年10月）に続いて，欧州でPlay Online・FF Ⅺのサービス運営を始めた．Play Online・FF Ⅺは，ユーザー数50万人を超える世界最大級の

40　「この人に会いに行く伊勢幸一さん」日経NETWORK2004.05を要約．
41　「会社分析スクウェア・エニックス」（日経金融新聞2005年3月9日）を要約．
42　「株式会社スクウェア・エニックス有価証券報告書」第25期（決算年月：2005年3月），p.70．
43　「株式会社スクウェア・エニックス有価証券報告書」第25期，p.10を要約．
44　「株式会社スクウェア・エニックス有価証券報告書」第25期，p10を要約．

◘表5-3　スクウェア・エニックスの事業セグメント別業績[45]

(単位：億円)

		ゲーム事業	オンラインゲーム事業	モバイル・コンテンツ事業	出版事業	その他	連結
2005年度実績	売上高	459	157	51	97	480	1,245
	営業利益	96	59	7	29	−36	155
	営業利益率	20.9%	37.6%	14.3%	29.4%	−7.5%	12.4%
2004年度実績	売上高	419	139	46	109	27	739
	営業利益	196	50	17	34	−33	264
	営業利益率	46.8%	36.0%	38.1%	31.4%	−126.2%	35.8%
2003年度実績	売上高	380	89	28	97	38	632
	営業利益	164	24	12	32	−37	194
	営業利益率	43.2%	26.3%	41.5%	32.9%	−96.4%	30.7%

出典：スクウェア・エニックス決算説明会資料

MMORPG に成長しており，成功している．

　野村証券出身の和田社長（2001 年スクウェア社長，2003 年よりスクウェア・エニックス社長）は，ゲーム業界で地殻変動が起きていると言う「1983 年の任天堂『ファミコン』誕生以来 20 年以上続いてきた法則が崩れつつある．……（中略）……『ゲームはゲーム機で楽しむ』というルールは古くなり，ゲーム機メーカーを中心とするモデルは崩壊．ネット・IT（情報技術）業界を巻き込んだ新しい生態系が生まれる．……（中略）……，新しい生態系ができる以上，すべてのハードにコンテンツを柔軟に提供できる総合路線が欠かせない」という考えである[46]．

　家庭用ゲームソフト会社は，家庭用ゲーム市場の縮小を踏まえ，オンラインゲームやモバイルゲーム等への対応を検討し始めた．技術力・資金力のある大手は，一つのヒットコンテンツを複数領域に展開する事業戦略をとり始めている．

---

[45] 2005 年度に，株式会社タイトーを完全子会社化している．2005 年度実績には，タイトーグループを AM 等事業として，売上高約 411 億円，営業損失約 12 億円を含む．
[46] 「ゲーム業界大編成時代に．ネットが生態系変える」（日経産業新聞 2005 年 9 月 2 日）を抜すい．

5. 業界の進化経路を越えて

業界レベルでコア資産とコア活動を見ると，進化の歴史は大きく二つのフェーズに分けることができる．当初の家庭用ゲーム専用機（任天堂やSCE等）に向けた開発のフェーズ（第Ⅰ～Ⅱ期）と，オンラインゲームが出現してからのフェーズ（第Ⅲ～Ⅳ期）である．この二つのフェーズに分けて，業界レベルの動きと事業レベルの動きを見ていく．

家庭用ゲーム専用機に向けた開発のフェーズ（第Ⅰ～Ⅱ期）

家庭用ゲームソフト業界は，家庭用ゲーム専用機（任天堂やSCE等）に向けた開発のフェーズ（第Ⅰ～Ⅱ期）では，「創造型」であった．

業界全体のメガヒット率は，新作タイトル数が少ない初めの4年間を除くと，概ね1％程度で推移している．メガヒット率が平均して1％程度と低いうえに，商品としての「旬」の期間が短いため，コア資産であるコンテンツは常に陳腐化の脅威にさらされていた．

任天堂とソニーの契約形態の違いはあったかもしれないが，ゲーム機メーカーとの役割分担に大きな違いはない．ゲーム機の仕様に合わせて開発し，ゲーム機メーカーに納めるという「売り切り」型のビジネスである．家庭用ゲーム専用機向けにゲームソフトを販売するというコア活動は安定していた．ゲーム専用機メーカーとの関係は，オンラインゲームが登場するまでは安定的であった．

以上のことから，ヒット確率が低い典型的な「創造型」の位置にプロットすることができる（表5-7）．

次に，事業レベルでスクウェア・エニックスのコア活動とコア資産を評価すると，業界全体とは少し違った動きが見えてくる．

第Ⅰ期：エニックスとスクウェアも，当初は業界と同様に「創造型」として出発した．エニックスのドラクエは，1986年の1作目からメガヒットとなったが，スクウェアの最初のメガヒットは1989年の魔界塔士Sa・Gaであった．総合的に考えると，第Ⅰ期（1983～1989年）は，メガヒットを目

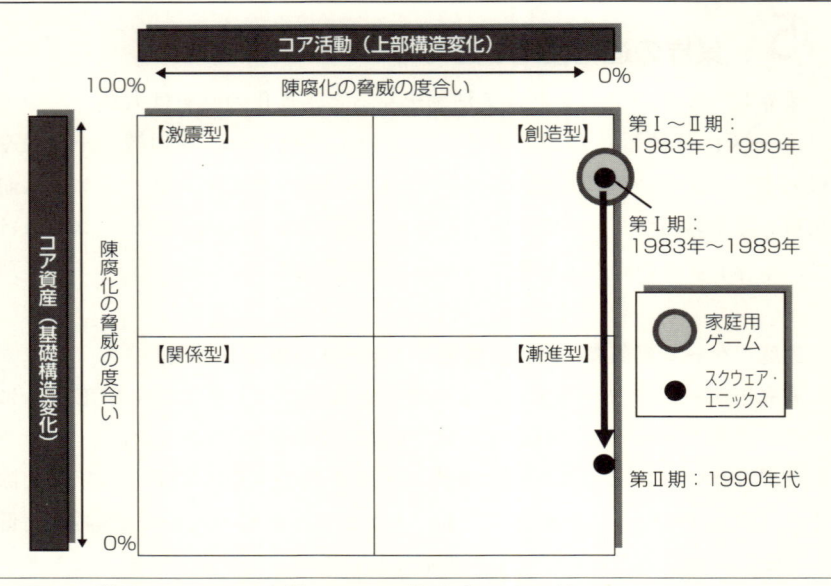

●図5-7　業界コンテストと事業システムの複眼プロット図(1)

指して試行錯誤していた時期であり，業界の平均的な水準にプロットすべきであろう．

第Ⅱ期：1990年代になると，スクウェア・エニックスのメガヒット率は，約16％に達する．業界平均が約1％であるため，スクウェア・エニックスのヒット率は約16倍という驚異的なヒット率である．スクウェア・エニックスは，90年代の10年間に20本のメガヒットを生み出しており，年平均ではスクウェアは1.3本，エニックスは0.7本になる．これは，ドラクエやFFをシリーズ化して，常にメガヒットさせることに成功したこと，そして，ファミコン時代の両シリーズをプレステ向けに発売してメガヒットさせるなど，過去のコア資産もうまく活用してきたからである．

　以上のことから，第Ⅱ期には，スクウェア・エニックスのコア資産ゲームソフトは陳腐化の脅威の度合いが低くなったと考えられる．それゆえ，業界の動きとは区別して「漸進型」へシフトした位置にプロットすべきであろ

う．なお，漸進型のセルの中での位置づけは，メガヒット率や平均経常利益率などから，少なくとも中間あたりには位置づけられると考えた[47]．

オンラインゲームが出現してからのフェーズ（第Ⅲ～Ⅳ期）

家庭用ゲームソフト業界は，オンラインゲームが登場して，業界の進化パターンは「激震型」へとシフトした．家庭用ゲームと比べると，オンラインゲームは，販売や流通（配信）にかかわる活動がまったく違うだけでなく，課金の方法や収益モデルも異なる．専用ゲーム機にソフトを供給する家庭用ゲームソフト業界は，コア資産だけではなく，コア活動の面でも陳腐化の脅威を受けるようになったのである．

図 5-8 には，既存の業界のこのような動きが矢印によって示されている．また，新しく登場したオンラインゲーム業界もこの図にプロットされている．オンラインゲームも基本的にはコンテンツビジネスであり，常にコア資産面で脅威を受ける「創造型」に位置づけられる[48]．

なお，家庭用ゲームの「創造型」と「激震型」との境界線については，オンラインゲームが脅威として認められるが顕在化していないレベルを境界線とした．可能性としての脅威を50%としたわけである．もし，家庭用ゲームソフトがオンラインゲームによって完全に代替されれば，陳腐化の度合いは100%となる．

業界の動きを見ると，2000年から2001年というのは，日本国内ではオンラインゲームのインフラとして必須のブロードバンド化が緒についた時期である．韓国ではオンラインゲーム市場がすでに形成されており，日本法人も

---

[47] 第Ⅱ期のメガヒット率の平均は16%，年間メガヒット数の平均は約2本である．また，平均経常利益率は16.7%であり，他の漸進型進化の業界よりも高く安定的である．会社年鑑（日本経済新聞社）によると，1990年代10年間の平均経常利益率は，漸進型の代表であるセブンイレブンが43.2%，ヤマト運輸が4.3%であった．同じ漸進型であっても業界により経常利益率の水準は異なるが，スクウェア・エニックスの平均16.7%は十分高いと言えよう．

[48] この図でオンラインゲームの方がコア資産の陳腐化の度合いが低いのは，その性質によるものである．すなわち，一定数以上のユーザーをいったん確保してしまえば，継続的にサービスを提供することができるし，ユーザーの楽しみ方をリアルタイムで観察すれば，ゲームをより面白くして「賞味期間」を引き延ばすことができるからである．端的にいえば，一旦コア資産化してしまえば，それが陳腐化する脅威は相対的に少ないと考えられる．

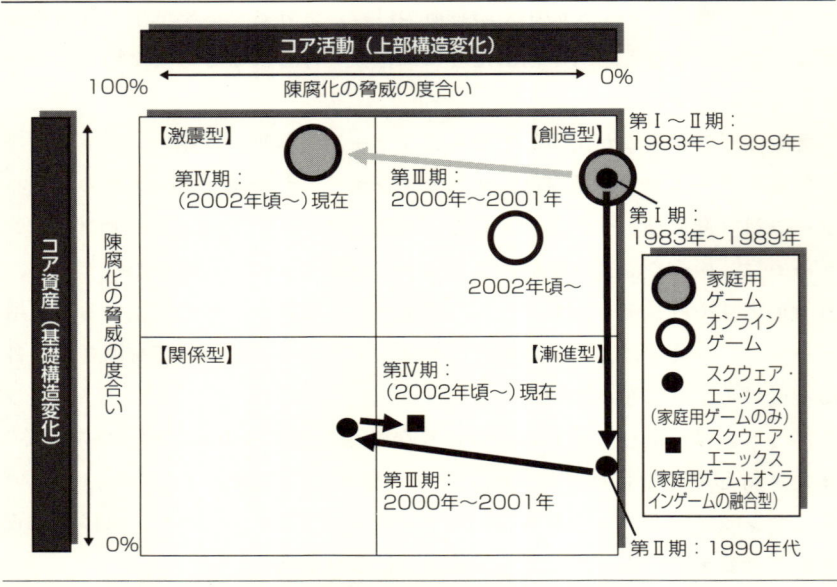

●図5-8　業界コンテクストと事業システムの複眼分析プロット図(2)

設立され始めた．この時期に，ちょうどコア活動の「陳腐化の脅威の度合い」は50％水準を超えたと考えられる．その後，業界におけるオンラインゲームの売上比率は伸びて[49]，2004年には約15％，2005年には約21％に達している．この売上比率から，家庭用ゲーム業界は，「激震型」のセル内の右寄りに位置づけた（図5-8）[50]．

---

[49] {オンラインゲームソフト市場規模／（家庭用ゲームソフト市場規模＋オンラインゲームソフト市場規模）}×100％で計算した．2004年は，{579／（3160＋579）}×100で15.4％に，2005年は，{820／（3141＋820）}×100で20.7％になる．数値は，オンラインゲーム市場統計調査報告書（オンラインゲームフォーラム）およびCESAゲーム白書による．

[50] ファイナルファンタジーをはじめとするソフト資産を転用していることから，売上比率の変化はソフト資産によるものではなく，活動の変化に由来するものである．したがって，横軸についてシフトさせればよいわけで，売上比率が20％ということは，完全な潜在的脅威（売上比率0％）から5分の1左にプロットすればよいことになる．つまり，コア活動の脅威の水準は60％と考えればよい．なお，このような捉え方はやや便宜的な対処法だといわざるをえない．売上高は活動と資産の結果であり，活動だけの指標に使うべきではない．しかし，ゲームソフト業界の場合，オンラインゲームが出現したからといって，家庭用専用機向けの資産がそれほど大きな影響を受けるとは考えられない．つまり，資産の陳腐化はほぼ一定だと考えられる．資産の陳腐化がほぼ一定だとすれば，売上高の変化は活動の影響をストレートに表したものとみなすことができる．

次に，事業レベルでスクウェア・エニックスのコア活動とコア資産を評価すると，また業界全体とは違った動きが見える．

第Ⅲ期：オンラインゲームによる脅威の可能性が見られた段階（2000年頃）で，スクウェアはオンラインゲーム業界に参入することを表明している．市場関係者の間で，オンラインゲームは日本では時期尚早という声もあったにもかかわらず，スクウェアの経営陣は，外部環境の変化を感じ取り，自らの事業システムを変革する意思を示した．この時期には，業界と同様，家庭用ゲーム専用機向けにゲームソフトを供給・販売するというコア活動は，陳腐化の脅威にさらされていた．それゆえ，彼らの事業システムも「関係型」の方へとシフトしていたと考えられる．図中では，家庭用ゲーム機器業界の動きと同じく，横軸の50%を少し超えた位置にプロットすることにしよう．

第Ⅳ期：2002年5月より，スクウェアは，FFⅪをオンラインゲームとしてサービスを開始する．スクウェア・エニックスにおけるオンラインゲームの売上比率[51]は，オンラインゲーム元年と言われる2003年が約19%，2004年が約25%，2005年が約26%と業界レベルよりもハイペースで拡大さることができた．スクウェア・エニックスは，コア活動を変えて新たな事業システムを構築し，自ら業界構造の地殻変動をリードし始めたのである．自社のオンライン比率を高めることによってコア活動の陳腐化の度合いを低め，「漸進型」の方向へとシフトしたと考えられる．

6. 事例の含意
―脅威を機会に―

事例分析の結果から，スクウェア・エニックスは業界全体の動きとは異なる動きをしていることが分かった．このことは，個別企業レベルではマクガーハンの進化経路の影響を受けつつも，事業システムの設計によっては，

---

[51] 表5-2に基づき，｜オンラインゲーム売上高／（家庭用ゲームソフト売上高＋オンラインゲーム売上高）｜×100%で計算．2003年は，｜89／（380＋89）｜×100で19.0%に，2004年は，｜139／（419＋139）｜×100で24.9%に，2005年は，｜157／（459＋157）｜×100で25.5%になる．

業界の進化経路から離れることが可能であることを意味する．

　なぜ，スクウェア・エニックスは，業界の進化経路と異なる動きをしたのか，その動機を考えてみたい．ケースから読み解くと，当時のスクウェアには，オンラインゲーム化が自社にメリットをもたらすとの判断があった．オンラインゲームの出現は，家庭用ゲームソフト業界にとっては脅威であるが，スクウェアは，ハード機メーカーの支配を受ける立場から離れて自らが主導権を握るチャンスと捉えた．

　チャンスと捉えたという事実は，当時のスクウェアのコメントを見ても明らかである．2000年には，すでにPlayOnline構想を掲げて，「ハードでなく，PlayOnlineがプラットフォームになることを目指します」と明言している[52]．また，スクウェア・エニックスとなった後もこの構想を継承して，和田社長は「ゲーム機メーカーのシステムを使わずにサービスを提供できる体制づくりを急ぐ」と述べている[53]．

　つまり，任天堂やソニーといったゲームのハード機器メーカーがイニシアティブを取る事業システムから，ゲームソフト開発メーカーがイニシアティブを取る事業システムへの変革の絶好の機会として発想の転換を行い，積極的に対処したのである．P-VARで言えば，イニシアティブを取れるポジションを築くために，サプライチェーンのパワーバランスを変えて成長エンジンをうまく回したということになる．

　しかし，このような対応は容易なことではない．一般的に，新しいビジネスモデル（ここでは流通や課金の仕組みの意味）からの攻撃に対処するのは難しいと言われる．たとえば，パソコン，文具，証券などのインターネット販売などの事例を思い浮かべていただきたい．したがって，「こうしたい」という意思だけで突っ走ると，現状の事業基盤を壊しかねず，かえって事業リスクを高めてしまう．それゆえ，経営陣の意思とともに，なぜ，スクウェア・エニックスは，業界の進化経路と異なる動きができたのか，それを可能にした理由を探る必要がある．

52　『ファイナルファンタジーで遊んでみませんか？』デジキューブ（2000），p.143．
53　「ゲーム業界大編成時代に．ネットが生態系変える」（日経産業新聞2005年9月2日）

結論を言えば，必ずメガヒットするFFシリーズというコア資産を持っていたということにつきる．オンラインゲーム業界は，コア資産が陳腐化の脅威を受ける創造型である．オンラインゲームがヒットする確率が低いという問題に対し，必ずメガヒットするFFは，スクウェアがこの業界に踏み出すための強力な武器になった．家庭用ゲームソフト時代に，メガヒット作FFのシリーズ化によって，創造型の課題であるコア資産の陳腐化の脅威を低下させたように，ここでも，コア資産FFの活用が鍵になったのである．P-VARで言えば，オンラインという新しい活動システムでも使える有効な資源・資産を見極めて事業システムを構築したということになる．

　ただし，オンラインのオペレーション（諸活動）を築くのは容易ではなかった．オンラインゲームには特有の技術的問題があったし，オペレーションも含めてそれは未知のものであった．当時，国内にその技術がなかったため，スクウェアは先行者の立場で，試行錯誤しながら自前で技術を蓄積していくという選択を取った．スクウェアの常に挑戦する社風も，オンラインゲーム進出の決定によい影響を与えたと言えよう．

　関係型の出現期に進化をリードするためには，変化の意味を認識して，既存産業側のコア活動を変えながら，長期的にコア資産の価値を生かせる場を見極め，ポジションを築いていく必要がある．スクウェアの動きは，まさに関係型の法則に沿ったP-VARの事業戦略なのである．

　以上，複眼分析からゲームソフト業界とスクウェア・エニックスの事例をみてきた．複眼分析は，P-VARを用いて事業システムのデザインに不可欠なマクロレベルでの分析である．自社の事業システムと業界ならびに他社の事業システムとの差を認識することによって，目指すべき方向を考えるための強力なツールとなる．コア活動とコア資産の陳腐化というリスクマネジメント的な発想から始まり，それらをいかに能動的かつ積極的にマネジメントしてポジションアップを図るかという発想に転ずる分析枠組みなのである．

7. むすび
―複眼分析の意義―

　この章では，P-VAR分析および補完的に併用すべき業界分析に基づく複眼分析の枠組みを提唱した上で，実際にスクウェア・エニックスを事例に分析を試みた．最後に，「複眼分析の枠組み」の有用性を主張したい．

　マクガーハンの「業界進化の経路分析」は，事業システムレベルでも役立つものである．そして，「複眼分析プロット図」に業界の動きと事業システムの動きを別々に描くこと自体が，実践的なインプリケーションをもたらすであろう．二分法ではなく定量化・連続変数化して複眼分析プロット図を描くことによって，業界あるいは他社の事業システムに対する自社の事業システムとの差を意識することができる．また，業界や自社の事業システム等の動きを過去から現在，そして将来の予測をダイナミックに図示できるため，この分析枠組みは，事業システムの設計プロセスで判断材料として活用することができる．

　また，複眼分析プロット図に描かれた動きから，創造型および関係型に位置付けられた事業システムにとって，漸進型の方向を目指す事業戦略が望ましいことが確認できた．激震型についても同様であろう．その理由は，漸進型はコア活動・コア資産ともに陳腐化の脅威の度合いが低く最も安定しているためである．第1章でとりあげた事業システムの差別化というのは，活動と資産が安定していて，それらが有機的に結びついてシステム優位をもたらしているという状態を指すと考えて差し支えない．

　このように，複眼分析プロット図に示された業界の置かれているポジショニングは，事業システムを設計する際の新しい視点を提供する．文脈としての業界の進化を見ることによって，どのような戦略目標を立てるべきかを確認することができるだろう．競争戦略に基づく事業システム設計は，視点が競争優位に偏りがちであるが，複眼分析の枠組みを用いると，コア活動とコア資産の陳腐化の脅威というリスクマネジメントを含む広い文脈から事業システムを考察することができる．

（松山　泰久・井上　達彦）

第5章補論 事業システムは業界進化の法則に従うのか

　マクガーハンは，それぞれのステージで，個別事業がいかに対応すべきかのガイドラインを提示している．原則的にはこのガイドラインに従って事業戦略を立案すべきであろう．なぜなら，ほとんどの企業にとって，業界の進化の経路とステージに沿った対応をするのが無難だと考えられるからである．

　しかし，このガイドラインはあまりにも環境決定論的であり，個別事業のユニークな動きを過小評価している．それゆえ，自ら環境を創り上げていこうとする意思と力量のある企業にとっては，やや物足りないガイドラインとなっている．したがって，自らの進化経路を能動的にコントロールしようとする企業は，このガイドラインに従うのではなく，これを参照しながらも，われわれの複眼分析を利用すべきである．

　マクガーハンのガイドラインの物足りなさは，「業界先にありき」という発想で，業界という分析単位だけに焦点をあわせてコア資源とコア活動が定義されていることに起因する．つまり，コア資源とコア活動を，業界レベルで最大公約数的に定義しようとするために，当該事業に固有のコア要素（業界に共通するコア要素以外のもの）を捉えることができないのである．それゆえ，ユニークな動きをする個別事業の進化経路について議論しようとするとどうしても無理が出てしまう[1]．

　以下，マクガーハンの枠組みの意義と限界を紹介して，われわれが複眼的な枠組みを構築した背景について説明しよう．

---

[1] マクガーハンの議論に積極性が皆無というわけではない．この研究において，パターンに沿って戦略を立てるとき，基本的に二つの点で選択をすることができるとされている．一つは，「①産業の進化をリードするか／進化にしたがうか」というものであり，もう一つは，「②現在の産業での地位を維持するか／路線変更するか」というものである．いずれの産業進化のパターンにおいても，個別企業は上記の選択を行なうことができるのである．ただし，ここでも個別事業のレベルで議論すべき問題を産業レベルで捉えようとしているように見える．

〈意義〉マクガーハンの枠組みには，少なくとも，以下の四つの意義がある．
① 活動レイヤーと資産レイヤーの区別
　活動と資源を上部構造と下部構造として区別して，その両者によって，すべての業界の進化プロセスを四つに分類した．活動と資源の区別は，実務的にも理論的にも重要な視点である[2]．収益を上げるための活動（俗に言うビジネスモデルに近い）が陳腐化するというのと資産（経営資源）が陳腐化するのとでは，とるべき対応策が異なるからである．
② 時間軸に沿った対応策の提示
　いかなる業界も少なくとも10年という時間幅で一つのパターンにしたがうという見解を打ち出した上で，ステージごとの対応策を明確にした．
③ 実証研究による裏づけ
　ケーススタディにとどまらず，財務データなどから裏付けられている．業界を分析単位とした場合の動き（法則性）を，実証データに基づき，一定レベルで説明している．
④ 実践性
　上記のことから総括して，この枠組みは戦略の策定の出発点として使うことができる．とくに，かつて優れた事業システムを築き上げ，時代の変化と共にそれが陳腐化してきている企業にとっては，自社が置かれている状況を把握するうえで有効である．

〈問題点〉一方，この枠組みにはいくつかの限界も見いだされる．
① 業界の定義の難しさ
　同業であるか否かについて，実践的なガイドラインは設けられている．しかし，実際に行なってみると，どうしても判断しにくい中間領域が出てしまう．また，そもそも業界（同じ競争ドメイン）の定義のしかたそのものが競争戦略となりうる．事前に業界を決めるというスタンスには，一定の限界がある（石井，2003；根来，2006）ことからも，業界の定義は戦略を策定す

---

[2] たとえば，パンカジュ・ゲマワット（2002），加護野・井上（2004），根来（2005）を参照されたい．

る上で暫定的な措置だと考えるべきである．

② 業界のコア資産・コア活動の把握の難しさ

一つひとつの事業を見ると，コア資産やコア活動を特定するのは可能である．しかし，業界レベルで共通項を探すとなると難しい場合がある．なぜなら，さまざまな事業体のコア資産とコア活動の最大公約数をとって業界レベルのものとして把握せざるを得ないからである．このような捉え方では，個々の事業システムの多様性が捨象され，業界レベルでは陳腐化しているかのように見える要素資産であっても，事業レベルではそうではないような場合を描きにくいわけである．

以上の難しさに加えて，陳腐化の脅威の有無もたやすい作業ではない．これらの帰結として，分析対象としている業界を四つの型へのいずれに分類するかが難しくなる．

③ タイムスパンの均一性

マクガーハンは，業界進化は10年を超えるタイムスパンに従うと述べている．この言明から，業界ごとの進化のペースの多様性を十分に考慮していないことがわかる．しかし，業界は固有のリズムと時間幅で進化しているという説もある（Fine, 1998）．

④ 事業レベルでの分析視点の欠如

以上のことから，この枠組みの決定的な限界は二つに集約できる．一つは，事業レベルでの分析視点が欠如しているということである．業界の型（法則）が事業戦略を決定するというスタンスによって立っており，そこから外れる企業を想定していない．

もう一つは，進化パターンの分類や陳腐化の有無において，0か1かの二分法的な分類をしているという点である．端的にいって二分法にとどめると個別事業の多様性や動きを描くことができない．個々の事業の多様性や理想的な動きを描くことなしに事業戦略を立案しようとすると，どうしても大雑把なものとなってしまうからである．

複眼的な分析の発想

　われわれが提唱した複眼分析の枠組みは，業界の文脈を参照しながら事業システムの設計を行なうというものである．マクガーハンの研究の知見を活用しながらも，その限界を回避する枠組みだと言えよう．

　すでに多くの論者が指摘するように，どこまでを同じ業界と定めるのかはきわめて難しい．第5章でとりあげたケースでも，家庭用専用端末機とオンラインゲームを区別して，それぞれ別の業界として扱うのか，それとも双方をおなじ家庭用ゲーム業界とするのかでは意見が分かれるかもしれない．

　われわれは，業界よりむしろ，「事業システム」を基本的な分析単位とすべきだと考える．P-VARで言えば，おおよそ同じ経営資源を有しているか，また，おおよそ同じ活動システムに準拠しているかによって，自らの事業の位置づけを行なうべきだと考えている．業界というのは分析の暫定的な出発点に過ぎず，最終的に目指すポジションは，既存の業界というよりも，むしろ新しく創り出そうとする生存領域であるべきであろう．スクエア・エニックスにしても，家庭用専用端末のゲーム業界とオンラインゲーム業界とを融合させて，新しい生存領域（戦略グループレベルの生存領域）を創り出している．

　複眼分析というのは，出発点としての既存の業界と現時点での事業システムをプロットして，自社により有利な競争の土俵作りをするためのツールである．業界が思わしくない方向に進化した場合，資源レイヤーと活動システムレイヤーを刷新して，望ましい生存領域を創り上げるべきである．つまり，既存の業界のコア資源とコア活動には収まりきらないP-VARを築き上げ，「差」を生み出して業界の進化経路とは距離をとらなければならない．5章でとりあげたプロット図は，この「差」を明確にする手助けになる．

　このように，複眼分析は「差」のつけ方がカギとなる．業界レベルでは，最大公約数的に定義された業界レベルのコア活動とコア資源の平均的な値をマップ上にプロットすればよい．しかし，個別事業レベルでは，独自の動きをするのであれば，最大公約数からどれだけ離れるべきかを意識する必要がある．現状分析についても，もし，その事業体固有のコア要素がある場合に

は，必ずしも同じ業界に位置するとは限らない．

　われわれがマクガーハンの二分法を超えた連続スケール化を提唱したのは，「差」を明確にするためである．業界の平均値と個々の事業の違いを明らかにするためには，陳腐化の脅威の有無という二分法では不十分である．陳腐化の度合いを連続変数化する必要がある．

　連続変数化の手順は，本文で説明した通りである．残念なのは本章のケーススタディでは，統計資料の欠如もあって，やや便宜的に陳腐化の度合いを測定せざるを得なかった点である．売上構成比によるシフト量の特定という方法は，常に使える一般的な尺度とは言えない．しかし，実務の現場では，業界と自社についてのさまざまなデータを集めることは可能である．われわれは外部の観察者に過ぎないため，測定の面で限界があったかもしれないが，提唱した複眼的分析枠組み自体は有効だと考えている．

（井上　達彦・松山　泰久）

第6章 イノベーターのジレンマを越えて
――シスコシステムズのA&D戦略――

1. はじめに

　産業を代表する企業として成功を収めてきた優良企業が，ある新技術の出現を境に凋落の一途をたどってしまうことは決して珍しくない．なぜ優良企業が新技術の出現によって，いともたやすくその力を減ぜられてしまうのか．どのような性質を持った技術変化に直面したときに，優良企業はその未来を閉ざされてしまうのか．そして，凋落の引き金となるような新技術に直面した際の企業のとるべき行動とはどのようなものなのか．優良企業の新技術への対応の失敗にかんする研究は多く行われているが，クリステンセン(2001)はその原因を「優良企業の論理的な意思決定」にあると指摘している．

　クリステンセンの指摘は簡潔でありながら，それ以上に非常に優れたものである．しかし，それに対していくつかの疑問が浮かび上がる．

　一つめの疑問は，既存の優良企業の新技術への対応にかんするものである．優良企業は新技術を自社で取り扱うことはできるが，これまで提供していた技術そのものは早晩新技術にほぼ例外なく侵食されるとされており，そこには新技術の影響に対する既存の優良企業の能動性は排除されている．

二つめは，新技術への対応の内容にかんするものである．クリステンセンの述べる新技術への対応を概観すると，対応の方針がプロジェクト管理をはじめとする組織マネジメントや資源配分プロセスの面に偏っており，事業活動の基となる経営資源そのものへの言及があまりなされていない．確かに，クリステンセンの近年の著作では，経営資源の重要性についても触れられている．しかしそこでは，現状を打破するための経営資源の活用方法に力点がおかれ，将来にわたって技術革新を方向づけるための資源開発の方法についてはあまり言及されていない．

クリステンセンの枠組みを鑑みれば，確かに新技術による影響は力強く，そして避けがたいものに見える．しかし，本当に，企業が技術革新を望ましいように方向づけてジレンマを回避することは不可能なのであろうか．そして，新技術への対応は，果たして組織マネジメントからのアプローチだけで可能なのであろうか．

本章では，まず「イノベーターのジレンマ」（the innovator's dilemma）と呼ばれるクリステンセンの概念枠組みの説明を行う．そして，通信機器メーカーであるシスコシステムズの事例を分析することで，クリステンセンの枠組みの抱える限界を明らかにする．

さらに第2章で紹介されたダイナミック P-VAR の枠組みを用いてシスコシステムズの事例を分析し，クリステンセンの枠組みに価値－活動－資源の相互連関のダイナミズムを付加することで，ジレンマからの能動的脱出の可能性を探る．

2. イノベーターの陥るジレンマ

破壊的技術の影響

なぜ産業内で誰もがうらやむ優良企業が，新技術の出現に対応できず衰退していくのか．クリステンセンは技術を「持続的技術」と「破壊的技術」に，そしてそれらによってもたらされるイノベーションを，それぞれ「持続

的イノベーション」と「破壊的イノベーション」に分類し，それらを分析単位としてこの疑問に対する答えを導き出している．

　持続的技術とは，これまで受け入れられてきた技術の延長線上にある技術を指す．持続的技術によってもたらされる持続的イノベーションには，これまでの経験や蓄積された資源などが活用できることが多い．そのため，出現の仕方にかかわらず既存の優良企業がこの種のイノベーションで大きな失敗に陥ることはほとんどない．

　これに対して破壊的技術とは，持続的技術が受け入れられている市場よりも下位の市場から発生し，出現当初は上位市場で求められる性能水準を下回るが，時間の経過とともに性能水準が向上し，持続的技術を脅かす技術を指す．この破壊的技術によってもたらされるイノベーションを，破壊的イノベーションと呼ぶ．

　クリステンセン（2001）はいくつかの産業での事例を挙げているが，以下ではHDD産業を例にとって，破壊的イノベーションが持続的技術を衰退させるそのメカニズムを解説していく．

　1975年から1994年までの間にHDD産業で起きたイノベーションの中で特筆すべき大きな影響をもたらしたのは，HDDの小型化の要因となったアーキテクチャル・イノベーションである．ディスクの直径は1975年当初の14インチから，年月を経るごとに8インチ，5.25インチ，3.5インチ，2.5インチ，1.8インチへと小型化されてきた．

　1975年当時，高性能が求められるメインフレーム市場で主に用いられていたのは14インチ・ドライブであった．1978年から1980年の間に新興企業が相次いで8インチ・ドライブを開発，市場投入したが，14インチ・ドライブと比較して容量や1MBあたりのコストなどで劣っていたため，メインフレーム市場で用いられることはなかった．そのため8インチ・ドライブを開発した企業は，メインフレーム市場ではなく，下位市場であるミニコンピュータ市場への供給を始めた．ミニコンピュータ市場ではそれまでの14インチというサイズのためにミニコンピュータにディスク・ドライブを搭載できないという問題があり，ディスク・ドライブは外接するしかなかっ

た．しかし，8インチ・ドライブの開発によってサイズの問題が解消され，ディスク・ドライブを搭載することが可能となった．相対的な容量不足や1MBあたりの高コストなどはあまり問題とならず，むしろ8インチというサイズがミニコンピュータ市場では高く評価され，利用が高まっていった．

ミニコンピュータ市場で広く用いられるようになると，8インチ・ドライブは大量生産によって1MBあたりのコストが低下し始めた．それと同時に，平均的な価格のミニコンピュータに組み込まれる同サイズのディスク・ドライブの容量も，年率で約40％ずつ増加し始めた．メインフレーム市場への参入を阻んだ要因が解消されたことにより，8インチ・ドライブはローエンドのメインフレーム市場から徐々に進出するようになった．

14インチ・ドライブ・メーカーが，その状況をただ傍観しているだけであったのかというと，そうではない．彼らもメインフレーム市場で主流である14インチ・ドライブを改善し，その性能を向上させていった．しかし，それでも14インチ・ドライブは，最終的に8インチ・ドライブに取って代わられることとなった．なぜか．

図6-1は，ディスク・ドライブの需要容量と供給容量の変化を示した図である．実線は当該サイズのディスク・ドライブの平均容量を，点線は当該市場における平均的な容量を示している．換言すれば，実線はイノベーションの軌跡を表しており，点線は市場の消費者が求める性能水準の変化を示している．

14インチ・ドライブの容量は1974年の130MBから年率で22％ずつ増加しているが，これに対してメインフレーム市場における容量の需要は15％ずつの増加にとどまっている．一方8インチ・ドライブの容量は約40％ずつ増加しているが，これに対してミニコンピュータ市場における容量の需要は25％ずつ増加している．

ここで重要なことは，上位市場における持続的技術の最大性能は，すでに顧客の需要を超えた過剰なものであること，そして上位市場の顧客の需要容量の向上よりも，下位市場で発生した破壊的技術の向上速度のほうが速いという2点である．

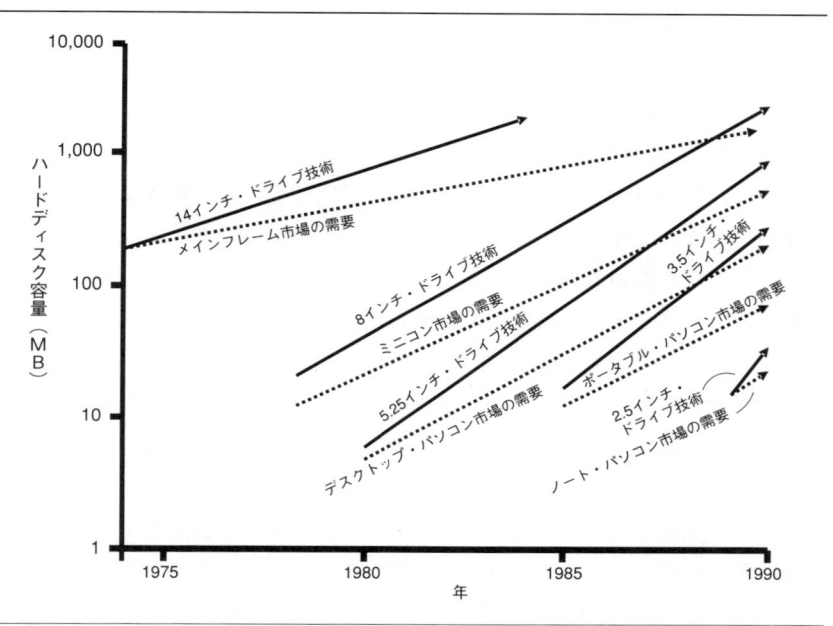

■図6-1　ディスク・ドライブ需要容量と供給容量の変化
出典：クリステンセン（2001）pp.45 図6-1-7 より

　破壊的イノベーションの向上を目にした上位市場の優良企業は，自社の市場を脅かされまいと持続的技術の向上を果たすべく，更なる持続的イノベーションに取り組む．しかし，すでに市場で求められている水準を上回っている状況での性能の向上は過剰なものであるため，顧客はその性能向上を評価しない．持続的技術に固執しているうちに破壊的技術の性能は上位市場の顧客の求める水準に達してしまう．しかし，その一方で，上位市場の優良企業は破壊的技術への対応が遅れているため，持続的技術はその新しい技術に取って代わられてしまうのである．

ジレンマ発生のメカニズム

　では，なぜ優良企業は市場を脅かす破壊的技術にではなく，持続的技術に固執してしまうのか．それは，これまで自社に成功をもたらしてきた上位市

場の顧客を重視してしまうからである．

　優良企業が破壊的イノベーションに直面した際，その技術を自社で開発することができている，もしくはそれ以前にすでに開発していることが実は多い．しかし，それでも破壊的技術を軽視してしまうのは，破壊的技術を開発した際に，その技術の今後の需要や成長の可能性を既存の顧客に問うてしまうからである．既存顧客は，それまでの性能指標について，すなわち持続的技術にかんする問いであれば正確に答えられるかもしれない．しかし，破壊的技術はそれまで重視されてきた性能指標にかんしては持続的技術に対して劣っており，さらに破壊的技術の持っている独自の利点[1]にまで優良企業の目が向かないため，低い評価が下されてしまう．これまで自社に繁栄をもたらしてきた「顧客の声を聞く」という行為それ自体が，破壊的技術に直面した際には誤りとなる可能性を秘めている．

　また，企業の資源配分の大部分は，実質的には顧客に依存している．自社により多くの利益をもたらす顧客の需要に応えられるような資源配分こそが「優れた資源配分」であるとされる．そのため破壊的技術が上位市場の顧客に受け入れられない以上，企業はそれに多くの投資をするという意思決定を行うことは困難なのである．

　さらに，破壊的技術を軽視してしまう理由は，顧客の側だけではなく企業の側にも存在する．破壊的技術が出現した市場は立ち上がって間もないため，上位市場と比較して規模が小さい．上位市場で成功を収めてきた企業は，たとえ下位市場で成功を収めたとしても，それが自社を成長させるに十分なものであるとは見なさない．そのため優良企業は，規模の大きい上位市場における既存の持続的イノベーションにプライオリティを置いて活動をしてしまうのである．

　では，破壊的技術によって現在の市場を脅かされた企業は，どのような意思決定を下すのか．多くの場合そのような企業は，より上位の市場に活動の場を移すという意思決定を行う．一般的に下位市場よりも上位市場のほうが

---

[1] たとえば，8インチ・ドライブは14インチ・ドライブよりもヘッドの位置が安定するという特徴を備えていた．

粗利益率が高い．下位市場に参入し成功を収めるためには，下位市場の粗利益率でも利益が出るようなコスト構造が求められる．事業システムが異なるということもあって，コスト構造を急激に引き下げるのは困難であるし，そもそもより高い価格で売ることができる可能性を持つ製品をわざわざ粗利益率の低い下位市場で売るという意思決定を下す企業はほぼ存在しないであろう．しかし，上位市場への参入であれば，自社のこれまでのコスト構造を持ち込むことができ，なおかつより高い粗利益率を期待することができる．一般的にどちらが妥当な選択であるかは明白である．

　以上述べたように，既存の顧客を重視し，既存の市場での価値基準に従って行動するという一見すると論理的で合理的な意思決定によって，上位市場には進出できるが，下位市場には参入できないというジレンマに陥ってしまうのである．

ジレンマへの対応

　破壊的イノベーションに直面した企業は，ただ黙って自社の衰退を見守るしかないのか．もしくは上位市場に逃げ続けるしかないのか．クリステンセンは破壊的イノベーションへの対応に成功した企業の事例から，対応のいくつかの基本的姿勢を導き出しており，それらは以下の二つに大別することができる．

① 下位市場の顧客と，破壊的技術に伴う顧客の変化を認識すること

　これまで見てきたように，破壊的技術を当初必要とするのは上位市場の顧客ではなく下位市場の顧客である．必要としていない顧客は，その破壊的イノベーションのもたらす価値を正確に評価することができない．しかし，「優れた資源配分」により成功を収めてきた優良企業は，その成功のためにこれまでと同様に上位市場の顧客に，つまり破壊的技術を必要としていない顧客に，破壊的技術の可能性を問い，そしてその評価に従ってしまう．「優れた資源配分」と，上位市場の顧客の声に縛られてしまうのである．

　既存顧客の声に縛られないためには，破壊的技術が誰になら受け入れられ

るのかを，まず考えなければならない．そしてそれは，下位市場の顧客である．

　しかし，仮に破壊的技術が下位市場で高評価を受けるということを認識しても，それだけでは十分ではない．既存企業が持続的技術を進歩させてきたように，破壊的技術もそれを担う企業によって進歩する．そして，その進歩によって破壊的技術は，当初受け入れられた下位市場から徐々に上位市場へと進出していき，それに伴い，顧客も下位市場から上位市場の顧客へと変化していく．破壊的技術は既存企業から見て「おいしくない下位市場」だけにとどまるものではない．いずれは既存企業がヘゲモニーを握っていた「おいしい市場」へと進歩してくるものなのである．

② 破壊的技術と持続的技術とは異なるものであることを認識すること

　破壊的技術は，持続的技術の観点から見れば，出現当初は技術的にも経済的にも価値のないものに見える．上位市場で成功を収めてきた企業にとっては，特にそのように見えるだろう．しかし，根本的な問題は，この「持続的技術の観点から見る」ということそのものである．

　持続的技術と破壊的技術を，これまで持続的技術を評価してきた視点で単純に比較してはならない．持続的技術と破壊的技術は根本的に異なるものである．破壊的技術は性能のある面では持続的技術に劣っているが，同時に別の面では持続的技術を上回っており，そこが評価される点である．たとえばHDDの場合，メインフレーム市場ではこれまでの14インチ・ドライブよりも小さい8インチというサイズは評価されず，それまでと同様にコストや容量の面で8インチ・ドライブは評価を下された．しかし，ミニコンピュータ市場ではこの8インチという点こそが大きく評価された．容量や信頼性だけでなく，コンパクトさが重宝されたのである．また，破壊的技術が用いられる市場は持続的技術のそれよりも魅力が低いが，それは別の市場であるため当然である．破壊的技術に対応する企業は，以上のことを認識しなくてはならない．

　破壊的技術への対応に成功した企業の中に，破壊的技術を開発するプロ

ジェクトを小さな組織に任せたことで成功を収めた企業を見出すことができる．破壊的技術が用いられている市場は経済的な魅力が低く，上位市場で成功を収めた企業をさらに大きく成長させるような利益をもたらすことはないため，その企業は下位市場では熱心に活動することはない．しかし，より小さな組織であれば下位市場から期待できる利益でも十分に成長することができるため，そこでの活動は意欲的なものとなる．さらに，上位市場で活動する組織のように「優れた資源配分」や既存顧客，従来のコスト構造に束縛されることはない．

　小さな組織に破壊的技術のプロジェクトを任せる場合に重要なことは，上位市場で活動する組織，すなわち持続的技術を主に取り扱う組織とは異なる価値基準で活動することである．

疑問点

　これまで優良企業が破壊的イノベーションによって衰退していくメカニズムとそれへの対応について，簡潔にではあるが述べてきた．クリステンセンの考察は，これまで見過ごされていた問題を浮彫りにする非常に優れたものであるが，それに対していくつかの疑問を感じる．

　その疑問点というのは，以下の2点である．

① 破壊的技術への移行は不可避なものであるのか

　14インチ・ディスク・ドライブは8インチ・ディスク・ドライブに取って代わられ，8インチ・ディスク・ドライブは5.25インチ・ディスク・ドライブに取って代わられた．一見すると，持続的技術は破壊的技術によって衰退していくしかないように見える．

　持続的技術が破壊的技術に取って代わられるのは，持続的技術の性能が顧客の要求水準に対して過剰で，なおかつ上位市場の顧客の求める性能水準の向上速度よりも破壊的技術の性能の向上速度のほうが速い場合である．つまり，上位市場の顧客の求める性能水準をコントロールすることができれば，破壊的技術によって代替されることはないが，このような能動的な行動につ

いてクリステンセンは言及していない．しかし，たとえば半導体メーカーのインテルは，PC にかかわる製品のメーカーと協働したり，ときには利用しながら PC の利用範囲を拡大することで，消費者がマイクロプロセッサに求める処理速度を向上させている．これらの事例から，技術革新や消費者の求める性能水準は，製品にもよるが，企業がある程度操作可能であることがわかる．

② **破壊的技術への対応は，組織の面からのみで十分なのか**

破壊的技術への対応については先に述べたが，それらは組織マネジメントの面に偏っている．しかし企業を組織の面のみから語ることはできない．事業活動の基本は，資源・資産への投資とそれからの回収である．小さな組織を用いて破壊的技術に対応するには，相応のさまざまな経営資源が必要であり，そしてそれを蓄積するための活動や，蓄積された資源を活かす活動も必要である．先に述べた疑問点とも関連するが，クリステンセンは破壊的技術への移行を規定路線として考えており，あくまで破壊的技術が出現し，それを目の当たりにした後の受動的な対応に目を奪われがちである．しかし，技術革新のコントロールを考慮すれば，将来的に必要な資源も自ずと変わってくるはずであり，それを蓄積する活動まで含めて議論することが必要である．

クリステンセンの枠組みに対しては，以上のような疑問を投げかけることができる．次節では通信機器メーカーであるシスコシステムズの事例を用いて，これらの点を見ていくこととしよう．

3. 事例シスコシステムズ

シスコシステムズ企業概要

シスコシステムズ（以下シスコ）は，スイッチ・ルータを主力製品とする通信機器メーカーである[2]．設立後わずか 14 年で株式の時価総額 1000 億ド

ルを突破するほどの急成長を見せており，その成長スピードはマイクロソフトを上回るものである[3]．その成長は米国内のみにとどまることなく，1992年の日本法人設立後は日本においてもその業績を着実に伸ばしている．主力製品であるルータの日本におけるシェアは75％となっており，日立製作所やNEC，富士通などの日本を代表する通信機器メーカーや，ジュニパーなどの北米系ベンダーを抑えてトップシェアを占めている（矢野経済研究所，2005）．

シスコの設立

シスコは，スタンフォード大学のネットワーク管理者であったサンドラ・ラーナーとレオナルド・ボサックを中心として，1984年に設立された．当時は異なるLAN（local-area networks）の間でデータを交換するには，ある特定の高価なコンピュータを経由しなくてはならず，非常に不便であった．その問題を解消するためにブリッジと呼ばれる機器が開発されたが，それは莫大な投資に見合った成果を上げることができなかった．そのためラーナーとボサックが独自にルータを開発しスタンフォード大学に導入したところ，大きな成果を上げることができたため，そこにビジネスチャンスを見出した二人は職を辞し，ルータの開発に専念すべくシスコを設立した．自らのクレジットカードを担保に設立資金を借り受け，自宅のガレージやリビングで試行錯誤を繰り返しながら，初の製品であるAGSルータを出荷したのは設立から2年後の1986年であった．

AGSルータの初出荷後，しばらくは他の大学や一部の大企業を相手にルータの販売を行っていたが，1987年に市場を拡大する転機が訪れる．それまでは政府および連邦政府から資金提供を受けていた大学や研究機関のみ

---

[2] ここではOSIモデル（Open Sytems Interconnection Model）に基づいて，簡単なネットワーキング製品の説明を行う．OSIモデルでは，各技術要素が階層的な構造を取るとされており，その階層は第7層まで分かれている．シスコの主力製品であるスイッチは第2層（データリンク層）に相当する方式に則ってパケットを中継し，ルータは第3層（ネットワーク層），第4層（トランスポート層）に相当する方式に則るものであるとされている．
[3] マイクロソフトの時価総額が1000億ドルを突破したのは，設立後20年が経過してからであった．

が使用を許されていたARPAネットシステム (Advanced Research Projects Networks) が，一般向けに開放されたのだ．このARPAネットシステムとは，後のインターネットの基盤となるものである．これによりルータの需要が拡大されることになり，シスコはベンチャー・キャピタルであるセコイア・キャピタルから資金提供を受けるなどして，大企業へと成長を遂げていったのである．

シスコの基本方針

創立者であるラーナーとボサックは1990年を最後にシスコを去ってしまったが，彼らの基本方針はしっかりと受け継がれている．それはシリコンバレー発の企業によく見受けられるような「技術主導」ではなく，「顧客主導」である．もちろん，技術系企業が自社技術にこだわることは責められるべきことではなく，むしろ技術者としての誇りや信念が革新的な製品を世に送り出すということも多々ある．しかし，それに過度に固執したり，「我が社の技術は優れているはずだ」と過信することは，市場での機会をみすみす逃すことにつながりかねない．シスコは自社技術に固執するのではなく，まず顧客がネットワーキングに何を求めているのかということをスタート地点として，それに対して自社が何をできるのか，何をすべきかを考えている．この基本方針を含む1990年代初頭におけるシスコの戦略の要素として，主に以下の4点が挙げられる．

① 顧客に「完全ソリューション」を提供し，シスコがすべての必要な製品を作成するかどうかにかかわらず，「ネットワークのワンストップ・ショップ」になる．
② 完全ソリューションのために必要な製品を買収し，「買収を構造化プロセスにする」ことで，ほとんどの業界における買収の不成功率の高さを相殺する．
③ 異なるネットワーク同士が一層容易に通信できるようにして，インターネット利用の増加を促進するネットワーキング・プロトコルの業

界規格を定義し，推進する．
④ 完全ソリューションの提供のためのみならず，新しい市場や新しい技術へのアクセスを確保するためにも，補完業者および競合他社さえも，提携ならびに協力関係を形成する．

（ガワー・クスマノ［2005］p.210 より抜粋）

シスコの事業活動は，そのほぼすべてがこの「顧客への完全ソリューションの提供」という方針に基づいて行われてきた．たとえば，顧客の求める価値を自社のみで開発し提供することは困難であると判断し，完全ソリューションの提供に貢献できる可能性のある技術を持つ企業を積極的に買収する方針を決定した．シスコは企業を買収する際には，ただ闇雲に企業を買いあさるのではなく，以下の5点を評価基準として用いている．その5点とは，すなわち，

① シスコと共有できるビジョンを持っているかどうか
② 短期的に見て株主に利益をもたらすかどうか
③ 長期的に見て株主，社員，顧客，提携相手など，すべての利害関係者に利益をもたらすかどうか
④ 社風やカルチャーなどの相性が合うかどうか
⑤ 距離的に近いかどうか

（本荘・校條［1999］p.96 より抜粋）

である．

有力な技術を持つ企業を買収するこのような戦略は，M&A（Merger and Acquisition；合併・買収）と R&D（Research and Development；研究・開発）を組み合わせた A&D（Acquisition and Development；買収・開発）と呼ばれている．いくつかの例外はあるが，シスコは基本的にはシリコンバレーのスタートアップ企業[4]を中心に買収を重ねており，この際に重要となるのは，技術の有望性は当然であるが，ビジョンの共有や文化の類似性である．シスコが多くの製品を自社で開発するのではなく A&D という戦略を用いて

外部から調達するのは,「顧客にネットワークの完全ソリューションを提供する」という方針があるからである.ネットワーク製品は技術進歩のスピードが非常に速いため,顧客の需要に応じてすばやく製品を提供できなければ,市場機会を逃してしまう.この基本方針を共有・追及できない企業を買収したところで,組織文化の面で不一致があれば,シスコへの統合には相対的に長い時間がかかってしまい,結果として顧客の求めているソリューションを提供することはできなくなってしまう.求めているスピードで求めている結果を得るにはすばやい統合が不可欠であるため,シスコは前提条件としてビジョンや文化の共有を重視しているのである.実際に,組織文化の相性の問題から,シスコは買収に成功した企業とほぼ同数の企業の買収を断念している.

また,ネットワーク機器はその特性として,相互接続性が非常に重視される.多くの機器は組み込まれたソフトウェアで作動するため,基本ソフトが共通のものであれば,当然接続は容易である.シスコはその基本ソフトであるIOS（Internetworking Operating System）を開発し,ネットワーク機器間の相互接続を容易にすることで,顧客の要望に応じた柔軟なソリューションを提供できるようにしている.

このように,シスコの活動はまさに「完全ソリューションの提供」という顧客への価値を基準にして決定されているのである.

シスコの破壊的イノベーションへの対応

シスコは「完全ソリューションの提供」という基本方針の下に着実に成長を遂げていった.一般的にはシスコというと破壊的イノベーションの担い手だと理解されることが多いが,彼らは破壊者であると同時に,ジレンマに陥る可能性のあったイノベーターでもあったのである.そして,彼らは破壊的イノベーションに直面する度に,その脅威を回避して乗り越えてきた.以下では,破壊的技術に直面した際のシスコの対応について見ていく.

---

4 製品の基本となる技術は持つが,いまだ製品の市場投入は行っていない企業のことを指す.

シスコは1986年の初出荷以降ルータを販売していたが，1990年代初頭のスイッチの出現によって次第にその市場を脅かされるようになってきた．スイッチとは，データを受信し，あらかじめ設定された命令と所定の回線経路を使って別の箇所に伝送する機能を持った製品であり，データ伝送経路の柔軟性という点ではルータよりも低レベルである．当時のスイッチとルータとでは提供する機能や作動する層が基本的には異なるため，本来は直接的に競合するものではない．しかし，スイッチはあるアプリケーションや特殊なマイクロプロセッサを用いれば，ルータの機能をある程度代替し，しかもより低価格で提供される可能性を秘めていた．つまり，スイッチはルータに対する破壊的技術となる可能性を秘めていたのである．実際にボーイングとフォードの両社が，高価なシスコのルータではなく，より安価な他社のスイッチを採用するという意思決定を下したこともあった．

　ルータ市場がスイッチによって脅かされ始めている状況を目の当たりにしたシスコは，その状況に即座に対応するため，1993年に初めての企業買収を行った．その企業とは，スイッチング製品メーカーのクレッシェンドである．クレッシェンドの買収を皮切りに，シスコはその後の3年間で6社のスイッチ企業を買収したのだが，ルータ市場を侵食し始めていたスイッチを代替製品としてではなく，「完全ソリューション」を提供するためのルータの補完製品として買収したのである．これにより，シスコはより一層幅の広い柔軟なネットワーク・ソリューションを提供することが可能となった（図6-2）．

　スイッチのような破壊的技術とは厳密には異なるが，ATM（Asynchronous Transfer Mode；非同期式転送モード）[5]もルータを用いたシスコのソリューションを陳腐化させる可能性を持っていた．

　1990年代中頃は，ATMスイッチをインターネット・ルータに接続するのは非常に難しく，また費用もかかった．しかし，インターネットで取り扱わ

---

[5] 1本の回線を論理回線（チャネル）に分割して同時に通信を行う多重化方式の一つで，各チャネルのデータを53バイトの固定長データに分割して送受信する方式．電話（音声通話），データ通信などアプリケーションごとにバラバラに構築されたネットワークを統合し，効率的で拡張性の高いネットワークの実現を目指して開発された（IT用語辞典 e-words）．

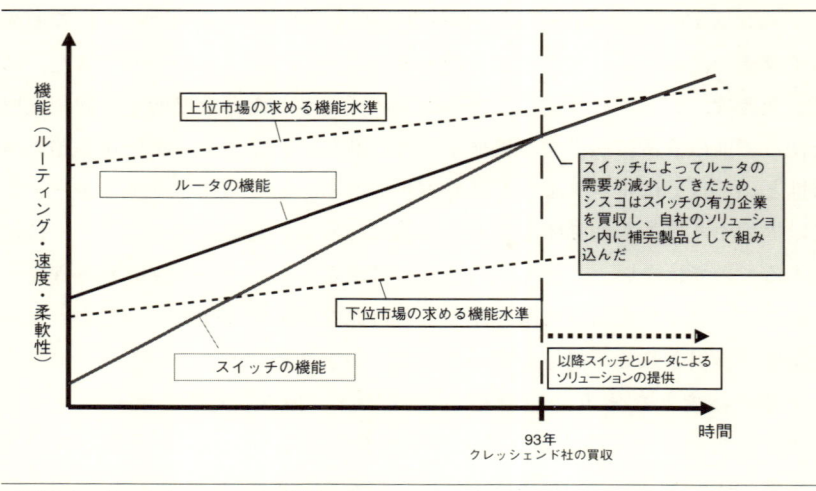

グラフ内のテキスト:
- 機能（ルーティング・速度・柔軟性）
- 上位市場の求める機能水準
- ルータの機能
- 下位市場の求める機能水準
- スイッチの機能
- スイッチによってルータの需要が減少してきたため，シスコはスイッチの有力企業を買収し，自社のソリューション内に補完製品として組み込んだ
- 以降スイッチとルータによるソリューションの提供
- 93年 クレッシェンド社の買収
- 時間

◘図 6-2　ルータとスイッチの融合

れる情報量が増加しつつあったため，電話会社は ATM を用いたネットワークの構築を望んだ．再びシスコは，新技術による脅威に直面したのである．

　シスコはこの脅威を乗り越えるために，まず AT&T とストラタコムと提携して ATM 規格を自社のソリューションに組み込むことができるように定義した[6]．その後，ストラタコムを含む ATM 技術を持った企業を買収することで，ルータ市場にスイッチが進出してきたときと同様に，ATM による脅威を乗り越えていった[7]．

　この二つの事例において重要なのは，買収という行為そのものではなく，シスコが他社の破壊的技術や代替技術を補完技術と定義し直し，自社の提供するソリューションに組み込んだことである．クリステンセンの挙げていた HDD，掘削機，鉄鋼の事例では，破壊的イノベーションによって上位市場でそれまで用いられていた技術は衰退していくことが規定路線として述べら

---

[6] 『InfoWorld』Jul 8, 1996. Vol. 18, Iss. 28.
[7] 『InfoWorld』Apr 29, 1996. Vol. 18, Iss. 18.
　『Computerworld』Apr 29, 1996. Vol. 30, Iss. 18.
　『Electronic Engineering Times』Apr 29, 1996.
　『Electronic News』Apr 29, 1996. Vol. 42, Iss. 2114.

れていた．しかしシスコの事例では，自社技術を陳腐化させることなく，むしろ破壊的技術をテコとして自社のソリューションに組み込み，その提供範囲を拡大している．クリステンセンの挙げていた対応が受動的なものであったのに対し，シスコの行動は破壊的技術を自社の提供する製品に組み込む能動的な「融合」であったと言える．

end-to-end のソリューションへ

　シスコは A&D 戦略によってスイッチや ATM だけにとどまらず，その後もネットワーク・ソリューションの範囲を拡大するべく，ネットワーク・セキュリティや光ファイバー・ネットワーク，IP などのさまざまな補完技術を買収していった．

　補完技術や関連技術の増加に伴い，製品間の相互接続の重要性も増していったため，異なる企業の製品間でも相互接続が可能となるように，シスコは開発した IOS を低価格で多くの企業にライセンス供与した．この取り組みにより，IOS は事実上の標準規格（デファクト・スタンダード）となった．IOS という標準化されたソフトウェアの普及により，ネットワークの範囲はさらに拡大されることとなり，顧客がネットワークによって提供される価値は，さらに大きくなったのである．

　ほぼ時期を同じくして，シスコは企業の技術者やネットワーク管理者を主な対象としたシスコの技術にかんする技術者認定試験も開始した．この試験を受験したネットワーク管理者のいる企業はシスコの製品を採用することが多くなり，通信機器にとってシスコの製品との相互接続性がさらに重要となる．他の通信機器メーカーはシスコ製品との相互接続性の高い製品を開発せざるを得なくなるため，結果としてシスコのソリューションに接続される製品群はさらに増加され，ネットワークの範囲はさらに拡大されていった．

　ネットワークの範囲の拡大によってシスコの売上も順調に増加したが，それに伴い顧客からの製品に対する質問や苦情も増加していった．シスコはテクニカル・アシスタンス・センターを設け，そこに技術者を配置することでアフター・ケアを行っていたが，人手不足のためにセンターに寄せられる単

純な質問への回答に技術者が追われてしまうという事態に陥ってしまった．シスコは Cisco Connection Online（以下 CCO）というウェブサイトを立ち上げ，そこにセンターへ多く寄せられる単純な質問への回答を準備し 24 時間利用可能にすることで，この問題に対応した．

当初は上記の目的のために立ち上げられた CCO であったが，その利用者数が急増したことから，当時販売力に難のあったシスコはこの CCO を通して製品を販売することを思い立った．そして，1994 年から実際に CCO を通じた販売を開始したのだが，そこでの売上高は数年でシスコの総売上高の 7 割から 8 割を占めるほどまでになった．CCO を通じた販売を行うまでは製品の注文は主に FAX で行われていたのだが，シスコの提供するネットワーク製品は種類が多く，非常に複雑であったため，注文全体の 4 割に受発注などの誤りがあるということもあった．また，納期が長かったことなどもあり，顧客も従来の販売方法には不満を持っていたのである．

しかし CCO を通じた注文ではそのような誤りが起こりにくく，さらに注文情報がシスコを経由することなく直接工場に伝わり，シスコを経由することなく顧客に届けられるので，納品も非常に早い．顧客の不満は徐々に解消され，CCO はシスコの売上増に大きく貢献したと言われている[8]．

また，CCO はコストを大きく下げる役割も果たしている．CCO の使用によって，受注業務に携わる従業員数は 3 分の 1 以下に抑えられている．さらにテクニカル・サポート用のソフトウェアをダウンロードで配布することが可能になったことにより，約 300 億円のコストの削減に成功している．

シスコの基本方針として前述した「顧客への完全ソリューションの提供」は，1990 年代半ばから後半にかけて「end-to-end のソリューションの提供[9]」へと言葉こそ変わったが，それが基本的に意味することは変わっていない．シスコは A&D 戦略やデファクトの確立などによってネットワークそれ自体の範囲を拡大し，その時代における「完全ソリューション」，「end-to-end の

---

[8] 『Advertising Age's Business Marketing』May 1997. Vol. 82, Iss. 4.
『Computer Dealer News』Dec 29, 1997. Vol. 13, Iss. 26.

[9] 1998 年の Netspeed 買収時の声明において初めて「end-to-end」という言葉を用いており，この言葉は以降買収時の声明に頻繁に見られるようになった．

ソリューション」が顧客に提供する価値を増大させ続けている．

破壊的技術への対応の難しさ

ここまではシスコの事業活動を，破壊的技術への対応を交えながら述べてきた．以下では，同じ通信機器産業において破壊的技術への対応をうまく行うことができなかった事例として，日本の通信キャリア向け通信機器市場における日本の主要な通信機器メーカー（NEC，富士通，日立，沖電気など）を見ていきたい．

現在のようにインターネットが普及する以前は，一般的な通信と言えば音声通話，つまり電話のことを指しており，そこでは電話交換機が用いられていた．電話は社会の重要なインフラであり，災害などの緊急時にも途切れることなく通話可能でなければならないため，極めて高い品質が求められてきた．そのため，その品質水準は，電話交換機の時代には「20年に1時間の故障」しか許されないほどのものであった[10]．その品質を確保するために，電話交換機の開発はメーカーと通信キャリアとが一体となり，密なコミュニケーションを取りながら行われていた．

しかし，インターネットが社会に浸透するようになると，従来の電話交換機を用いた音声通話のみではなく，画像などのデータ交換に対する需要が高まり始めた．それとともに，それまでは品質面の問題から社会を支えるインフラとしては到底利用できないであろうと思われていたルータの品質が向上し始め，遂には電話にも利用可能な水準にまで達した．このルータが，電話交換機に対する破壊的技術である．つまり，シスコはスイッチという破壊的技術の挑戦を受けて立つ企業であるとともに，ルータという破壊的技術によって日本の通信機器メーカーに戦いを挑む挑戦者でもあったのである．

ただ，これまで破壊的技術の典型として取り上げてきた HDD とルータが異なるのは，前者が「ローエンド型破壊」に該当するのに対し，後者が「新

10 　2005年7月4日実施の電機メーカーへのインタビューに基づく．
「…電送機器と電話交換機をやっていた技術者っていうのは，すごい装置に対する信頼性だとかね，我々も入社したときによく言われた話は，20年に1時間しか機械は故障してはいけない，っていうのが要求条件で作ってたわけです…」

市場型破壊」に該当する点である（クリステンセン＝レイナー，2003）．

　ローエンド型破壊とはこれまで述べてきた破壊的技術と同様で，上位顧客のニーズを過度に満たしている既存企業に対する下位市場からの破壊のことを指す．同一次元で競い合う企業間の関係に言及したものであると言える．

　これに対し新市場型破壊とは，これまでその技術を利用することのなかった人々を消費に向かわせることを指す．既存企業の提供する持続的技術を破壊するというよりは，ある特定のニーズを持ちながらも，まだそれを具現化していない市場へと参入し，そこにいる顧客を自社の創った新しい市場へと引きずりこむと言ったほうが適切であるかもしれない．新市場型破壊は本来的には性能尺度の異なる市場への参入という，別次元に属する企業間の関係に言及したものであると言えるだろう．

　ルータの性能の飛躍的向上を目の当たりにした日本の通信機器メーカーは，イノベーターのジレンマで挙げられていた優良企業と同様の行動を取った．つまり，既存顧客である通信キャリアに，技術の進化の方向性に対する答えを求めたのである．通信キャリアは依然として社会インフラとしての信頼性を最も重視したため，通信機器メーカーはそれを最も重視した製品開発に取り組み，実際に交換機とほぼ同水準の信頼性を持つスイッチやルータの開発に成功した[11]．

　しかし，通信キャリアはこれら高信頼性を持つ製品ではなく，シスコなど北米系ベンダーの提供するルータを採用した．それは，日本企業の製品と北米企業の製品とでは，前者の製品のほうが一桁近く高価であったからである．その価格は電話交換機に近いものであり，これまで電話交換機を提供してきた日系企業としてはむしろ当然の価格設定であった．電話交換機は入れ替えのサイクルが長く，頻繁に買い替えられるものではないため，従来の高価な価格設定が適切であると考えられていたのである[12]．しかし，ネットワーク製品は電話交換機とは買い替えのサイクルが大きく異なる．ネット

11　2005年7月4日実施の電機メーカーへのインタビューに基づく．「まるで交換機と同じような信頼性を持ったルータ，スイッチっていうのは，実は4，5年前に作ったのですよ」．
12　2005年7月4日実施の某通信機器メーカーへのヒアリングに基づく．

ワーク製品は技術革新の頻度が多いため，製品の陳腐化のスピードが速い．さらに技術革新に従いその用途も拡大されていく．そのため，通信キャリアは技術革新が起こるたびに製品の買い替えや拡大が求められる．買い替え頻度が高ければ，当然製品の価格の持つ重要性も増してくるため，価格差は重要な競争要因になった．

また日本企業の提供していた製品は，信頼性は高いが，その分開発スピードで劣っていたため[13]，急激な技術革新とそれに伴う通信キャリアの需要の変化に応えることが難しかった．つまり，通信キャリア向け通信機器市場に，「価格」や「提供スピード」，「相互接続の容易さ」というこれまでとは別の性能尺度が持ち込まれたのである．

日本の通信機器メーカーは，少なくとも製品の信頼性のレベルでは十分に破壊的技術に対抗し得るものを提供することができていた．しかし，電話交換機からルータへと技術が変化したにもかかわらず，電話交換機時代の延長線上でとらえ，当時の価値基準で行動をしてしまったために，破壊的技術への対応においてジレンマに陥ってしまったのである．

4 事例の分析
―技術の融合によるジレンマの回避―

日本メーカーの事例から，ジレンマを回避する難しさが再確認できた．それでは，シスコは，なぜジレンマを回避し，業界において有利なポジションを維持できたのであろうか．ここでは，ジレンマを回避するための方法に論点を絞って，シスコの能動的なポジションの拡大と，それによるジレンマの回避についての考察を行う．2章で紹介した成長エンジン・収益エンジンとポジションの拡大との相互連関を検討することによって，ジレンマ回避のための経営資源の開発・蓄積のパターンを明確にする．

図6-3は，成長エンジンと収益エンジンの循環が拡大していることを示

---

[13] 交換機の時代は，試作1年間，評価に1年間，そして本試と呼ばれる正式な仕様書が作成され大量生産を開始するまでに1年間の，計約3年間が開発に要されていた．これに対してルータが用いられるようになって以降は，3年間であった開発期間が約1年間にまで短縮されている．

している．図の中心から順に，ベンチャー企業としての循環，ジレンマを回避するための戦略的な A&D，完全ソリューションを提供するための A&D の三つである．

　設立当初のシスコは，ルータの開発に勤しみながら，事業拡大のためベンチャー・キャピタルへの資金提供依頼も怠らず，その結果セコイア・キャピタルからの資金提供を確約した[14]．それによって得た資金でルータの更なる改良を行いながら販売を続け，ルータ企業としての地位を固めていった．

　その頃は ARPA ネットシステムが一般に開放されてからまだ日が浅かったため，ネットワークが顧客に与える価値それ自体が限定的なものであった．ネットワーク機器企業であるシスコの提供する価値も当然限定的なもので，異なる LAN 間をスムーズに接続するという機能以上のものは提供していなかった．

　ルータ企業としての地位を固めつつあったシスコであるが，スイッチや ATM という破壊的技術，代替技術による影響を目の当たりにすると，それらを提供する企業の買収を開始した．結果的に見ると，ここが最も重要な分岐点となったのかもしれない．シスコは，代替品となりうるスイッチをトータルソリューションに組み込み，ルータとスイッチの棲み分けをコントロールできるようにした．一連の積極的な企業買収により，破壊的技術を自社のソリューションに融合させ，ネットワークのコアにはスイッチを，その周辺部にはルータを組み合わせるなどといったような，顧客の求めに応じた柔軟なネットワーク・ソリューションを提供することが可能になったのである．

　この頃からシスコは自社のウェブサイトである CCO への投資を開始しており，これはシスコのコスト削減に大きな成果をもたらしてきている．また，ウェブサイト構築の当初の意図とは異なるが，CCO を通しての販売はシスコに大きな利益をもたらしている．

　顧客の求めに応じた柔軟なソリューションや，それの CCO を通じた販売などによって着実に成長を遂げていったシスコは，ネットワークそれ自体を

14　シスコはセコイア・キャピタルから資金提供を受けるまでに，76 回もの融資依頼を断られている．

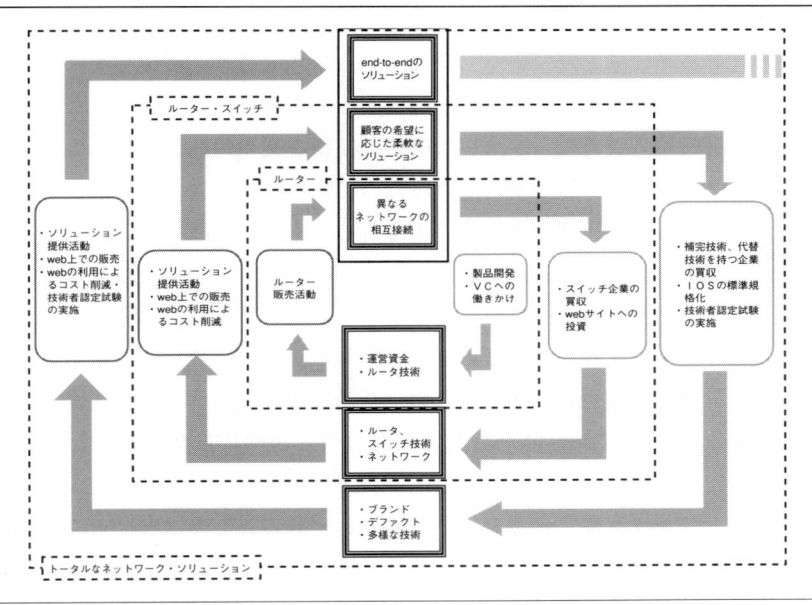

◆ 図 6-3 シスコのダイナミック P-VAR

拡大すべく，補完技術や代替技術を持つ企業を次々と買収していった．さらに，さまざまな技術を自社のソリューションに組み込むために，IOS をデファクト・スタンダードとすべく，極めて低価格で他企業に提供をし始めた．現在ではその意図通りに IOS は通信機器ソフトウェアのデファクトとなっている．

さらに技術者認定試験を行い，技術者やネットワーク管理者の間でのシスコのブランドを高める活動も行っている．相互接続性が重視されるという通信機器の特性ゆえに，シスコの製品を選択する企業が増加すれば，他の通信機器メーカーもシスコの製品との相互接続性を確保した製品を開発せざるを得ない．そのため，シスコはさらにネットワークの範囲を拡大することが容易になるのである．

実際に提供する製品こそ技術の進歩に伴い変化してきているが，シスコの提供する価値は，「完全ソリューション」から「end-to-end のソリューショ

第 6 章 イノベーターのジレンマを越えて 169

ン」へと言葉を変えこそすれ，その意味するところは変わらない．シスコはその時代の技術に応じた「完全ソリューション」を追求，提供し続けているのである．常に顧客がネットワークに求めるものを完全に提供するというこの基本方針があるために，シスコは破壊的技術を補完的技術と定義し直し，自社製品と融合させることが可能だったのである．シスコの活動はこの基本方針を追求するために調整されていると言ってもよいだろう．

企業の活動や資源が「適切」であるか否かは，それらが自社の到達したいポジションへと移行するのに貢献できるか否かで判断される．自社の事業活動にはどのような資源が必要であるか，そして，そのためにはどのような成長エンジンが必要であるのか．さらに，その資源をどのような収益エンジンを用いて活用すればよいのかなどは，その事業が移行したいポジションによって決定される．

価値やポジションは，資源や活動と独立したものとしては考えることはできない．事前のポジションから得た利益によって，投資活動である成長エンジンのあり方が左右され，成長エンジンによって蓄積される資源が決まる．蓄積された資源と，提供したい価値によって，収益エンジンが決まる．企業は常にポジションという外部と資源という内部，そしてそれらをつなぐ活動との相互関連性に気を配らなければならないのである．

5. インプリケーション

破壊的技術の積極的利用

既存の優良企業は，クリステンセンの想定していたような破壊的技術の出現と進歩に対して必ずしも受動的な存在ではない．彼らもジレンマには直面する．しかし，破壊的技術や代替技術を競合製品としてではなく，自社製品の補完製品として定義することで，それをテコとして利用することを可能としているのである．

自社製品を陳腐化させる可能性を持ったスイッチやATMなどといった製

品が出現した際，シスコは積極的な企業買収を通じてそれらの製品を自社のソリューションに組み込み，さらに IOS を普及させることでそれらの製品がネットワーク全体の拡大に貢献できるように進化の方向性を積極的にコントロールした．シスコは，破壊的技術をネットワーク拡大のためのテコとして積極的に利用したのである．

　繰り返すが，企業は技術の変化に対して常に受動的な存在であるわけではない．積極的に産業の進化をコントロールすることで顧客の求める性能の水準を向上させることができるのであれば，既存の技術が破壊的技術に脅かされることはない．

破壊的技術への戦略的対応

　破壊的技術に対応し，なおかつそれを積極的に利用するには，クリステンセンが述べているような組織面からの対応だけでは不十分である．顧客に提供する価値とそれを可能にする資源，そしてその資源を蓄積するための成長エンジンと，その資源を収益化する収益エンジンという，長期的，総体的，戦略的視点が不可欠である．自社がどのような価値の提供を志向するかで，蓄積されるべき資源が決まる．そして，その資源を蓄積するためにはそのための成長エンジンが必要であり，その資源を価値に変換することで顧客に提供し利益を上げるための収益エンジンも必要となる．

　事業活動の基本は，投資と回収である．そしてそれらは場当たり的なものではなく，自社の追及するポジションと整合性のあるものでなければならない．破壊的技術を利用するにはそのためのポジションの設定が必要であり，そしてそれを実現するための投資と回収のサイクルが構築されなければならない．

6. むすび

　どれだけこれまでの実績が高い評価を受けている企業であっても，破壊的技術によって衰退してしまうことは決して珍しくはない．破壊的技術の持つ

力は強大であると言ってもよいだろう．

　しかし，破壊的技術の攻撃を受ける企業が常に受動的であるとは限らない．シスコの事例に見たように，むしろ破壊的技術を積極的に利用することも可能である．

　シスコが破壊的技術を利用することに成功したのは，破壊的技術を競合製品としてではなく補完製品と定義し，積極的に自社のソリューションと融合させたからだ．そして，シスコが融合させることができたのは，ネットワーク製品の持つ「相互接続の重要性」と「技術革新の速さ」いう特性を認識し，それらの特性に対応するための成長エンジンを確立することができていたからに他ならない．

　ネットワーク製品の重要な特性である相互接続性を確保するための成長エンジンは，IOS の開発・普及である．製品間を安定的に接続するためのソフトウェアである IOS を開発し普及させることで，異なる企業の製品であっても接続が容易になるような「プラットフォーム（ガワー・クスマノ，2005）を構築し，さまざまな製品を自社のソリューションに融合させることを可能としている．

　シスコにとってネットワーク製品の技術革新の速さに対応するための成長エンジンは，A&D であった．クリステンセンが述べているように，小さな組織を独立させて技術を自社開発し，技術変化に対応させていては時間がかかりすぎる．この問題に対応するために，シスコは A&D によってスタートアップ企業を買収することで，技術革新にすばやく対応している．

　そして，この重要な A&D を安定的に成功させているのは，前述した企業買収時の五つの評価基準である．企業買収や戦略的提携は，不成功に終わることが極めて多い．しかし，シスコにとって A&D の成否はまさに死活問題である．そのため，経験に裏打ちされた五つの評価基準を構造化しルーチンとすることで，場当たり的にではなく安定的な一定の基準で企業を買収することを可能としている．

　迫りくる変化に右往左往せず，「完全ソリューションの提供」という一貫した基本方針を事業の基軸として成長エンジンを確立し，そこで蓄積された

資源を収益エンジンによって収益化すること．この一連の安定的な循環により，シスコはジレンマを回避し，さらに獲得した技術を確実に収益に結び付けることができたのである．

（真木　圭亮）

第7章 技術プロデューサーシップ
―NEC Express Server5800開発をめぐる成長エンジン活動―

1. はじめに

　本章では，ここまでの各章が見てきたようなP-VARを用いたケース分析では十分に議論されてこなかった部分について，プロデューサーシップという異なった分析視点を提供することによって補完することを試みる．それは成長エンジンについての論点である．とくに，これまでP-VARモデルで説明されてきた成長エンジンは，既存の事業システムを強化するために行われる諸活動であったが，実際には新たなビジネスモデルを生み出すため，換言すればイノベーションを起こすための企業家的な活動も存在する．本章では，成長エンジンの諸活動を詳細に把握し記述することによって，イノベーション型のP-VARモデルの実例を示すことを一つの目的としている．その際，成長エンジンの分析に用いるのがプロデューサーシップの視点である．

　このように，本章は既存の組織内で起こったイノベーションをダイナミックP-VARモデルにおける成長エンジンの実例と位置づけ，これをプロデューサーシップの視点によって分析していく．ここで対象となるのは1990年代後半から現在に至るまで，コンピュータのクライアントサーバー市場で大きなシェアを維持し続けている日本電気株式会社（以降，NECと

略）の Express Server5800 の開発事例である．ケース記述を構成するデータはすべて NEC ならびに NEC ラーニング株式会社から直接提供されたものであるが，アーカイバルデータはもとより，開発の中心となって活躍した5名に対しインテンシブな面接調査を行っている[1]．

構成としては，まず Express Server5800 の開発事例について，産業全体の状況，NEC の状況といった巨視的な視点のほか，開発に従事した人びとの個々の行動といった微視的な視点に立ち，面接調査から得られた実際の声を引用しながら詳細に記述する．次に，プロデューサーシップの考え方を用いてこの事例を分析したのち，最後にイノベーション型のダイナミック P-VAR モデルにおける成長エンジンのメカニズムについて議論する．

2. NEC における Express Server5800の開発

コンピュータ業界における NEC のあゆみ

日本国内のコンピュータ業界において，一般の人びとのもつイメージで言えば NEC は非常に優秀な企業である．しかしながら，それは比較的近年になってからの話であって，古くは必ずしもそうではなかったと言える．そもそも NEC は，旧電電公社（現在の NTT）を最大の顧客として主に通信機器やそのシステムの開発を行っていたが，通信システムの開発にはどうしても高度な機能をもつ計算機が必要となり，早くも 1954 年には電子計算機，すなわちコンピュータの開発を開始していた．けれども，この初期のコンピュータの開発においては富士通や日立といった競合他社に大きく引き離されることとなった．榊原・大滝・沼上（1989）は大型のコンピュータ市場

---

[1] インタビュイーは現在 NEC の専務取締役であり，当時第三 OA 事業部長として Express Server5800 の開発の総責任者であった小林一彦氏，同じく当時第三 OA 事業部開発メンバーであった庄司信一氏，高木一氏，西龍巳氏と，当時専務取締役であった登家正夫氏の5名である．面接調査は 2005 年 9 月中旬から 12 月末までの期間にかけて行われ，それぞれは短いもので約 1 時間，長いものは 2 時間を越えた．簡単な質問項目だけを用意し，あとはテーマに関連して自由に語ってもらう半構造化インタビューの形式を採用した．

におけるNECの大健闘ぶりを記述しているが[2]，それから15年以上が経過し，当時現場の最前線で開発していたエンジニアたちの現在の解釈は大きく異なっているようである．

当時（昭和50年代以前）のコンピュータ業界の市場は，メインフレームといわれる大型のコンピュータが主流であり，大規模な情報処理を必要としている企業や自治体向けに販売されていたが，米国のIBM社と互換性のあるシステムを構築・販売していた富士通や日立に対し，電電公社に独立したシステムを納入することに集中してきたNECは，一般市場においてはかなり弱い立場に立たされていたのである．

このメインフレームに限らず，コンピュータ業界では，アプリケーションソフトや周辺機器を開発する独立系の企業はもっともシェアの高いシステムに対して，その供給を行うのが常であり，シェアの低いNECの独自システムは当然にアプリケーション不足に悩まされた．コンピュータ業界は，いわゆるネットワーク外部性の効果が機能しやすいという特徴を持っている．シェアの高い企業は自然によりシェアを高めやすくなり，シェアの低い企業はどれだけ努力しても先行する企業に追いつくことができず，ますます引き離されていく傾向がある．

NECはまさにそのような市場のなかにあり，劣勢ではあったが，それでもNECが根気強くコンピュータの開発を続けることができたのは，一つには電電公社という有力な顧客を抱えており，そのことが継続的に新技術へ投資することを可能にさせていたからである[3]．もう一つは，まだこの時代のコンピュータが個人消費者向けではなく，法人向けの製品であり，ネットワーク外部性の効果がはたらくスピードが比較的遅かったからである．

こういった状況のなか，NECには独特な組織文化が見られるようになっていた．電電公社を顧客にして開発を続けるごく一部のグループを除くと，コンピュータ事業のエンジニアたちにはこれといった仕事がなく，暇を持て

---

[2] 一方で，竹内・榊原・加護野・奥村・野中（1986）ではNECが富士通，日立の後塵を拝した点が明記されている．
[3] 竹内他（1986）では，富士通のコンピュータ事業への集中的な投資と対比させる形で，NECの通信事業への投資が強調されている．

余すことが多かった．

・僕らはどちらかというと本流でない．何をやってもいい．何か思うようにやったらってことで，自由にやらしてもらってたんですよ．で，N6300（という大型端末）を作ったら当たりましてね．端末のシェアが大きく上がったんですよ． (小林)4

・私が会社に入った当時は，みなさんバラバラにいろいろなことやっていて自由な雰囲気がありましたね．既定路線を安定的にずっとやるようなことじゃなくて，事業を拡大するためにずっと考えて走り，成功すれば褒められ，しくじったときには怒られるといった具合でした．そういった雰囲気がありましたね． (庄司)

このように，自由に技術開発をすることができるという雰囲気は様々な製品を生み出し，徐々にNECに大きな利益をもたらしはじめる．その最大のヒット作は1982年に発売されたPC-9800シリーズ（以下，98と略）として有名なパソコンであろう．インタビュイーのひとりである小林一彦氏（現専務）はこのときの98のインパクトを，NEC全体の売上の8割を占めたと表現している．98はインテル社のCPUを用い，マイクロソフト社のWindowsを改良したOSを用いたパソコンであった．98のように，NEC社内では至るところで新しい利益の源泉が生まれてきていたが，組織的にはそれが無秩序なまま放置されているという問題が残された．例えば，98を開発したのは従来からコンピュータのハードウェアを開発してきた部隊ではなく，もともとは半導体を開発していたグループであった．そこで，NECはコンピュータを開発している部隊を大きく二つの事業部に再編した．オフコン（オフィスコンピュータ）などの企業の専用端末を開発する第一OA事業部と，パソコンやサーバー（Server）を開発する第二OA事業部である．後にサーバーを開発する部隊は独立して第三OA事業部となり，ここでExpress Server5800が開発されることになる．

---

4 当時，NECにはもうひとりのキーパーソンとして小林亮副社長がいた．とくに注意書きがないかぎり，小林氏という表記はインタビュイーのひとりである小林一彦氏のことを指す．なお，このようにインデントし，フォントを小さくして表示している箇所はすべて面接の際に得られたデータの引用である．

このNECの組織再編と第三OA事業部の創設に大きな期待が寄せられていたことは特筆に値する．それまでのコンピュータ・グループは7000人の人材を抱え，年間9000億円もの売上を計上していたが[5]，その売上は毎年1000億円のペースで落ちていた．雇用の整理も十分に検討されるべきところであったが，不振に苦しむ大型のメインフレームでもなく，98のような個人向けのパソコンでもない，第三のコンピュータとしてサーバーがこれらの人材の受け皿として期待されたのである．

　メインフレームというコンピュータはいらない，パソコンであればいいと．ほんとかって話なんですが，パソコンというのはあくまでも個人のものなんですね．ところがパソコンを使ってもですね，この大きな組織体の中の奥のところにみんなで共通に使うようなファイルがあるとかいうことがあるわけですよ．で，全部自分のデータがあるわけじゃなくて，時々そこから大きなデータを拾わなければいけないということがあるわけです．で，そこを守ってるコンピュータというのはやっぱりあるんです．現に，そのころすでにサーバーという言葉だけはあったんですね．で，サーバーの下にパソコンがつながってるという形がだんだんだんだんついて来たわけです．（中略）だからパソコンがあればいいと，全部先にあるATMとかパソコン，（銀）行員さんがなんかやってるような，通帳に記入しますかという個々の会社の人たちがやる機械だけあればいいかというと，やっぱりそうじゃなくて，真ん中に何かなきゃいけないという形でかなり大事になる．それが，従来の作り方のメインフレームというものではなくて，サーバーが大きくなったり，もっと信頼性が高くなったりしてこう変わっていくんだと．そういうふうに変わるんだと．だからメインフレームは，物理的にはたぶんなくなると．（でも）機能的にはこれは必要なんだと．だったらそういうふうに変えていけばいいじゃないかというところからですね，それがサーバーなんだと．まぁ名前でいうと5800型（Express Server5800）というものに化けさせようと，変えていこうと思ったんですね．　　　　　　　　　　　　　　　　（登家）

　後述するように，PCサーバーはパソコンのアーキテクチャをベースにし

---

[5] インタビュイーのひとりである登家氏の発言より．

たものであり，米国のコンパック社を中心に，その市場が拡大されていくが，NECはこの市場に対して，メインフレームの開発で培ってきた技術力とその人材を資源として，挑んでいこうとしたのである．

クライアントサーバー市場の状況

初期のクライアントサーバー市場には大きく二つの流れがあった．ひとつは，プロプラエタリ（proprietary）のアーキテクチャをもつオフコン（オフィスコンピュータ）であり，もう一つはUNIXのオープンアーキテクチャをもつサーバーである．前者はオープンリソースを取り込むことのできない専用端末のことであり，アプリケーションを独自に開発する必要があった．NECではACOS-2という専用端末を投入し，ある程度の売上を確保していた．他方，後者はUNIXという共通のOSを搭載することによってオープンリソースを利用することが可能な端末であり[6]，多くのコンピュータ・メーカーがUNIXサーバーを市場に投入した．

しかしながら，双方とも1990年代に入るとサーバー市場では徐々に力を失いはじめる．NECのオフコンは1990年に売上高のピークを迎えた後，バブル崩壊の煽りも受ける形となり，毎年その売上を減少させていった．オープンアーキテクチャをもつUNIXサーバーも市場の期待を裏切って伸び悩んだ．

> サン（サン・マイクロシステムズ社）のUNIXも，HP（ヒューレット・パッカード社）のUNIXも，NECのUNIXも同じOSではないんですよ．サードパーティでアプリケーションを揃えるためには，テストをしてみて動かなければ手直しが必要となります．サードパーティとしては一番売れるところからアプリケーションを準備しますよね．HP-UNIXだ，ソラリスのサンのUNIX，IBMのUNIXが優先します．ボリュームが少ないNECのUNIXにソフトをのせるためには（コーディングに）大きなお金を取られ，マイナーなUNIXになっちゃったんですよね． (小林)

---

[6] IT用語辞典によれば，1968年にAT&Tによって開発されたOSであり，C言語というハードウェアに依存しない移植性の高い言語で記述されている点が市場に高く評価されていた．

このように，サードパーティと呼ばれる独立系のアプリケーション開発企業にとってみれば，UNIX という OS に載せるためにはハードウェアごとにアレンジを加える必要があり，ハードウェア・メーカーは十分なアプリケーションを揃えることに苦慮するという状況に変わりはなかった．なかでも，NEC のように出荷台数が少ないメーカーはサードパーティの積極的な協力を得ることが難しかったのである．ようするに，このサーバー市場においてもコンピュータ・メーカーはネットワーク外部性の効果から免れることはできなかった．

プロプラエタリのオフコンや UNIX サーバーが伸び悩み，あるいは縮小していくなかで，逆に急成長を遂げたのが LAN 接続のできるパソコンのアーキテクチャをそのまま利用した PC サーバーであった．とくにこのとき日本国内において，PC サーバーをいち早く投入し，急激にシェアを拡大したのが米国のコンパック社である．コンパックはノベル社の開発した NetWare という OS を搭載したプロライアントという PC サーバーを生産・販売していたが，ここに多くのサードパーティが開発したアプリケーションが加わり，市場に高く評価されるようになっていた．

> 当時，コンパックのプロライアントっていうサーバーが，これはもう主流だったんですよ．で，日本では，大塚商会がプロライアントをですね，全面的に担いでいましてね．まぁ，結構良い位置を握っていたわけですね．
>
> （高木）

コンパックは専属の販売員を 98 の販売店に派遣することによって，サーバーの受注がすべてコンパックに流れるような体制も作り上げていた．NEC としては，大きなシェアをもつパソコンの 98 を販売するために構築した販売網を逆に利用される格好となってしまったのである．インタビューイーの一人である高木一氏によれば，このときのコンパックのシェアは 7 割以上にも達していたという．このサーバー市場において，プロプラエタリのオフコンと UNIX の不振で苦況に立たされた NEC が，コンパックにも対抗できる新しい PC サーバーを市場に投入することで巻き返しを試みたのはごく自然な流れであったと言える．

その状態で，私が（第三 OA 事業部長代理を）命ぜられたときは，ちょうどパソコン LAN の流れが世の中で加速して，担当していたプロプラ（エタリ）のオフコンだとかインテリジェント端末が淘汰されつつある時代だったんです．UNIX サーバーも（継続機種として）担当しましたが，やはりプロプラ（エタリ）色が強く，思ったように伸びません．従来から儲けてた 6300 だとかオフコンが大きく落ち込み，事業部は赤字に転落してしまいました．それで僕が社長と経理の役員に呼ばれてきつく絞られたんです．とにかくこの苦境を脱却するために何かないかと知恵を絞りに絞った結果，Express（Server5800）のアイデアをベースに事業改革プランを作り，社長をはじめトップに説明をし，「必ず成功させるから金出してください」と必死にお願いしました．普通だったら3年かかるのに「1年でやります」ということでなんとか了解をいただき Express を作ったんですね． (小林)

Windows NT の採用をめぐる組織内の葛藤

　PC サーバーの投入によって大きくシェアを伸ばしていたコンパックに対抗するため，小林一彦氏が率いる第三 OA 事業部が捻り出した新しい PC サーバーの仕様は，当時，サーバーにはまったく使用されていなかったマイクロソフトの Windows NT という OS を採用するというものだった．Windows NT がそれまでサーバーマシンに採用されなかったのは，一つにはその精度が低かったからであり，もう一つは精度が低いがゆえにシステムダウンすることが許されないビジネスユースには向かないと判断されていたからである．その Windows NT の可能性に真っ先に気づいたのは，当時コンピュータ事業担当の専務取締役であった登家正夫氏であった．登家氏はそれまで大型のメインフレームの設計をずっと担当してきた人である．

　・私はあるときアメリカから帰ってくるときに，Windows NT inside とかいう本を読みながら…30 ドルくらいの本．なんのことかって言ったら（自分たちが過去に開発してきた）ACOS-4 と同じなんですよね．同じなんですよもともと．DEC（社）の系統になるデイブ・カトラーという人が解説をしてて．それは DEC から（マイクロソフトに）来た人で，構造的に非常に似てて．こ

れならですね，大型にしようとか，マイクロソフト（の製品が）がこれくらいボロクソでも自分たちで直せる，技術的には直せるというそういうなんか確信みたいのがあって，「これでいこう！」っていうことに．それでWindows NTを使って，インテル（のCPU）にして，だけど今のまんまじゃやるわけにはいかないから，自分たちが直すにしてもですね，サードパーティのソフト屋が動くというその最低限の互換性は保たなければいけないと．ここはもう肝心なとこはいじるわけにはいかないです．で，やるのはいいんだけども，マイクロソフトと掛け合おうと…． (登家)

・Windows NTっていうものを，次世代のサーバーとかパソコンのOSのベースにしようというのが，マイクロソフトで決まってたんですよ．その中身って，あんまり知らなかったんですが，たまたまね，マイクロソフトの人から，「ジム・オールチンっていう開発のリーダーが日本の新聞記者懇談会に来るから，その前に時間あげるから，会って議論したら？」っていうわけで．当時，役員になりたての登家さんっていたんですよ．登家さんって，ACOSのメインフレームのコーディングをかなり自分で書いた男で，隅々までミッションクリティカルのね，メインフレームの機能とか，作り方のアーキテクトだって，ものすごいわかってるの．で，その人が，まぁちょろちょろWindows NTのコーディングを見て，でね，ちょっと見た感じは「筋がいい」と．「しかし，あちこちにボロがある」と．それでね，僕も一緒に付いていって，で，登家さんとジム・オールチンがね，議論し出して，両方ともね，なんか瞬間湯沸し器みたいになってきてね．もう，真っ赤になってね，議論してるわけ．「お前のはボロだ」と．「筋はいいけどボロで，俺が直してやる」とか言ってね．「直せるなら，直してみろ」とか言ってね．「んじゃ，直してやる！」とか言って，それで，「じゃあ１回シアトルで議論しよう」ということになって．で，僕と登家さんが行って，いろいろ議論して，NECの技師を送り込んで直してやるというようなことにもなってね…．(中略)「メインフレームの経験を生かして，これをきちっと作り上げたら，非常にいいサーバーができるよ」ということで，これやったわけですよ． (小林)

このように，登家氏がWindows NTの可能性を見いだし，小林氏とともに

マイクロソフトとも議論を重ねて Express Server5800 の仕様を固めようとしていたが，一方で，この企画は NEC のトップマネジャーたちからオーソライズを受けるのが非常に困難なものであった．そのもっとも大きな理由は，登家氏の話のなかにもある「サードパーティのソフト屋が動くというその最低限の互換性」が，NEC という組織のなかで容認されなかったからである．かつて大型コンピュータ市場において，NEC が IBM と互角に戦うことができたのも，IBM の互換機を作らないという「非互換機路線」という明確な戦略が，一時的とはいえ成功していたからであり（榊原他，1989），さらに言えば，当時の NEC 社内が，日本国内のパソコン市場で圧倒的なシェアを有し，年間 3500 億円もの売上を誇る 98 を絶対的な支柱とする考え方に占拠されていたからでもある．非互換機で成功体験を持つ NEC が，互換性を重視する Windows NT の採用を容易に認めるわけにはいかなかった．とくに彼らは，サーバーマシンでの Windows NT の採用の影響がパソコン市場にまで波及し，98 のシェアを失うことになるのではないかと危惧したのだった．

　（Windows を採用した）AT 互換パソコンにすれば，どのメーカーもみんな横並びになっちゃいますから，NEC の優位性はなくなるという形で，頑固にやれなかったんです．　　　　　　　　　　　　　　　　　　　　　　　（登家）

実際，NEC が最初に投入した PC サーバーは SV98 というモデルであり，これは登家氏の表現を借りれば，98 のパソコンの箱からディスプレイだけを取り外しただけの横着な機械であり，複数のメンバーが共有して使用するというサーバーの基本的な発想がまったく欠如した機械，であった．当然ながら，SV98 にはサードパーティも同調せず，コンパックにますます水を空けられる結果に終わった．

Windows NT の採用企画をつくりはじめた当初，小林氏らは，サーバー市場はパソコン市場ほど目立たないので，サーバーマシンに Windows NT を採用したところで波風は立たないであろうと考え，そのままの企画でサーバーの製作を決めていた．ところが，これについて日本経済新聞が紙面に「NEC，国内で IBM 互換機」と大きく掲載してしまったため[7]，第三 OA 事

業部は再び社内から猛反発を受けることになった．記事には，それがパソコンサーバーであると明記されていたので，けっして新聞社の誤報とも言えなかった[8]．

> 関本社長（関本忠弘氏：当時社長）が激怒してしまいました．「NECがパソコンでIBM互換機をやるかのような記事だ．すぐ訂正記者会見しろ！」と小林副社長（小林氏：当時副社長）に命じたんです．訂正記者会見やったんですが，正しく書いてあるわけですから修正記事は出ませんでした．IBM互換方式のサーバーはPCグループからは抵抗がありましたが，（そのときは）「これやらなかったら，将来のサーバー事業，コンピュータ事業が潰れる！」ということで，なんとかみんなの理解が得られて事なきを得ましたが．
>
> （小林）

最終的には，小林氏と登家氏の2人がコンピュータ部門のすべてを統括する小林亮氏（当時副社長）を説得し，それが容認されたことでExpress Server5800の企画は本格的にスタートすることとなった．その背景には，日本国内で圧勝している98のアーキテクチャを死守しなければならないという経営者層の強いこだわりがある反面，開発現場のエンジニアたちの間ではWindowsをOSとしたマシンが世の中の主流になるという確からしい予測があったからである．コンピュータ部門を統括し，当時副社長の任にあった小林亮氏はNECの長期的な視点に立ち，小林（一彦）氏と登家氏の意見を採り入れたのだった．しかしながら，開発企画としてオーソライズされはしたものの，実際の現場においてもWindows NTの採用はまた大きな混乱を招いた．

> 当初NECはUNIXマシンを持ってまして，それはMIPSベースでやってたんで[9]，まずはMIPSでやろうということで，MIPSベースのWindows NTをまず製品化したんですよね．で，そのときも本当に大変でですね，小林さんの性格ですから，もう「すぐ出せ！」って言うんですね．でもハードウェアも

---

[7] 1994年8月25日付け日本経済新聞．
[8] "パソコン"と"パソコンサーバー"は異なるものであるにもかかわらず，その違いをよく知らない多くの人びとが，NECが"パソコン"にWindowsを搭載するというように誤解したのだった．

何もないんですよ．で，「ハードウェアないじゃないか」と言うとですね，ちょうどマイクロソフト社が MIPS 用の Windows NT の評価のために，彼らが自分で作ったハードがあったんですよ．「それを貰ってきてそれで製品化しろ」ということで…．あのハード，今ではもうとんでもないあのマイクロソフトのハードで，われわれがそれを貰ってきて，その上に Windows NT を載っけて製品化と，そういうプロジェクトがスタートしました．　　　　　（西）

登家氏も述べていたように，当初の Windows NT は非常に精度が低く，法人向けに出荷するにはかなり大がかりな修正作業，擦り合わせ作業が必要となった．インタビュイーの一人である西氏は Express Server5800 開発チームのなかでソフトウェアの部分を担当していたが，彼は英語が苦手であったにもかかわらず，小林氏からマイクロソフト社のあるシアトル出張を命じられ，その修正作業が終了するまで帰国を認められなかったという．

それでも，NEC とマイクロソフトの間で，これだけ密なコミュニケーションをとって，迅速な擦り合わせが可能であったのは，それ以前に両者の信頼関係がすでに構築されていたからでもある．何度も繰り返すが，98 はたしかに互換性を考慮せず，Windows を容認しない方針を貫いてきた．けれども，前述したように，そもそも 98 の OS は Windows をベースに改良を加えたものである．多少意外にも聞こえるが，NEC とマイクロソフトは 98 の開発のためにずっと友好的なコミュニケーションを取りつづけてきたのである．ただし，このマイクロソフトとの友好的な関係という経営資源は，NEC 社内の誰もが容易に利用できるというものでもなかった．

当初われわれは Express Server（5800）の Windows 版っていうのは初めてなわけで，（一方で）うちの PC98 部隊はマイクロソフトの付き合いも 10 年くらいあったわけです．その時点で．もうクライアントの Windows をやってましたんで，だからマイクロソフトと話をするにあたって，当時は PC98 の担当の…部長か事業部長の了解を得ないかぎりマイクロソフトに行っちゃいかんと．（事業部は）別ですよ．で，「あなた，君たちがマイクロソフトと変な

9　後述するが，NEC も資本参加して開発した CPU であり，この当時，NEC のサーバーはインテルの CPU ではなく，MIPS を用いていた．

話をして俺たちのPC98との事業に影響を与えたら，これはNECにとってとんでもないことだ」と，「だからマイクロソフトと会うときには何の話をするかを全部報告しろ」と，そういうところからスタートしました…．ときには，98部隊からちゃんと見張り役がくっついてきて…．シアトルまでは行かなかったですけど，例えばマイクロソフトの，MSKKというんですけど，日本のマイクロソフトに行くときには一緒に行く…． (西)

このように，マイクロソフトとの友好的な関係というNECの経営資源は98の開発部隊の既得権益と化しており，西氏をはじめとするExpress Server5800の開発部隊は98部隊の了承を得たうえでなければマイクロソフトとの擦り合わせを行うことができなかった．ところが，マイクロソフトのエンジニアたちからすれば，微々たる改良を加えるだけで新たなマシンの開発を行わない98部隊よりも，Windows NTをサーバーマシンに搭載して製品化しようとしているExpress Server5800の開発部隊の方が興味深かった．マイクロソフト側はNECの窓口として98部隊ではなく，明確にExpress Server5800の開発部隊を指定するようにもなり，徐々にNEC社内でもマイクロソフトという資源について言えば，98部隊とExpress Server5800の開発部隊の立場が入れ替わっていった．

組織内コンフリクトは開発の現場だけではなかった．販売の現場においてもExpress Server5800は苦境に立たされていた．実際にクライアント企業に出向き，システムの提案を行ったうえで，最終的には導入に至るまでをサポートするSE（System Engineer）はExpress Server5800の販売について，非常に消極的であった．それは，彼ら自身がWindowsの性能を信頼していなかったからである．前述のように，情報システムがダウンすればその企業に対する信頼が損なわれるおそれがあるため，システムダウンの危険性の高いWindowsを法人向けのサーバーに採用することには大きな問題があった．いかに開発部隊が改良を加え，Windows NTの信頼性が高まったとしても，クライアントの情報システムにトラブルが発生した際に，矢面に立たされ，責任を取るのはそれを導入したSE本人である．彼らは自然とその他のオフコンやUNIXマシンを導入したがった．この風潮を変えたのはあるクライア

ント企業の英断である．

　　セブンイレブンの碓井さんっていう，もう今は辞められましたけど，有名な方がおられるんですよ．セブンイレブンのシステムは全部自分で設計したというぐらいの…．碓井さんっていう，そのセブンイレブンのまぁいわゆるシステム部門のトップの方が，彼が，Windowsに興味を持ったというところがスタート．で，SE部隊がそんなんじゃできまへんよと言って，（最初は）やってたと．じゃぁ，碓井さんが「これとこれとこれをコミットすれば俺はWindowsで行く」ということで，われわれが（それに）コミットしたと，そういう…．だから碓井さん自身もあのマイクロソフト，シアトルに2，3回いかれてますよね．（結局WindowsにしたのはNECの）SEの親分が，もう碓井さんを説得できないということで．もうそれ腹くくったんですよね．　　（西）

　周知の通り，セブンイレブン社は情報システムでは定評のある企業である．そのセブンイレブンがWindows NTを搭載したExpress Server5800を導入し成功したという事例は，Windows NTに対するNEC社内の反発を抑え込む格好の材料となった．こうして，Express Server5800は第一の難関をなんとか突破した．

インテルCPUへの一本化とインテル社との協力体制

　前述のように，当初，Express Server5800はMIPSというCPUにあわせて開発された．その背景には二つの理由がある．ひとつはNECが，とくに半導体グループがこのMIPSというCPUの開発に投資していたからである．世界の流れはインテルのCPUに収束しようとしていた．Windowsを動かすCPUをインテルだけに独占させるわけにはいかないという各国のコンピュータ・メーカーの合意から，MIPSの開発が進められていた．もう一つの理由は，Windows NTの生みの親ともいえるマイクロソフトのデイブ・カトラー氏が，そもそもMIPSを前提にしてこのOSを開発していたからでもある．

　　デジタルイクイップメント（DEC）にいたデイブ・カトラーという，天才のアーキテクチャーがいたんですけれども，その方が，マイクロソフトに移っ

て，MIPS ベースでの WindowsNT を推進してたんですね．で，当初はうちが MIPS を担いでいたこともあり，MIPS での Express（Server）5800, 200 シリーズを出したんですよ．　　　　　　　　　　　　　　　　　　（高木）

　高木氏も言うように，Windows NT を搭載した PC サーバーとして，NEC は CPU に MIPS を用いた 200 シリーズというマシンを生産・販売した．MIPS はインテルの CPU の 2 倍のクロック数を持っており，その意味で 2 倍の性能を実現できると予測されていた．インテルの CPU を用いた方がサードパーティの支援が得られやすいことはわかっていたが，この性能差によってそれを挽回できるものと，小林氏らは考えていた．

　しかしながら，いざ販売してみると，この 200 シリーズは予想していたほどの売上げをあげることができなかった．その要因として考えられたのは，MIPS という CPU がそもそも科学演算処理のために設計されているということだった．そのような作業は，大型のメインフレームの端末には向いている一方で，情報を取り出したり，あるいは書き換えたりといった事務処理には向いていなかった．逆にインテルの CPU は事務処理用に設計されていた．サーバーが事務処理に使用されることを考えれば，インテルの CPU の方が結果的には性能が良かったのである．

　　当時インテルジャパンの副社長だった傳田さん（後に社長，会長を歴任）と，SV98 を始めたころからお付き合いさせていただいておりましてね．インテルの方から，「いつになったらインテル CPU で Express（Server）5800 を出すんだ？」って何度も言われていたんですよ．私だとか，庄司だとか，西さんなんか，もう早くやるべきだって，小林さんに．まぁ当時は事業部長になられていたので，申し上げていたんですよ．（中略）何度も何度も何度も言ったら，「お前は国賊か，NEC はなんで MIPS なんだっていうことをわかっていない！」と，ものすごいディスカッションでした．もうディスカッションっていうか…．「世の中の流れから，インテル CPU で行くべきです」っていうようなことを，小林さんに申し続けましてね．　　　　　　　　　（高木）

　マイクロソフトと NEC がそうであったように，当時のインテルはやはり NEC との連携によって日本国内でのシェアを高めていた．98 にはインテル

のCPUが用いられていたからである．パソコン市場で成功したインテルが，サーバー市場においても再びNECと組もうとしたのは当然の成り行きであろう．けれども，NECにその気がないのであれば仕方がない．インテルは自社のCPUを用いて開発したWindows NT仕様のサーバーマシンを富士通にOEM供給する方針に切り替えようとしていた．

　最終的に，第三OA事業部長の小林氏は高木氏らとの激しい議論のあと，彼らの意見を取り入れ，またインテルの傳田氏とも相談したうえで，急遽，インテル製のPCサーバーを取り扱うことを決めた．さらに小林氏は，インテルが富士通等，他社にOEM供給する計画で生産していたマシンをほぼ買い占める形をとり，他社には供給しない約束を取り付けた．開発の現場では，Windows NTのときと同様，インテル製のサーバーは精度が低く，高木氏などはその対応に追われた．こうしてNECはインテル製のWindows NT対応のPCサーバーを100シリーズとして販売することになった．

　NECはこのとき，MIPSを用いた200シリーズと，インテルを用いた100シリーズの二つのモデルを市場に投入していたことになるが，MIPSサーバーの生産中止を決めるまでに，それほどの時間は掛からなかった．とはいうものの，MIPSよりもインテルの方が有望であることが明らかであるにもかかわらず，やはりここでも経営者層はMIPSに強いこだわりを見せた．

　　こんときは小林（亮）さんにだけは相談して，それから副社長の横山さんにも援護射撃を頼んで…．経営会議というところに，MIPS（を作るのを）わたしやめますと．怒られましたよ，これね．このMIPSのICをね，「今お前が言うとマイノリティかもしれないが，世界のメジャーのICにするという気概はないのか？！」というね，そういう感じ．気概はあってもですね，お金と時間がないんだこっちは．（中略）お金がないというのはですね，もしそれをやろうとすればMIPSのICの上じゃなくて，インテルのICの上で動くように作ったサードパーティのソフト屋をですね，全部こちらがやんなきゃいけないことになる．世界中に何万のソフト屋会社がいるかもしれない，オラクルでもですね，そんなMIPSなんて相手にしませんよ．最初はマイクロソフトもやってくれたんですよ．あれはMIPSのICも，技術者には非常に評判の

いい IC でしたからね，インテルの IC よりも高速な点がありました．ところがポッと電話すると，「あれは今年中でやめたいんだけど」なんて向こうが電話で…．「ちょっと待ってくれ」というような．（マイクロソフト側も実はMIPS を）やめたかった．まぁ彼らは MIPS のサポートをやってた．MIPS の上で動く Windows NT はもう今年限りでやめたいんだということですよ．そりゃ日本電気でしか使わないわけですよ．いくら売れてんだと思ったらですね，10000 対 1 にも及ばないぐらい数は少ないわけですよ．まぁそういうことでしょうね．小林（亮）さんとその 2 人の副社長にだけ了解取って，もし怒られたら援護射撃を頼みますという形…． (登家)

MIPS 系サーバーの生産を中止し，インテルサーバーに一本化するという方針転換は，もちろん開発と販売の現場にも大きな負担を強いることとなった．エンジニアたちにとっては，それまでの開発の苦労が報われないということであり，SE にとっては MIPS 系サーバーを導入してくれたクライアント企業に対し，インテルサーバーに乗り換えてもらうように話を持っていかなければならないということになる．

・一番悲しかったことは，やっぱり MIPS からインテルに切り替えたときですね．もう MIPS，マイクロソフトとえらい苦労して，やっと売れ始めたときに，今度はインテルだと．どうしようかと思いましたね．それを小林さんが一晩で決断するんですよね．いや，反対，それを反対したくはなかったんですけど，やっぱり私自身もインテルの方がいいと思ってましたから．でもやっぱり撤収…育てた，手塩に掛けて育てたものが廃れていくっていうのは時代の流れなんでしょうけど…．やっぱ MIPS は駄目だったんだと．まぁ悲しかったですね． (西)

・うちの営業の方々にはね，非常に迷惑をかけました．お互いに，そんなに問題ならないでうまく移行できたっていうのも，営業の方々の努力と Express (Server) 5800 100 シリーズに対する期待だったと思いますよ．これはもう…200 シリーズを売っちゃったうえにサポートを停止しなければならないわけですからね． (高木)

・誰もが営業もお客さんもだまされたと当然思いますね．たしかにそのとき

はそう思っていました．または MIPS のせいでもあり SCO のせいでもあるわけですね[10]．で，いまの時点で技術ポテンシャルからするとインテルと Windows だろうと．それだったらそれをお客様にお勧めするのがメーカーの勤めだろうと．過去の方針が間違っていたという反省よりも，いま最善のものをお客様に提案するのがメーカーだと．堂々と胸を張って．これは私としてはやはり（小林氏は）立派だなと．（中略）あまりそれをやるんで良くないんですけど，Express シリーズでの一番の転機は私はそこだと思いますね．

(庄司)

このように，NEC 社内にも大きな波紋を投げかけ，クライアント企業にも負担を強いたインテル CPU への一本化であったが，庄司氏が言うように，これが Express Server5800 の最大の転機であった．この後，庄司氏たちは自分たちでサードパーティにアプリケーションソフトの開発を依頼してまわるなどし，それも功を奏してソフトの品揃えも増加した．1994 年 12 月に出荷を開始した Express Server5800 は 1996 年にはコンパックを追い抜いて日本国内トップシェアとなった．そしてその後も強化機を投入しながら，現在に至るまでその地位を守っている．

3. プロデューサーシップの視点からの分析

プロデューサーシップという考え方

近年，プロデューサーという言葉を耳にする機会が増えている．もともとプロデューサーというのは音楽や映画などといったエンタテイメント産業のなかでコンテンツ開発に従事する人たちの呼称である．ところが最近では，それ以外の多くの企業においてプロデューサーという肩書きが設けられたり，あるいはそのように自称したりするプロジェクト・リーダーが増えてきた．それはプロデューサーという言葉が，一般的によく用いられている

---

10 以前に NEC が独自に開発して採用していた OS．

"リーダー"という言葉とは，その意味が異なるからであり，その認識が普及しつつあるからであろう．

　プロデューサーはある企画（アイデア）を最終的には形あるアウトプットに導いていく人のことであるが，その企画（アイデア）をプロデューサー自身からいったん切り離して考える必要がある．というのも，良いアイデアを持っている人と，それを実現に導く人が同一人物の場合もあるが，別の人の場合もあるからだ．それがより専門的なアイデアであるならば，同一人物である可能性はますます低くなっていくだろう．これは単純な分業の原理である．分業が進めば進むほど，専門化は進む．逆に考えれば，より専門的なアイデアであればあるほど，それを思いついた人と，それを実現する人が分業している確率は高いのである．なにか成し遂げたいアイデアを持っている人にはそれを実現できる能力がない，実はそれこそが現代の経済社会が抱えているもっとも大きな問題である．

　どんなに良い企画（アイデア）であっても，企業（組織）の都合によってねじ曲げられてしまったり，あるいは予算さえ付けてもらえなかったりすることもある．プロデューサーとは，このような状況下において，企画を尊重し，育て，実現していく人たちのことをいう．つまり，プロデューサーが活躍する舞台には，その企画を発案した専門家が必ず存在していて[11]，プロデューサーは彼（ら）と協働して開発作業を進めていくのである．そこには一般的なリーダーとフォロワー，上司と部下という関係はあまり意味をなさない．

　山田・山下（2006）は，こういったプロデューサーとその行動（プロデューサーシップ）を企業家活動と関連づけて議論している．彼らは日本の映画産業を対象に，一つひとつの映画製作をイノベーティブな製品開発であると捉え，三つの独立系製作会社の事例について分析した．そこで彼らは従来の企業家活動研究で見られがちだった孤高の英雄モデル（図7-1）を否定し，新たにパートナーシップ・モデル（図7-2）を提案している．すなわ

---

[11] 前述のように，プロデューサーと専門家が同一人物である可能性もないわけではないが，論理的に考えれば，その可能性は低い．

```
孤高の英雄（企業家 or リーダー）  ──明確な革新意図──→  イノベーション
                                            ↑
                                        利用 or 結合
                                            │
                              人的ネットワーク and その他資源
```

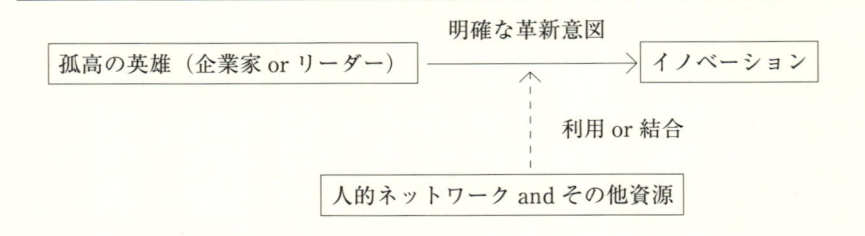

◪図7-1　革新における孤高の英雄モデル
出典：山田・山下（2006）の図を筆者が加筆修正.

```
            関係構築意図              創発的革新意図
一個人  ─────────→  パートナーシップ  ─────────→  イノベーション
                  対等なコミュニケーション
```

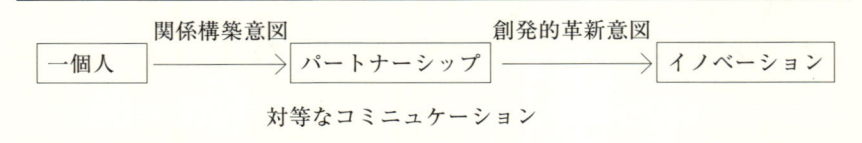

◪図7-2　革新におけるパートナーシップ・モデル
出典：山田・山下（2006）の図を筆者が加筆修正.

ち，孤高の英雄モデルとは，誰か特定のスーパーマン（孤高の英雄）が明確な革新意図をもって企画を起こし，それを実現するために適当な人材ほか必要な経営資源を利用し結合させながら，最終的にイノベーションへと導いていくという考え方である．ここでは，戦略的計画やビジネスモデルが完全な形で先にあり，あとはアクセス可能な資源を利用してそれを実現できると考える．他方，パートナーシップ・モデルは最初の一個人は明確な革新意図をもつことができないが，信頼できる特定のメンバーを集めて何らかの作業を開始することができ（関係構築意図），その後，そのパートナーシップのなかから自然にアイデアが生まれ（創発的革新意図），イノベーションへとつながっていくという考え方である．ここでは，一個人によって最初に提示されたビジネスモデルがそのまま実現されることはなく，パートナーたちとの相互作用のなかで改良・改善され，あるいはまったく新しいビジネスモデルが作られるのであって，その意味では，一個人が直接イノベーションを起こすことはないと考える．

　パートナーシップ・モデルの背景にある考え方の一つに個人の限界合理性

(bounded rationality) がある．最初に立てたプランが何の狂いもなく，完璧に遂行されることは通常は考えがたい．プロジェクトの経過のなかではさまざまな要素が介在してくるものだが，そのすべてを事前に想定しておくことは難しい．これは個人の合理性の限界である[12]．もうひとつは Mintzberg (1978) の戦略論である．彼は戦略を計画されたものではなく，自然発生的に創発されてくるものと捉えている．そのイノベーションが起こった理由について，後付的にもっともらしく説明することは可能だが，実際にはそのような明確な意図が当初は存在していなかったケースの方が多いはずである[13]．曖昧なビジョンをもって走り出した成り行きのプロジェクトが徐々に補強されて成功を収めたとき，多くの人たちはそもそも最初のビジョンが良かったのだと評価する傾向があるが，冷静に考えてみれば，それが本質的な成功の要因ではないことにすぐに気づく．神話や伝説はそのようなバイアスがきっかけとなって生まれるものである．

　プロデューサーシップの本質もここにある．プロデューサーはあらゆる技術を熟知しており，市場の動向を明確に把握できているというような完全無欠のスーパーマンではない．それぞれの専門家と円滑で深いコミュニケーションをとりながら，環境の変化にも柔軟に対応し，その都度良い意見も汲み取りながら，チームメンバーと一緒になってプロジェクト全体を前に進めていく人たちである．極論すれば，プロデューサーシップの議論のなかでは誰か特定の人物が主役になることはなく，創発性を生み出すチーム全体が一つの主役となるような見方がなされる．

Express Server5800開発にみるプロデューサーシップ

　それでは，上記のような見方で前節の事例を見てみよう．Express Server5800 の開発についてすべての責任を負っていた公式のリーダーは第三 OA 事業部長であった小林氏である．オフコンの売上が減少し，UNIX サーバー

12　限界合理性，限定された合理性については，Simon (1976) を参照のこと．
13　企業経営のなかでは意図せざる結果は常に起こりうるものであり，それを考慮せずに議論を進めていくことができないと，沼上（2000）も言及している．

も伸び悩むなか，社長に呼びつけられ，新しい製品を開発すると宣言したのはたしかに小林氏であった．その他，彼は多くの重要な決断を行い，責任をとってきた．それは否定しがたい事実であろう．しかしながら，実際に起こったひとつひとつの出来事をよく考えてもらいたい．

　NEC が新たに開発する PC サーバーの OS に Windows NT を採用するという選択肢があることを助言したのは，専務取締役だった登家氏であった．登家氏はもともとメインフレームの専門開発者としての経験から Windows NT の可能性を見いだすに至った．また，いかに Windows NT を搭載しているといっても MIPS 系サーバーでは先行きがなく，インテルに集中した方がよいと何度も小林氏に上申してきたのは開発部隊であった庄司氏，高木氏，西氏らであった．やはり彼らもまた開発現場の最前線に立つ専門家として，これらの意見を述べた．もちろん，最後に方針を決めるのは小林氏であったが，Express Server5800 の統括者として，彼は経営者層を説得しなければならなかった．ここでも，小林亮副社長を説得するのに骨を折ったのはメインフレームで非互換の悲哀を経験した登家氏である．

　このように考えると，最終的に開発された Express Server5800 は，小林氏が当初想定したものとは異なる意図せざる結果であったと言える．小林氏は第三 OA 事業部長（代理）に就任するにあたり，プロプラエタリのオフコンでもなく，UNIX サーバーでもない，PC サーバーの新規開発を念頭に置いていたのだろうが，それがそのまま Express Server5800 として結実はしなかった．このイノベーションを導いたのは一個人としての小林氏ではなく，第三 OA 事業部の Express Server5800 開発部隊の主要メンバーと登家氏も含めた，ある種のパートナーシップだったと考えるのが妥当だろう．

　この開発チームには上司と部下という権限関係があり，それをパートナーシップと表現することについては違和感をもつ人がいるかもしれない．けれども，通常のヒエラルキーの関係であれば，小林氏とその他の主要な開発メンバーの間に見られた激しいディスカッションなどは起こらなかったであろう．部下が上司に対して強く上申できるのは，そこに権限関係とはまた異なる信頼関係があるからでもある．

・(成功したのは) やっぱり一番は小林さんのあの情熱でしょうね．と思いますね．だから，私とか高木とか庄司とか，もうバカかアホかとしょっちゅう言われたり，そういう会議ばっかりしてましたね．まぁ檄を飛ばすよりも自分でも腹立つ….(中略) 私と高木と庄司は馬が合ったんですよ．小林さんは，まぁあの人はボロクソ言うけど，後にひかない人ですから，会議終わったらもうコロって忘れてる人ですから．会議の最中だけですよ，ボロクソ言うのは．会議終わったらスパッと忘れちゃいますから． (西)

・(インテルと Express Server) 5800 を一緒にやりましょうと，一夜で決めたのは，たしか 11 月末かそれくらいの時期なんですよ．年明け早々にプロトタイプのマシンが入ってくると．で，小林さんの，まぁすごいリーダシップですけれども，強引ですからね．もう自分のことしか考えない人ですから(笑)．私はもう昔から付き合ってるから，何言ったって文句は言われないんですけれども．(中略) 庄司は小林さんの新入社員の時代からずっと部下ですから．一番，私なんかよりも，もっと近い関係ですよ．もうだから小林さんの性格だとか…あの人は裏表ないから，思ったことを言ってんだ，あの人が言ってるのだからしょうがないな，みたいなことを我々は思ってましてね．

(高木)

このように，開発メンバーたちはみな，Express Server5800 のために突然集められた面識のない者同士というわけではなかった．小林氏とともにそれ以前からもずっと開発を続けてきた，ある意味，気心の知れた仲間同士である．そこには単なる上司と部下といった関係だけでは説明できない雰囲気がある．そういったメンバーを集めることができたということが，この事例のもっとも大きな成功要因だったと言えよう．例えば，Express Server5800 を出荷する際の品質管理を担当する人材を調達する必要が出てきたときにも，高木氏は入社時から机が隣同士でよく知っている仲間を加えてもらえるように，小林氏に申し出ている．

総じて，Express Server5800 の開発において，小林氏が適切なプロデューサーシップを発揮していたことに疑いの余地はない．そこでは小林氏はある程度のビジョンや方針を示しこそすれ，けっしてそれに固執はせず，登家氏

```
       関係構築意図              創発的革新意図
小林氏 ──→  広義の開発チーム  ──→  Express Server5800
           (小林氏,登家氏,庄司氏,高木氏,西氏)
    ↑      対等なコミュニケーション      ↑
 チームづくり                        Windows NT
 社内ネットワーク                     インテル CPU
```

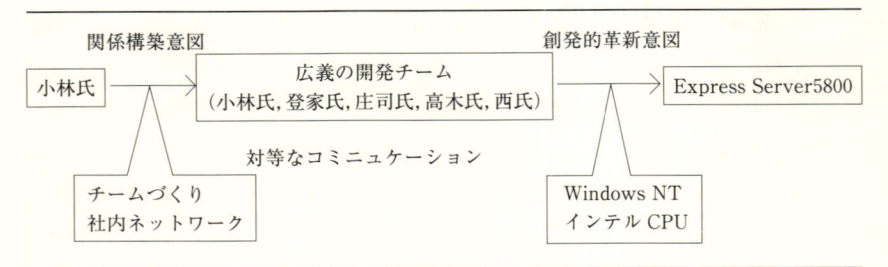

◪図7-3　パートナーシップ・モデルから見た Express Server5800 の開発

も含めた広義の開発チームから創発されてきたアイデアを取り入れ，最終的に優れた PC サーバーの開発へとつなげている．パートナーシップ・モデルの枠組みでいえば，小林氏（とおそらく人事部）の関係構築意図によってこの開発チームは結成され，そしてこのチーム（パートナーシップ）のなかから創発的革新意図（Windows NT を採用することやインテル CPU に収束させることなど）が生まれ，これがイノベーションを起こしたのである．最後に，プロデューサー的な役割を果たした小林氏が成功を収めたもっとも大きな行動特徴とは次の三つである．

① 自分自身と協働しやすいメンバーで開発チームを構成した
② 各メンバーが創造的に開発作業を行えるような"場"を提供した（伊丹，1998）
③ その"場"から創発的に出てきたアイデアを開発方針に取り込んだ

Express Server5800 の開発ストーリーは幾通りかの解釈が可能である．例えば，小林氏ではなく Windows NT の可能性を見いだし，MIPS 系サーバーの生産中止も含めて他の経営者層を説得してまわった登家氏を主人公として描くこともできれば，その開発全体にコミットし，オーソライズしてきた副社長の小林亮氏を中心に描くことも可能である．開発現場の混乱を乗り切ってきた庄司氏，高木氏，西氏らが主役になる可能性もあるだろう．このように，誰もが主体になれる状況（場）を作りだすことがプロデューサーの役割

なのである．

4．Express Server5800開発事例の P-VAR による分析

　前節では，成長エンジンのメカニズムを把握するために，プロデューサーシップのモデルを提供し，Express Server5800 の開発に関わった人びとのそれぞれの行動について微視的な視点からの分析を試みた．本節では，もう一つの分析枠組みとして本書のテーマである P-VAR モデルを用い，NEC のコンピュータ事業全体について，その変遷を見ていく．

　その全体象を図示したものが図 7-4 である．この図では NEC のコンピュータ事業における三つの事業システムが示されている．メインフレーム，PC，そしてサーバーの各事業システムであり，これらは事業別というだけでなく時系列に並ぶという特徴も持っている．すなわち，当初 NEC はメインフレームの事業システムしかもっていなかったが，ここから PC の事業システムが生まれ，さらにメインフレームと PC によって蓄積された資源（R）をベースにしてサーバーの事業システムが確立していった．

　まず，メインフレームの時代では富士通や日立などが IBM 互換機を市場に投入するなか，NEC は非互換機路線を貫く，ある意味珍しいポジショニングを取っていた．非互換機であるがゆえに，IBM と歩調を合わせる必要もなく，市場のニーズに合わせてタイミングよく新技術を搭載した製品の開発をスピーディに行うことができたが（榊原他，1989），逆にサードパーティを味方につけることができず，徐々に劣勢となっていく．このときの NEC における中心的な価値観（V）は旧電電公社（現 NTT）の通信システムとして製品とサービスを提供することであり，大型コンピュータの市場で劣勢となるなか，この価値観は容易には変わらなかったため，市場から撤退することなく地味に開発を継続したのだった．後述するが，ここで開発をやめなかったことが Express Server5800 の成功へとつながっていくことになる．

　竹内他（1986）によれば，富士通がメインフレームから得た利益をさら

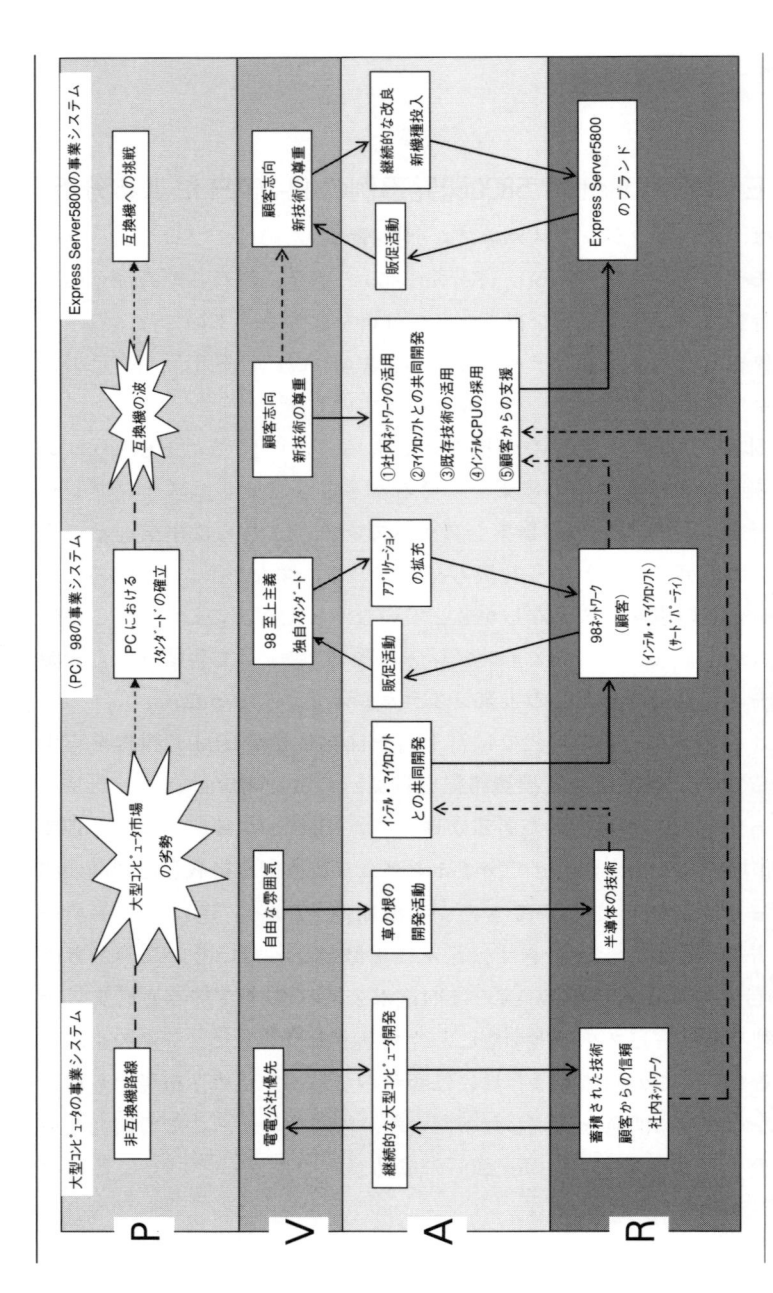

◘ 図7-4 P-VARモデルから見たExpress Server 5800の開発への経緯

にコンピュータ事業に再投資していったのに対し，NECはあくまで通信事業を柱とし，そちらに投資を行った．そのためコンピュータ事業は，とくに電電公社を顧客としないグループはNECのなかでは本流ではないという認識がエンジニアたちの間で広まっていた．これが自由な雰囲気という新たな価値観を醸成したのである．コンピュータ事業のエンジニアたちは，良い意味で好き勝手に開発を進めることができた．このなかから幾つもの小さなイノベーションが起こっている．ACOS-2といったオフィスコンピュータの開発や半導体事業などがその一例であるが，とくに後者の半導体事業で蓄積された技術が資源（R）となり，インテルのCPUを使い，マイクロソフトのWindowsを改良したOSを搭載した98というPCが生まれたのである[14]．

　PC市場において98を大ヒットさせたNECは，意図的に互換性を排除した98の事業システムを全社に徹底しようとした（V）．その一つは組織の再編である．この事業の選択と集中のなかで，コンピュータ事業のエンジニアたちがもっていた自由な雰囲気も徐々に失われていくことになるが，98の国内のシェアはさらに拡大していった．単に製品技術だけに頼るのではなく，販売活動にも力を入れ，サードパーティも味方につけることに成功した．1980年代はNECの98を核とした事業システムがもっとも有効に機能した時期である．

　しかしながら，この後，NECが日本国内において確立したPC市場に，再びIBM互換機（AT互換機）が海外から押し寄せた．1990年代に入り，PC市場における98のシェアは徐々にではあるが確実に減少していった．ちょうどこの時期に立ち上がったのが本節で取り上げたExpress Server5800の企画である．この企画に参加した小林氏らは，もともとはメインフレームやオフィスコンピュータを開発していたグループの出身であり，登家氏の言葉を借りればコンピュータ事業の本流である．彼らはすぐ隣で98がPC市場で天下をとる様子をずっと複雑な気持ちで見てきた．そして，IBM互換機が主流になるという世界の流れを客観的に見たうえで，98のアーキテク

14　98の開発ストーリーについては，榊原他（1989）や関口（2000）に詳しい．

チャを守り続けようとする経営者たちとその事業部に疑問を感じることもあっただろう．もっとも顧客のためになるのは互換性のあるコンピュータであり，かつ技術的にもそちらの方が優れていると彼らには思われたのだ（V）．小林氏をはじめとし，メインフレームの開発を共に行ってきた気心の知れたメンバーが集まり，NEC社内で御法度と考えられていたWindowsを採用した互換性の高いマシンを開発しようとしたのである．

けれども，まったくゼロからこの開発が行われたわけではなかった．彼らがExpress Server5800の開発に利用したのは，もとからNECに蓄積されてきた資源（R）である．マイクロソフトは98を開発したときからの盟友である．サーバーのOSとして大化けする可能性のあるマイクロソフトのWindows NTはメインフレームで培ってきた技術と非常に酷似していたため，ここにNECにある既存の技術を加えることで製品化がかなり現実的になった．さらに，CPUも当初はMIPSを用いていたものの，より互換性が高く性能も良いインテルのCPUに変更した．マイクロソフトと同様，インテルもまた98開発の盟友であり，最大限の協力を得ることができたからである．そして，Express Server5800の成功にとって欠かせない，もっとも大きな資源（R）は，NECを信頼し，ずっとメインフレームやオフィスコンピュータを利用し続けてきてくれた顧客だったと言えるだろう．Windows NTとインテルCPUを搭載したサーバーの機能について深く理解し，積極的にそれを購入してくれるセブンイレブンのような顧客企業がなければ，Express Server5800の開発について，98至上主義という価値観をもつ経営者層を説得することができなかったはずである．

このような諸活動を通じて，Express Server5800というブランドが確立された．この成功をうけて，NECでは98至上主義という価値観が少しずつ揺らぎ，顧客志向と新技術を尊重するという価値観が育まれている．しかし，Express Server5800がインテルのCPUとマイクロソフトのWindowsを採用し互換性を保証している以上，閉じられた98の世界とは異なり，常に同じアーキテクチャのなかで競争にさらされることも意味している．現在，Express Server5800は継続的な改良を行い，新しい機能をもった新機種を逐次

投入していくことで（A），そのブランドをさらに高め，ずっとシェアを維持し続けている．

　以上，三つの事業システムの流れのなかで，新たな事業システムを構築するために二つの成長エンジンが観察された．ひとつは98の事業システムを作り上げた草の根の開発活動やインテル・マイクロソフトとの共同開発であり，もう一つはExpress Server5800の事業システムを作り上げた①社内ネットワークの活用，②マイクロソフトとの共同開発，③既存技術の活用，④インテルCPUの採用，⑤顧客からの支援である（図7-4における黄色で示されている部分）．ところが，この二つには大きな違いがある．

　前者の成長エンジンは，大型コンピュータ市場における劣勢を組織的に認識できており，全社的に新市場開拓が重要であるという意識が共有されていた．そのために，自由な開発活動が認められ，98というイノベーションへと比較的スムーズに導くことができた．もちろん，開発の現場では大変な試行錯誤があったのだろうが，全社的な自由な雰囲気がそういった"場"を作りあげていたと言える．他方，後者の成長エンジンはその状況が大きく異なっている．徐々にシェアが減少する傾向があったとは言え，98の事業システムはまだ健在であったし，経営者層も98至上主義という価値観をなかなか崩そうとはしなかった．この状況のなかで，価値観が対立する開発作業はけっしてスムーズには進まず，創発的に革新を生み出すような"場"は容易には生まれない．こちらの方がよりプロデューサーシップを必要とするのである．

5. むすび

　本章は，P-VARモデルのなかでもとくに成長エンジンに焦点を絞り，事業を横断する新製品の開発事例を詳細に分析してきた．そして，そのなかで，プロデューサーシップの視点が非常に重要であることを述べてきた．ここでは最後に，本章の分析結果から得られた示唆と，今後の課題について言

及しておこう．

　まず，P-VAR モデルは通常は特定の事業システムを抽出して分析するツールであるが，本章の事例が如実に示していたように，環境が大きく変化する際には特定の事業システムへの偏重が足かせとなる場合がある．ルールの小さな変更ではなく，競技種目自体がまったく変わってしまったのに，従来の戦略や戦術の延長やアレンジで対応しようとしても無駄である．ボクシングの世界チャンピオンもプロレスのリングでは勝てないのである．

　近年，事業の選択と集中というフレーズが流行っていたが，その落とし穴にも十分注意が必要である．本章の事例を見れば明らかなように，主力ではないからという理由で簡単に事業から撤退してしまうことで大きく二つのものを失ってしまう危険性がある．一つは自由な雰囲気である．主力事業以外はリストラするという発想は，大きな利益を稼ぎ出さない事業に対して過度なプレッシャーを与えることになる．多くの従業員が目の前の利益ばかりを追いかけるようになり，将来の稼ぎ頭になるような製品や技術の開発に打ち込めなくなってしまうだろう．NEC では，98 の事業システムを構築すると同時に，組織の再編を行い，各事業部の目的を明確にし，その徹底を図った．これはもちろん効率的な手法であり，定石通りではあるが，一方で，エンジニアたちの士気を下げてしまっている．

　事業の選択と集中のもうひとつの落とし穴は既存技術の軽視である．幸いなことに，NEC は電電公社という安定顧客が存在したために大型コンピュータの開発を継続してきた．けれども，通常であれば撤退していてもおかしくない状況である．前節で見たように，Express Server5800 という PC サーバーは，メインフレームなどの大型コンピュータの開発のなかで蓄積された技術，人材（ネットワーク），そして顧客といった資源がなければ成功しなかったであろう．精度の低い Windows NT を改良したのはメインフレームの技術であった．また，多くの人間がデータを共有して利用するサーバーは，単に個人が利用する PC とは異なる使い方をするわけだが，ここでもメインフレームやオフィスコンピュータを開発してきたそのノウハウが PC サーバーに応用された．たしかに，ある時期は主力事業ではないかもしれな

いが，その技術が再利用できる可能性があるという好例である．イノベーションを起こすにはある程度の資源の"遊び"，換言すればスラック資源が必要なのであり，その意味では事業の選択と集中を徹底しすぎると，将来性を損ねてしまうかもしれない．

次に，本章ではプロデューサーシップという視点を提供したが，これは開発現場の管理者には非常に重要な考え方であると言える．多くのプロジェクトマネジャーが，思ったような成果が出ずに悩んでいると聞く．プロジェクトマネジメントの基本やポイントについては何度も学習していて熟知しているにもかかわらず，結果が出ないという．実際，彼らはプロジェクトマネジャーがすべき To Do List のすべてをきちんとこなしている．それでは，なぜ成果が出ないのだろうか．

プロデューサーシップの考え方から言えば，自分が主役になろうと躍起になりすぎてしまい，部下たちからいろんなアイデアが創発されてくるような場を構築できていないのだろう．To Do List に縛られすぎて，そういった場の雰囲気が醸成されていないのかもしれない．むろん，プロジェクトマネジャーが最終的な責任を負うのだから，自分が主役になりたいという気持ちもわかる．しかし，本章の事例からも示唆されるように，良い成果は自分の思い通りにせずに，他の開発メンバーとの対等なコミュニケーションを重視することで，そのなかから生まれてくるものである．重要なのは何をするかではなく（それも重要ではあるのだが），むしろ誰と仕事をするか，である．ここに注意することで，成長エンジンを加速させることが可能になるだろう．

最後に，現在は成功している Express Server5800 の課題について触れておこう．互換機に挑戦した Express Server5800 の成功は，98 の事業システムにも大きな影響を与え，現在は NEC の PC も IBM 互換機になってしまっている．互換性の高いマシンは市場で評価されるが，他方で差別化が困難で，競争が激化し利益が薄くなる傾向がある．皮肉なことに，（IBM 互換機の）PC 市場から IBM が撤退したのはその典型例であろう．環境の変化に逆らって 98 の事業システムを守ろうとした NEC の経営者層もそれを考えた

はずである．環境に対応して事業システムを変化させてきたNECのコンピュータ事業は，今後，もう一度，既存の資源を内省し，それを燃料にしながら成長エンジンをフルスロットルにし，差別化できるマシンを生み出していかねばならない．

（山下　勝）

終章 収益エンジンの論理

1. 再考，MOT

　長期にわたる売上高利益率の推移を見ると，日本の製造業は，相対的に低い利益水準に甘んじてきたといわざるを得ない．三品（2003）の調査は，この事実を端的に表している．とくに，デジタル化とネットワーク化が進んだ90年代以降，基幹産業の一翼をなしていた電機業界の落ち込みが激しく，近年の総合電機メーカーの利益水準は危機的だとさえ言われた．

　もちろん，当時の時代背景を省みれば，利益率よりも絶対的な売上高と雇用の安定性を第一にしてきたという面もある．それゆえ，今になって「収益水準」や「投資効率」という物差しで，過去を批判するのは的外れなのかもしれない．しかし，今やマネーはグローバルに動いており，資金調達のためにも利益は最優先課題となっている．過去の資産を食い潰すような益出しがよいこととは思えないが，経営者は利益率についてのこの批判を真摯に受け止め，対応していく必要がある．

　技術者も例外とはみなされないようになってきた．一般に，利益に無頓着だという批判が目立つ．実際，この批判はあながち的外れとは言えず，第一線で活躍している技術者で「あなたの技術はおカネに換算するといくらです

か」という問いに対して明確に答えられる人は多くない．というよりも，不意を衝かれて応えに窮する場合がほとんどで，製品化や事業デザインが普段から意識されていない証ともいえる．

　また，事業を切り盛りする立場の技術者マネージャーも，「国内のライバル他社と比べて標準的な利益が得られた」ということで満足してしまうことが多い．隣の芝と比較して青さを競うことも大切かもしれないが，むしろ，デジタル化時代に一人勝ちしているグローバル企業にも目を向けて，目標を高く持つべきであろう．日本の総合電機メーカーは，これらの企業と遜色のない技術力があるにもかかわらず，なぜ利益の面でこれだけの差が開いてしまっているのか．そもそも問題を引き起こした原因と，今，解消すべき課題とを的確に峻別して対応策が出せるような視野の広さが求められる．

　より重症なのは，先端開発領域でないにもかかわらず「投資が回収できた」ことで十分だとしてしまう場合である．このような感覚には，残念ながら投資コストの発想が含まれていない．ある技術開発に投資をするときには常に他の投資対象（他の技術だけでなく債権や有価証券を含む）を意識すべきである．そして，他よりもより大きなリターンを獲得できなければ投資効率が悪かったと自己評価すべきである．筆者は，EVAをはじめとする厳密な財務コントロールが，ときに技術開発で弊害をもたらしうると考えているが，資本コストの発想自体は大切だと考えている．

　要するに，最小のインプットから最大のアウトプットを生み出そうという姿勢こそが，技術経営にとって大切なのである．神戸大学の延岡健太郎教授は，MOTを「技術・製品によって，企業の長期的な付加価値創造を最大化するための組織・戦略マネジメント」と捉えて，インプットとアウトプットの比率を重んじる．コア技術を蓄積して，それを活用しつくすことで，最高水準の利益を追求する姿勢の大切さを説いているのである．

　そこで，本研究は，このインプットとアウトプットの変換を二つのステージに切り分けた．一つは技術の蓄積を担う「成長エンジン」であり，もう一つは蓄積された技術の活用を担う「収益エンジン」である．技術の蓄積とその活用では，生じる問題も対処すべき方法も異なる．両者を区別した上で相

互の関連性に注目したのはこのためである．

　さらに，われわれは，「長期的な付加価値を最大化する」ことを戦略的な課題として注目し，成長エンジンと収益エンジンのインプット／アウトプット図式の中に，競争戦略論の基本的な考え方を取り入れた．ポジショニングベースとリソースベースの視点は，経営学の分野では決して新しい考え方とはいえないが，それだけに技術者であっても抑えておくべき基本だといえよう．このように考えて，技術から収益を上げるために配慮すべき変数を拾い出してできたのが，本書で紹介してきた P-VAR 分析の枠組みである．

2. 収益エンジンの良循環と悪循環

収益エンジン良循環の論理

　競争戦略論の基本的な視点から，「成長エンジン」と「収益エンジン」のインプットとアウトプット図式を示した P-VAR は，技術の戦略的な蓄積と活用を包括的に見るための枠組みである．P-VAR によって，いかに両エンジンをうまく回しながら，資源を蓄積して市場におけるポジションを有利に展開していくかという循環的な行程を描くことができる．

　本書では，このような良循環をもたらす論理を，収益エンジンの論理と定義する．すなわち，①収益エンジンをうまく回すための下準備として戦略的投資を行い，②さまざまな方法で収益エンジンを拡充して，③市場におけるポジションの創造・維持・変更を，継続的に行なうことを可能にする循環的な因果関係のことである．P-VAR の図式では，第3章で紹介したヤフーのように，成長エンジンと収益エンジンを通じて，資源の蓄積とポジションの向上が互いに強化し合うような仕組みづくりが理想とされる．

　さて，良循環の仕組みを築くためには，短期的な収益源だけを追い求めて事業領域を決めてはならない．中・長期的な経営資源の蓄積も考えて自社の担当範囲と他社との関係性を取り決め，事業の仕組みづくりを行なう必要がある．ところが，実際には，短期的な利益だけに目を奪われて悪循環への引

き金を引いてしまうことが多い．たとえば，経営危機に陥ったとき，ついつい対処療法的な処置を行なってしまって，根本的な問題解決を見送ってしまうことがある．近年の事業の「選択と集中」のあり方を見ても，一部の企業でこのような傾向が見られる．短期に収益の上がる領域だけを自社内に残し，中長期で資源を蓄積するのに必要な領域に十分な投資を行わずに技術の空洞化を招き，収益エンジンの不調をきたしてしまっているのである．

このような問題は，システムシンキングの考え方[1]に基づく因果ループ図によって説明することができる．システムシンキングの考え方というのは，ある現象についてそれを支配するパターンを見抜き，そのパターンの根底にある構造を，循環的な因果連鎖の図式によって示すものである．通常の因果関係が直線的かつ単純なのに対し，因果ループ図は変数間の複雑な相互依存性を循環的に示すことができるという特徴がある．

図 E-1 は，収益エンジンの論理，すなわち P-VAR の良循環を，システムシンキングの因果ループ図によって描いたものである．投資のための資金が十分にあれば，中・長期的に見て資源を蓄積できるような得意領域に「選択と集中」（前向きな重点化）ができて，有効な資源を蓄積することができる．この資源をベースに，効率良く収益エンジンを回して収益レベルを上げると同時に，他社からは模倣し難い競争ポジションを築き上げればよい．そして，よりよいポジションに立てば，ますます収益は上げやすくなり，良い循環を生み出すことができる．

このような循環は，拡大していくという意味で拡張（Reinforce）ループと呼ばれ，R の記号で示される．しかし，このような拡張は永続するわけではない．成功が成功を呼んだとしても，また逆に失敗が失敗を生み出したとしても，それが永遠に続くようなケースは稀である．たいていの場合は，このような拡張に歯止めをかけてバランスをとるループが存在するものである．これをバランス（Balance）ループと呼んで，B の記号で表記することができる．

---

[1] システムシンキングとは，「システムの構成要素間の関係を認識し，それらの構成要素を一つの統一された全体像として捉えることを重視する考え方」（Anderson and Johnson, 1997）である．

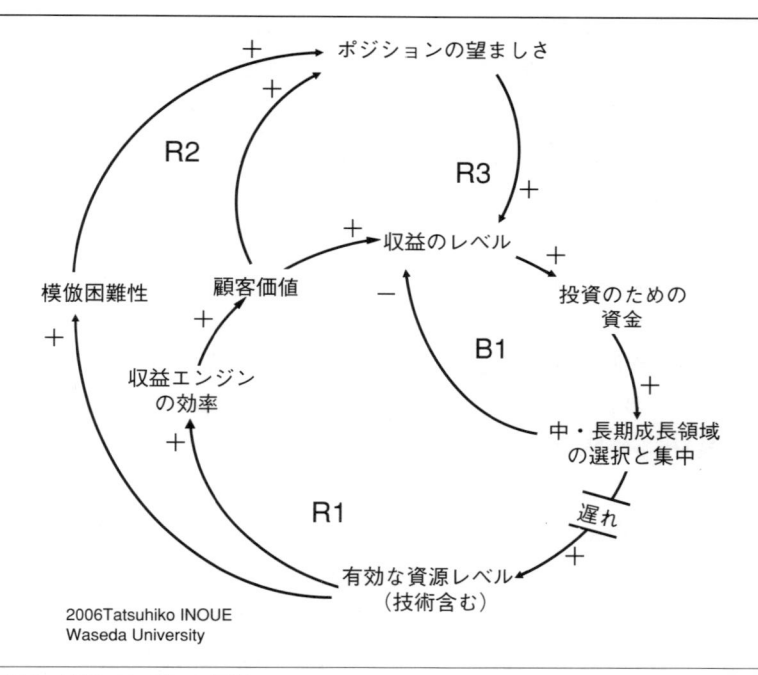

◘図 E-1　収益エンジンの論理

この図は、システムシンキング（Senge, 1990; Anderson=Johnson, 1997）という手法で描かれている。図中の「＋」は、"Same"と同義であり、矢印の起点の変数と終点の変数が同じ向きに変化することを示す。一方、図中の「−」は、"Opposite"と同義であり、矢印の起点の変数と終点の変数が逆の向きに変化することを示す。「遅れ」は、フィードバックされるまでにタイムラグがあることを示す。

　P-VAR の収益エンジンの因果ループの場合、仮に、資源の開発が思うように行かなくても、一時的に資源を切り崩したり、より短期的な利益を狙った投資をすることによって、収益を確保し、次のステージで再び中・長期的な「選択と集中」に結びつけるというバランスループが存在する。

収益エンジン悪循環の論理

　さて、この因果ループ図をもうすこし実態に即して詳細に描き出せば、かつて良循環を維持してきた日本企業が、なぜ、悪循環に陥ってしまい、抜け

出せないのかについて一つの見解を打ち出せる（図 E-2）．結論を先取りすれば，日本企業の P-VAR の循環はあるレベルまでは拡大循環しやすいのだが，一定のレベルを超えると，成長を制約するようなメカニズムが作用するということである．これが原因で悪循環が誘発されたのではないだろうか．つまり，システムに「閾値（threshold）」というものがあって，そのポイントを過ぎたため，性質の異なった変化を見せ始めたという仮説である．

順を追って説明しよう．1980 年代までは，日本の製造業は利益を犠牲にしつつも狙った通りの成長戦略を実現していた．ところが，急激な円高と共に国内にカネが溜まり，製造業も本業以外の投資，横並びの投資，再投入投資を行なって投資効率を著しく下げてしまうことになった．いわゆる，「戦略なき投資」（伊丹，2000）である．当時は，株式市場に返還するのにも限度があったし，好況だからといって従業員に大幅に分配するようなこともなかった．岸本（2006）は，各種統計資料から，このような日本的制度や慣行が過剰な資金留保を促したという．また，企業内部の技術者の人的資源も有限なので，無限に技術開発するわけにもいかなかった．これらの要因があいまって，因果ループ図における制約要因を形成したと考えられる．1980 年代を支えた日本企業の良循環システムは，一定水準の資金は有効に循環処理できるが，その水準を超えると，無駄な投資を誘発してしまうようなシステムだったのかもしれない．

こうして悪循環が始まる．当時，投資先が限定され，内部に資金が留保しやすかったがゆえに，日本企業は，雇用を維持するための投資を惜しまなかった．とくに，製造業においてはこの傾向が強く，バブル好況期における開発効率は低かったと考えられる[2]．技術者は，行き過ぎとも言えるほどに技術的チャレンジには積極的であった反面，コストには疎かったし，技術の戦略的活用への関心も低かった．

さらに，バブル経済の崩壊後も，明確な戦略の下で「選択と集中」を行な

---

[2] 1975-2001 年期における研究開発効率の低下については，安部（2004）を参照されたい．また，榊原（2005）も，児玉（1991）と村上（1999）の統計資料を援用しながら，日本企業の研究開発の効率性が低下している点を指摘している．

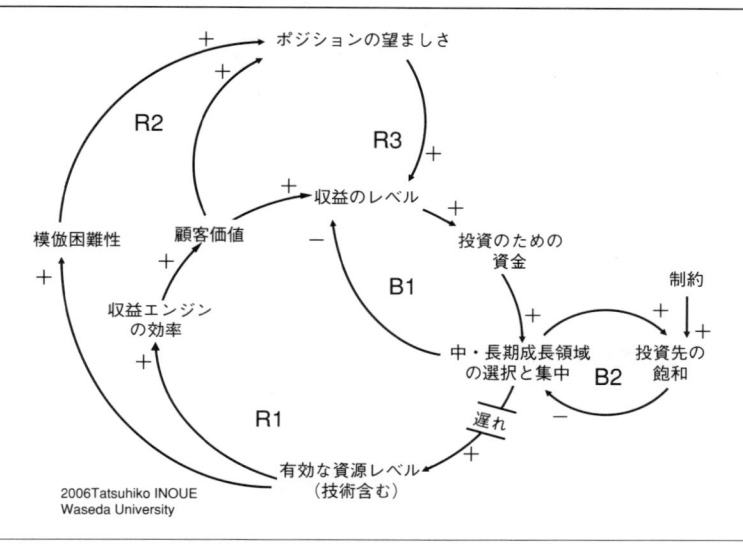

◧ 図 E–2　キャパシティの制約に由来する収益エンジンの罠

えた総合メーカーは少なかったのではないだろうか．多くの企業が成長期における総合化路線から脱却できず，「シナジーの幻想」（グールド他，2002）にとりつかれていた．雇用を守るためという大義名分もあったし，長年の間に染み付いた考え方[3]や慣行に取り付かれていたため，中途半端な選択と集中になってしまった．その結果，開発効率が下がり続け，次代を担う有効な技術と資源を開発できなくなり[4]，タイムラグをおいて，収益はますます圧迫されるようになった．

任期の限られた経営者は，収益の悪化に対応するために，短期的な利益を上げるように駆り立てられた．株価を重視する姿勢が広まりつつあったのでなおさらである．このとき，かつてのように中長期的な視点から能動的に

---

[3] システムシンキングでは，このような考え方はメンタルモデルと呼ばれる．事業システムにおけるメンタルモデルについては，加護野（1988），Weick（1979）などを参照されたい．
[4] Christensen and Raynor（2003）は，「1990年代には日本の新たな破壊的企業が存在しないこと」と指摘して，日本企業の破壊的なイノベーションを生み出す力が失われていると示唆している．一部の領域を除いて，かつて競争力を有していた半導体，パソコン，光ディスクなどの領域の競争力が落ちたのは周知の事実である．

「選択と集中」ができた企業は幸運だったかもしれない．しかし，「戦略なき投資」から過剰な反省をしてしまった企業は，技術の空洞化というリスクを忘れてスマイルカーブなど目先の収益性にとらわれ，即効薬的な「選択と集中」をしてしまったようである．

　このような過剰学習を助長する原因は，フィードバックの「遅れ」にある．中・長期的な投資のフィードバックには「遅れ」が伴う．一般的に，「遅れ」があると過剰に反応する傾向が認められている．それは，適度な温度のシャワーを浴びようとして，熱湯の蛇口と冷水の蛇口を調整する難しさに似ている．蛇口をひねって瞬時に温度が変われば調整しやすいが，ひねって1分後に温度が変わるようでは，熱くなったり冷たくなったりして，適温に収束させるのに時間がかかる．

　それゆえ，感度の高い経営者であればあるほど，かつての失敗に過剰に反応して，受け身の対処療法をしてしまったと考えられる．彼らが，技術者のコスト感覚のなさを必要以上に問題視して，目先のマーケティングに頼り，投資先を短期で収益の上がる領域にシフトさせるように働きかけていたとしてもおかしくはない．

　これは，当時としては，現実的かつ模範的な「選択と集中」のように思われていたようだが，そうとは言い切れない．なぜなら，短期の収益圧力に駆られた「選択と集中」は，現在収益が上がっている領域にフォーカスしがちだからである（本章コラム参照）．システムシンキングにおいても，これは，「応急処置の失敗」として，悪循環へのきっかけとして問題視されている．つまり，応急処置（短期収益の確保）を続けていくうちに，予期せぬ問題（技術の空洞化）を引き起こし，自転車操業に陥るということである．あるいは「問題のすり替え」として理解することもできる．すなわち，根本的な問題（思い切った撤退と再投資）から目を背け，対処療法を繰り返すうちに問題がますます悪化するという現象である．

　実態調査でも，この点が浮き彫りにされている．事業領域の取捨選択の判断基準は何かという質問に対して，最も多かったのは「現在の収益性」であった．次に多かったのが「短期の収益性」であり，「中長期での技術トレ

ンド」の点数と肩を並べていた[5]．目の前だけを見ていたわけではないだろうが，人間の将来を予測する能力には限界がある．そこに，収益が下がって圧力が高まれば，任期が終わった後に収益が上がるような領域に「選択と集中」するのは難しい．どうしても近視眼的になると同時に社内のあつれきを避け，革新的な技術を生み出せず，月並みの収益デザインで操業し続けなければならなくなる．

　こうして，悪循環のサイクルのトリガーを引いてしまった企業もあるのではないだろうか．やがて図に示されているように，顧客への価値が減少すると同時に競争ポジションが劣位になり，収益レベルが減少して十分な投資ができなくなる．そして，ますます，近視眼的な「選択と集中」による技術の空洞化を促し，他社が模倣困難なポジションを築けなくなってしまうという悲観的なシナリオだ．

　因果ループ図によるこの考察から，悪循環のそもそもの原因は，総花的な投資と技術者のコスト意識の低さにあったと推察できる．しかし，逆説的ではあるが，刹那的に「選択と集中」を進めたり，過度に技術者のコスト意識を高めたりすれば悪循環を断ち切れるというわけでもない．そもそもの原因となったのは，システムのキャパシティを超えた資金の滞留（「制約」に由来するB2の因果ループ）だったかもしれない．しかし，バブル経済の崩壊後に対応しなければならなかったのは，システムのキャパシティ内に収まった通常のループ（R1〜R3）の方であった．実際に，当時，近視眼的になってしまった企業は短期の食い扶持を稼ぐため，ますます刹那的な選択と集中に陥ってしまっているように見える．もちろん，これはこれで不可欠であるが，中・長期的なビジョンに基づく選択と集中をその後に行なわなければこのような自転車操業が続いてしまう．経営者は，木を見て森を見ずという罠にはまってはならない．技術者も，一方でコスト意識を明確にしながらも，

---

[5] 一橋大学経済研究所教授都留康教授を主査としたアンケート調査（協力：電機連合総合研究センター）に基づく．詳しい分析結果については，井上（2004）ならびに「デジタル化経済における事業領域の選択と集中と企業組織再編に関する研究」『調査時報』第339号，2003年を参照．なお，本章で仮説導出するにあたって，このデータセットを一部用いた追跡調査（113社の「選択と集中」後の4年間にわたる営業利益率や総資本回転率との回帰分析）を行った．この調査結果については機会を改めて報告したい．

他方で中・長期的な技術のトレンドを見極めて選ぶ必要がある．そうしなければ，この悪循環から逃れることはできないのである．

以上の因果は，いくつかの先行研究[6]と統計資料から導かれた仮説に過ぎない．しかし，P-VAR分析をもとにした収益エンジンの論理と対応しており，ある興味深いジレンマを導出できる．それは，収益エンジンという「遅れ」を伴う循環的な因果関係においては，短期収益化と長期持続的成長との間にジレンマが存在しうるということである（図E-1）．ここでは，「収益エンジンのジレンマ」と名づけておこう．今回の場合，ただでさえ「遅れ」があって過剰反応しやすい上に，システムのキャパシティを超えたイレギュラーな事態がきっかけになっていた．それゆえ，全体の構造を理解することなく，過去の発生原因だけを取り除こうとすると，現在の課題に適切に対応できないばかりか，ますます状況を悪化させかねない状況であった[7]．この意味では「収益エンジンのジレンマ」に「時間差のトラップ（罠）」が加わったと表現できる（図E-2）．

ここまで解説してきて，似たような構造の問題を思い出した読者もいるかもしれない．サプライチェーンマネジメントにおける「ブルウィップ効果」である．ブルウィップというのは，鞭（ムチ）のことで，小売，卸，メーカーからなるサプライチェーンにおいて，市場から遠ければ遠いほど市場の変動は増幅されて，在庫が膨れ上がるという現象である．実は，この問題も情報伝達の「遅れ」が原因となっている．小売が急激に注文を増やしても，生産ラインを準備して増産体制を整えるまでには時間がかかる．注文を増やしてもすぐに反映されなければ，小売や卸は，ますます注文量を増やしてしまい，業界全体で過剰な在庫を抱え込んでしまうというわけである．

このブルウィップ効果と同じような問題が，「選択と集中」において見ら

---

[6] 紙幅の都合もあり，有効な資源レベル，模倣困難性，ポジションの望ましさと収益の関係については自明として本文では説明しなかった．これらの因果関係については，Rumelt（1991），McGahan and Porter（1997）などを参照されたい．

[7] このような現象は，「ある目標を追求しようとすればするほど，かえって目標から遠ざかってしまう」という意味で，一種のパラドックスとしても捉えられるのかもしれない．大月（2005）は，組織をパラドックスという視点から接近することによって好循環や悪循環をはじめとする，システムのダイナミックな側面の解明に役立つと述べている．

コラム②：選択と集中の幻想

「選択と集中」といってもさまざまなタイプがある．資源配分のメリハリが明確な「選択と集中」もあれば，メリハリの少ない「選択と集中」もある．これとは別に，攻めの姿勢で投下資源量の多い「選択と集中」もあれば，守りの姿勢で投下資源量を抑えた「選択と集中」もある．これらは，区別して考えるべきである．

そこで，われわれは，資源投下の「メリハリ度（選別的か一律的か）」と攻守の「重点度（重点化か撤退か）」の2軸から，「選択と集中」を四つに分けて電機情報関連企業を対象に実態調査を行った（詳細は，井上［2005］，都留［2005］参照）．すなわち，取捨選択された参入産業領域にメリハリをつけて資源を重点投下する場合を「選別的重点化」，同じくメリハリ度が低い場合を「一律的重点化」とした．そして取捨選択された参入産業領域にメリハリをつけて撤退していく場合を「選別的撤退」，同様にメリハリをつけずに撤退していく場合を「一律的撤退」とした．

投下資源の量

	投下量・高 「重点化」	投下量・低 「撤退」
メリハリ度・高 「選別的」	選別的重点化	選別的撤退
メリハリ度・低 「一律的」	一律的重点化	一律的撤退

選択と集中の4類型

楕円の大きさ＝取捨選択の結果として参入している産業領域の数
楕円の濃淡差＝資源投下のメリハリ度
楕円の濃度　＝投下資源の量

この調査で興味深い集計結果が二つ得られた．ひとつは，1998年から2002年に，現在（ないしは短期）の収益性を重視した企業は「選別的撤退」を行い，中長期での技術トレンドを重視した企業は「一律的重点化」を行ってきた傾向が認められた点である（サンプル数216社）．短期で収

益の上がる領域というのは予測しやすく，取捨選択が容易である．どこに「選択と集中」をすればよいのかがはっきりしているので選別がしやすい．一方，中長期的な要因の場合はこうはいかない．将来どの領域か伸びるかは分からないため，選択するのが難しい．「選択と集中」の常識からすると一律的な対応というのは，ベストな対応とはいえないが，無理な「選択と集中」や刹那的な「選択と集中」を慎んでいるとも解釈できる．あるいは，事業領域が明確でメリハリをつける必要がなかったのかもしれない．

　もう一つの興味深かった点は，その後の追跡調査から得られた（113社）．好業績をもたらす「選択と集中」のタイプが，常識と少しズレていたのである．下記の分析結果をご覧いただきたい．

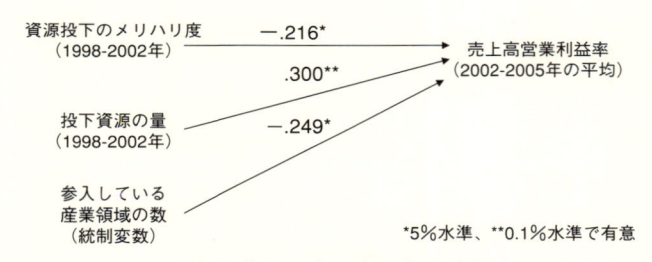

資源投下のメリハリ度　　　−.216*　　　　　売上高営業利益率
（1998-2002年）　　　　　　　　　　　　　　（2002-2005年の平均）
　　　　　　　　　　　　　.300**

投下資源の量　　　　　　　−.249*
（1998-2002年）

参入している
産業領域の数
（統制変数）　　　　　　　　*5%水準、**0.1%水準で有意

選択と集中と売上高営業利益率

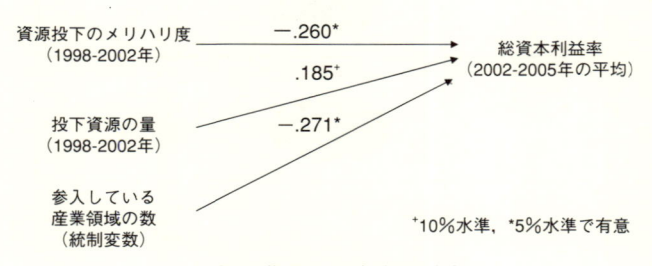

資源投下のメリハリ度　　　−.260*　　　　　総資本利益率
（1998-2002年）　　　　　　　　　　　　　　（2002-2005年の平均）
　　　　　　　　　　　　　.185+

投下資源の量　　　　　　　−.271*
（1998-2002年）

参入している
産業領域の数
（統制変数）　　　　　　　　+10%水準、*5%水準で有意

選択と集中と総資本利益率

　1998年から2002年に「選択と集中」をした企業，すなわち，取捨選択された参入産業領域にメリハリをつけて資源投下した企業は，その後の財務成果（売上高営業利益率と総資本利益率）にマイナスの影響を及ぼしている．逆に言えば，一律的に対応した企業の方が高い業績を上げているのである．これは，「選択と集中」の常識とは異なる．われわれの抱いてい

るステレオタイプの「選択と集中」は，メリハリをつけながら投資すべき領域に投資するという姿であろう．実証調査の結果，このような選別的対応が好業績をもたらすとは限らないことがわかった．メリハリをつける「選択と集中」が唯一の理想だというのは幻想に過ぎないのかもしれない．

　一方，資源の投下量に目を向けると，常識と一致した因果関係が見て取れる．1998年から2002年に「重点化」できた企業は，その後の財務成果（売上高営業利益率と総資本利益率）にプラスの影響を及ぼしている．やはり，前向きにより多くの資本を投下できた企業の方が，高い成果を上げているのである．

　この追跡調査では，先のマトリックスで示した2つの変数以外に，保有している事業数についても分析が行われた．同じ「一律的重点化」といっても，総合メーカーのそれと専業メーカーのそれとは意味合いが異なり，コントロールする必要があると考えられたからである．結果は先の図の通りで，保有事業数が営業利益率とマイナスの相関を示している．このことから，専業型企業の方が高い成果を上げている可能性が示された（もっとも，これは統制変数であり，保有事業数を一定としたときの係数を見るためのものである．係数の現れ方から一律重点の財務成果が高いことには変わりはない）．

　以上のことから，選択と集中のあり方として，1998年から2002年にかけて選択された産業領域に対して一律的に重点化した企業が，その後の4年間の財務成果にプラスの影響を及ぼしていると結論付けられる．

　考えてみれば，近年の電機・情報関連産業における必要投資額は半端なものではない．デジタル化，ネットワーク化が進み，ソフトウエアの開発比率も高まり，以前にもまして戦略的な投資が必要なのである．日本の総合電機メーカーを見ても，アナログ技術の時代に功を奏していた小規模な製品別事業部による「内部市場」による競争原理を見直している企業が目立つ．事業ドメイン別に事業を再編し，開発投資の無駄を抑え，共通基盤を強化した企業が好業績に転じているようである．このような状況では，保有する事業領域を厳しく選別しながらも，いったん保有した事業領域内ではコア技術を育成して競争力をつける必要がある．そのためにも，中途半端なメリハリは避けて一律的に重点化して競争力をつけるという「選択と集中」が望ましいのかもしれない．

れたとしてもおかしくはない．ポイントは，資金の余剰という好ましい出来事でも，度合いが過ぎると「遅れ」(タイムラグ)をともなって悪く作用しうるという点である．そして，作用するタイミングが遅れれば，外部環境も変わってしまい，これまでにないプレッシャーが意思決定者を襲う．経営者が近視眼的に「選択と集中」をしてしまうのは，過去の原因にとらわれて現在の課題に対処してしまうからである．しかも，そもそもの問題がシステムのキャパシティを超えた異常事態，すなわち資金滞留が引き起こしたものであったとすれば，適切な対応ができなかったのは至極当然のことである．仮に，誤謬があったとしても，構造の問題だと理解すべきである．

では，良循環に転化させるにはどうすればよいのか．まず，因果ループの構造を理解しておかなければならない．技術開発をはじめ，資源の蓄積には時間がかかるので，技術が開発されたときには，既に当該事業領域を切り離してしまっていたというような問題が起きないように心がけるべきである．

そうはいっても，すでに悪循環に陥ってしまっていれば，これを少しずつでも好転させる必要がある．具体的には，既存の資源を見直すのがよい．まず，技術はもとより，事業に役立つような資源を洗い出す必要がある．これまでの事業内容では役に立つとは思えないもの，一見すると価値がないような資源でも，資源や事業内容を再定義すれば価値が生まれることもある．あるいは，その資源を部分修正したり，その資源に何か新しい資源を追加・組み合わせしたりして価値を生み出すようにすればよい．このような発想で最小限の追加投資でよりよいポジションを築き上げ，良循環に転じていけばよい．追加投資を全く行なうことなく収益エンジンだけを改めようとしても，うまくいかない場合が多いのである．

3. 収益関数

収益関数の変数

さて，先に説明した収益エンジンの論理を踏まえた仕組みづくりにおい

て，技術者がとくに意識すべきは，収益エンジンを左右する「収益関数」であろう．もちろん収益エンジンが，他の変数（ポジション，成長エンジン，経営資源）よりも重要だとは限らないが，技術者にとって意識すべき出発点となりうる．というのも，彼らは技術資源には熟知しているので，収益関数さえ理解できば，他にどのような資源が必要になるのかを自覚して，よりよい事業デザインができるからである．技術資源に価値を持たせるためには，往々にして，新しい用途を開発したり，標準規格化したりするなど，技術以外の仕込みをする必要がある．収益関数を立てれば，普段意識しないようなことでも，何をしなければならないかがわかるというわけだ．

収益関数はすでに第2章でも説明したが，下記の式で示される[8]．

$$収益 = \Sigma f（利幅，個数，期間，相手先）$$

$$収益（p1） = f（利幅，個数，期間）$$
$$収益（p2） = f（利幅，個数，期間）$$
$$\vdots$$
$$+）収益（pn） = f（利幅，個数，期間）$$

i．利幅

収益関数における第1の変数は利幅（厳密にいえば，単位期間における製品・サービス一単位あたりの利幅）である．利幅を厚くする方法は，技術の独自性の観点から二つに分けられる．一つは，技術の独自性をベースに，ある種の独占性を有して価格を高くするという方法である．かつての銀塩フィルムや近年のセラミックコンデンサーなどは，試行錯誤的な実験をどれ

---

[8] 収益関数は，さまざまな先行研究の知見をもとに作り上げられた．嶋口（2004）は，「千客万来」という商いの基本から，多くの人に何度も来て頂くことの大切さを説いている．この考え方は，収益関数の個数という変数の多様な解釈に反映されている．山田（2005）はデファクト・スタンダードから収益を上げる方法として，①本体か補完製品か，②現在か将来か，という2軸からなる収益デザインを提唱している．収益関数における，タイミング，期間，相手先という変数はこの考え方を反映したものである．また，カスタマーエクイティの研究，たとえば小野（2005），ならびに Ruth（2004）他の指標は，収益エンジンを考える上でも示唆に富む．

だけ積み重ねるかが決め手となり，技術の独自性を発揮しやすい．

　もう一つは，より汎用的な技術をベースに，うまく組み合わせて顧客にカスタマイズしたニーズを満たすという方法である．この方法のポイントは，他社が気づかないニーズを探り当てることと，内部のコスト構造を隠して交渉を有利に展開するということである（藤本，2004）．たとえば，高収益で有名なキーエンスやロームといった会社は，特定顧客向けの特注品は販売量に限りがあるとして避けている．技術を熟知した営業部隊が，顧客も気づかないニーズを拾い上げて，汎用品を組み合わせてソリューションとして提供している．

　後で述べる期間という変数とのかかわりでいえば，CDオーディオ，LD，MDが，技術の陳腐化と利幅をコントロールできたよい手本だといえる．ソニーをはじめとするAV機器メーカーは，基本特許をうまく抑えたということもあって，規格をゆっくりと普及させて，利幅を徐々に下げながら長期にわたって収益を伸ばすことができた（第4章）．

ii. 販売個数

　第2の変数は，ある単位期間における販売個数である．

　個数を伸ばす方法は，経済性の観点から四つに分けることができる．一つめは，同じものを大量に生産・販売するという方法で，規模の経済に対応する．たとえば，汎用メモリーは，スケールメリットを活かして，不特定多数の顧客に見込み生産で販売している．二つめはコアの部品を共通化しながら派生製品を拡充して個数を伸ばすという方法で，範囲の経済のことである．SoCに代表される特定顧客向けのチップは，開発にかかった投資は，当該製品だけで回収できるとは限らず，開発資産を他の製品に転用するなどして回収する必要がある．三つめは，商品の回転率を高めて需要ピークに個数を伸ばすという方法で，速度の経済にかかわる．この典型は，DRAMの世代交代（たとえば，1MBit → 16MBit → 64MBit → 256MBit → 1GBitというメモリーの容量の向上）であり，回転率が収益を上げるキー変数になる．四つめは，標準規格化して顧客が買わざるを得ない状況を作り出す方法でネット

ワークの経済に依拠したやり方である．パソコンのMPU（マイクロプロセッサユニット）では，インテルが標準規格化に成功して販売個数を伸ばしている．

半導体といっても，特定顧客向けのシステムLSIから，テレビのリモコンや火災報知機のセンサーといった汎用チップまでさまざまであり，数量の伸ばし方がそれぞれ異なるのである（第1章）．

iii. 販売する期間

第3の変数は，期間（単位期間の総数）である[9]．期間は，いうまでもなく短期か長期かという視点から二つに分けられる．短期というのは，スポットの関係性であり，単発的な売り切りによる収益の上げ方である．むしろ，興味深いのは，長期の関係性から収益を上げる方法であろう．

本書の事例でも，期間の継続という点がきわめて重要であることがわかった．たとえば，第1章で取り上げたコピー機事業について，たとえ，紙詰まりしないものが作れたとしても，それを高付加価値商品として売り切って収益を回収するのが得策だとは限らない．むしろ，実際の起業の動きを見ると，イニシャルコストを下げて関係性を継続した方がよいようにさえ見える．後で述べる収益を上げる相手先ともかかわるが，期間を伸ばしてサービスや消耗品から収益を拡充しているわけである．

このような事例は他にもある．家庭用ゲームソフトにしても，ソフトウエア会社としては，オンラインゲームという形でプラットフォームを構築した方が，月額の料金を継続的に受け続けることができる（第5章）．これと同様に，セコムも防犯センサーをインストールして，その後の継続的な関係から収益を上げている（第2章）．

---

[9] われわれは，期間を個数から区別して別の変数とした．期間の長短が個数の増減につながるという単純な関係だけを取り上げれば，二つを区別する意義はほとんどないのかもしれない．しかし，個数ではなく，期間の長短が利幅に影響を及ぼすこともある．そのため，利幅と個数と期間という三つの変数に分けて，それぞれの相互作用をみるような関数式を念頭におくことにした．また，収益エンジンにおいて「意識するポイント」を提示するという目的に照らし合わせると，期間を数量から切り分けた方が，より豊かな発想が可能になると考えられた．

iv. 収益を上げる相手先・対象

　第4の変数は，収益を上げる相手先である．これには二つの分類があって，一つは，顧客かパートナーかという分類である．通常は，財やサービスを提供する顧客から収益を上げるが，ときには，その財やサービスを提供するパートナー（協力企業）から収益を受けることもある．たとえば，インターネットにおけるポータルはその典型で，現在注目されているGoogleはほとんど広告ビジネスだけで成り立っている．本書で取り上げたヤフーは，広告主から収益口を確保した後，コンテンツを提供するパートナーから手数料収入を得るように働きかけ，さらにはユーザーを会員化して会員費や各種手数料を徴収する仕組みを作り上げた．

　話が少しそれるが，インターネットの拡充により，「情報は無料」という認識が一般消費者に広まり，情報誌などの収益モデルが変わりつつあるのは興味深い．10年以上前から書店に並んでいる求人・求職の雑誌などは，広告料収入のみならず，本体の雑誌の販売費も収益源となっている．ところが，近年話題になっているフリーマガジンなどは，広告料収入だけに頼り，一般消費者には無料で情報を提供することで発行部数を大幅に伸ばしているのである．

　また，もう一つの切り口として，本体か補完品（消耗品含む）かという切り口がある．たとえば，家庭用ゲームだと，本体プラットフォーム機器よりも，補完品としてのソフトウエアで収益を上げている．また，コピー機やプリンタであれば，本体だけでなく，補完品としてのメインテナンスや消耗品からも収益を上げている．逆に，かつての銀塩フィルムのカメラメーカーは，本体のカメラしか扱っていなかったため，その補完品であるフィルムやその現像にかかわる販売・サービスを提供できなかった．本体だけでなく補完品も自らのコントロールの下におき，収益設計に柔軟性を持たせるのが望ましい[10]．

10　これに関連して榊原（2005）は，収益設計について「利益プロファイル」という概念を提示している．これは，「製品アーキテクチャを利益の布置の観点からとらえた言葉」（p.119）である．

変数間の相互作用

　以上紹介してきた収益関数において，利幅，個数，期間という三つは，普段から意識すべき基本変数である．実務の感覚からすると，四つの変数として同列で並べるよりも，式の下のボックスに示されているように収益を上げる相手先・対象ごとに，利幅，個数，期間という変数があるという理解の方がわかりやすいだろう．

　ここでボックスで示されている，利幅，個数，期間という三つはそれぞれ独立しているわけではない．利幅を上げると，個数を伸ばすのが難しくなることが多いだろうし，一定期間で普及させて市場に行き渡らせると，長期にその販売量を維持できない．また，長期にわたって高い利益率を維持し続けるためには，ライバルの参入を防がなければならないだろう．両立は，必ずしも容易なことではないのである．以下，両立の難しさなどについて，三つの変数間の関係について，そのペアごとに考えていく．

① 利幅と個数

　一般に，利幅の厚さと個数の多さを両立させるのは難しいと考えられている．「薄利多売」という言葉が，まさにこの点を示しており，一方を追求すると他方を追及するのが難しくなるトレードオフの関係にあるようにさえ見える．両立困難な理由をつきつめれば，需要と供給の関係にいきつく．利幅を厚くするということは，ライバル他社よりも高い価格設定になるため需要量が減って数を伸ばし難くなる．特別な状況，すなわち独占性が高いとか，価格弾力性[11]が低いなどでない限り，基本的には両立は難しいのかもしれない．

　しかし，工夫によっては，利幅を確保しながら個数を伸ばすこともできる．たとえば，多売すればコストが下がるような仕組みを築けばよい．DRAMなどの半導体では，膨大な生産量を確保することで規模の経済と学

11　正確には需要の価格弾力性といって，価格の変動に対する需要の反応の違いのことである．「価格の変化に対して需要がほとんど変化しなければ，需要は非弾力的ということになる．需要が大きく変化するなら，需要は弾力的である」（コトラー＝アームストロング，1997, p.360）

習効果によって製品1単位当たりのコストを下げて利益率を伸ばしている．

また，最終製品ではなく，部品レベルで個数を捉え，さまざまな製品・サービスに使いまわして個数を伸ばすという方法もある．これは，需要と供給でいえば，既存部品で新しい需要を生み出すということに他ならない．新しい需要を生み出しつつ，コア部品は既存の手持ちを流用するという範囲の経済を活用することによって両立できる．

さらに，スピードを上げるなどの付加価値をつけて両立させるという方法もある．その典型がコンビニエンスストアの収益モデルで，利幅を確保しながらも，在庫回転率を早くすることで数量も伸ばすことができる．付加価値をつけるという意味では，標準規格を獲得して，利幅と個数を両立させるという方法もある．

② 個数と期間

収益エンジンにおいて，たくさんの個数を長く販売し続けることができれば理想的である．しかし，これはベストセラーの状態を維持し続けることと同意であり，決して容易なことではない．ベストセラーとロングセラーとを両立させるのは難しいように思える．

とくに，両立が難しいのは耐久消費財であろう．市場に全般に普及してしまうと，製品が壊れるまで買い換えてもらえない．買い替え頻度を上げるためには寿命を短くすればよいが（計画的陳腐化），そうするとより長寿命のライバルにシェアを奪われて，ベストセラーの座から追いやられてしまう．やはり，同じ製品モデルで大量に販売し続けるのは難しいのである．

しかし，視点を変えて，当該製品を耐久させる部分とさせない部分に切り分けたらどうなるだろうか．複写機やプリンタは，筐体の部分と消耗品の部分とでは，収益エンジンのあり方が異なる．本体はベストセラー化して，消耗品やサービス面でロングセラー化すれば，長期にわたって収益を上げることができる．最近の一眼レフタイプのデジタルカメラにおいても，アナログ時代に買い揃えたレンズがプラットフォームになっていて，逆にボディを頻繁に買い換えるという購買パターンも見られる．

③ 期間と利幅

　高収益率を長期にわたって維持するのも難しい課題である．なぜなら，収益性のよい業界にはライバル他社が次々と参入して，その業界の平均収益率が下がってしまうからである．とくに，技術革新のテンポが早い電機・情報通信機器の業界では，同じ製品・サービスを継続的に販売していくのが難しい．巨額な設備投資が必要だと，その投資を回収するまで低収益で我慢してしまうので，なおのこと利益率が下がってしまう．このような特性をもっている点が，ブランド品が成り立つファッション業界や定番が存在する食品業界とは異なる[12]．

　技術の進歩が早い業界では，奇をてらわずに独自性を維持するしかない．独自の技術からうまく仕組みの差別化を実現するのが，高収益率を長期にわたって維持する基本である．幸運にも，寡占市場を築くことができれば，さまざまな手段を講じることもできる．たとえば，2強や3強で市場を支配してしまえば，巧みにクロスライセンスを組んで技術のスペック向上のスピードをコントロールすることができる．たとえ技術革新で先駆けていたとしても，進歩のペースを先んじて上げる必要はない．むしろ，枯れかけた技術であっても，時間をかけてじっくりと収益を上げていけばよい．

　あるいは，視点を変えて，本体と補完品の関係をうまくテコにすれば，一定のレベルで両立可能である．たとえば，インストールベースに初期投資をさせて顧客はロックインできれば，消耗品やサービスに対して長期にわたって対価を支払うであろう．もちろん，消耗品やサービスの対価が高ければ，顧客は警戒してインストールベースとなる本体の購入にためらうかもしれない．顧客のニーズや顧客の購買パターンに合わせて，バランスよく設計することが大切なのである．

　以上，本章の後半では，収益関数を起点にいかに事業をうまく設計すべきかについて説明してきた．最後にもう一度強調しておきたい点は，収益関数

---

[12] たとえば，インスタントラーメンやマヨネーズを思い出して欲しい．論者によっては，味による慣れはデファクト・スタンダードと同じような経済原理が作用すると主張されている（浅羽, 1995）．

は発想の起点に過ぎないということである．理想的な収益関数を実現するためには，やはり，それ相応の下準備と仕込みが必要である．P-VAR を一巡するだけでは足りず，二巡も三巡もしてようやく思い描いていたような収益関数が実現するような場合もあるだろう．

　この意味でも，本書のタイトルは『収益エンジンの論理』であるが，その論理は，収益エンジンだけに自己完結するものではない．収益エンジンをうまく回すための資源は言うに及ばず，収益エンジンを左右するポジション，資源を開発する成長エンジンも含めて考えなければならない．自社の勝ちパターン，すなわち，本章で説明した良い循環の構造をもう一度じっくりと考えて，技術の空洞化に陥らないような戦略的な意思決定をしていただきたい．

（井上 達彦）

付録 マッチング・プラットフォーム[1]

1. はじめに

「より精度の高い情報を提供する仲介業者こそ,優れた企業だ」——そう思われたことはないだろうか.これは,ある意味では正しく,またある意味ではそうではない.

情報技術の発達した現代においては,企業が自社の持つ情報を買い手に提供することは,そう難しいことではない.これは確かなことである.しかし,実際にいくつかの仲介業者のweb上で情報を提供する「マッチングシステム」を見ると,かならずしも自社の商品・サービスにかんするすべての情報を提供しようと設計されてはいない.これがたとえば,買い手のニーズがあまり多岐に渡らない商品・サービスにかんするものであれば,理解できる.そもそもそこには「詳細」と言えるほどの情報がないからだ.しかし,買い手によって求める点が異なるような商品・サービスであっても,同様のことがいえる.

---

[1] 本稿のもととなる修士論文の研究指導では,早稲田大学根来龍之教授,坂野友昭教授からは貴重なコメントを賜った.また,一本の論文にまとめるにあたって,早稲田大学大学院商学研究科の真木圭亮氏には,多大な助言と支援をいただいた.記して感謝する.

一般的には，多くの情報が提供されていれば，買い手はその中から自分自身で求める情報を得ることができるため，便利だと考えられよう．また，そのようなマッチングシステムを提供している企業こそが「丁寧で親切な」企業であると認知されるため，成功する可能性が高いと考えられる．しかし，実際はそのようにはなっていない．これはなぜだろうか．「仲介企業間での情報提供量の違いは何によってもたらされるのか」──この疑問を解き明かすことを本研究の目的とし，以下ではまず情報の非対称性とその影響について述べ，次に四つの事例を交えながら，考察を進めていきたい．

2. 情報の非対称性

レモン市場

　情報技術があまり発達していなかった1970年代，中古車市場においては中古車販売業者と買い手との間にある情報の非対称性が問題となっていた．アカロフ（1970）はこの中古車市場を例にとって，情報の非対称性が存在する市場，つまり不完全市場[2]における粗悪品の流通と価格形成を説明している．

　まず，中古車市場には，品質のよい中古車と品質の悪い中古車が出回っている．当然のことながら，売り手は自分の扱う商品の品質については熟知しているが，買い手はそうはいかない．彼らには商品にかんする情報が質，量ともに売り手よりも不足しているため，買おうとしている中古車が品質のよい中古車なのか，それとも欠陥車（＝レモン）なのかを判断できない．これが，売り手と買い手の間で情報の非対称性が発生している状態である．この情報の非対称性は，最終的に中古車市場にレモンばかりが出回ってしまうような状況を招くこととなる．このように情報の非対称性によって粗悪品ばかりが出回る市場を，「レモン市場」と呼ぶ．それにいたるプロセスは，以下

---

[2] これに対して，情報の非対称性の存在市場を「完全市場」という．

のようなものである．

　ここでは便宜的に，中古車市場には品質のよい中古車と品質の悪い中古車が1/2ずつ存在すると仮定しよう．品質のよい中古車の価格は100万円で，品質の悪い中古車の価格は50万円の価値がある．ここで，買い手は1/2の確率で品質の悪い中古車が混じっているのは知っている．したがって，買い手の期待値＝100万円×1/2＋50万円×1/2＝75万円となる．

　買い手は一つひとつの中古車の情報を知らないので，平均品質に基づいた価格で評価しようとする．そのため，たとえ品質のよい中古車に対してであっても75万円までしか払わない．その結果，売り手は100万円の中古車を売りに出さなくなり，75万円までの中古車しか売りに出さなくなる．

　すると，中古車市場における品質のよい中古車の価格は75万円，品質の悪い中古車の価格は50万円となる．先ほどと同じように，買い手は1/2の確率で品質の悪い中古車が混じっているのを知っている．したがって，買い手の期待値＝75万円×1/2＋50万円×1/2＝62.5万円となる．

　買い手は平均品質に基づいた価格で評価するので，62.5万円までしか払わない．すると，売り手は75万円の中古車を売りに出さなくなる．そうして，最後には，品質のよい中古車が市場から締め出されてしまい，レモンばかりが市場に出回るようになる（大村・岩下，2002）．

　このようにアカロフは，中古車市場を例にとり，情報の非対称性が与える影響を説明している．

情報技術による克服　――オークネットの事例――
　上記のように買い手と売り手の間には情報の非対称性が存在していたが，大量の情報を簡単に，そして安価に扱うことのできる情報技術のめざましい発達により，それはかなりの程度まで解消されるようになってきた．中古車のネットオークションビジネスを行うオークネットは，その一例と言えるだろう．

　オークネットは，1984年に衛星TVによる中古車のネットオークションビジネスを開始した．買い手は実物を見ることなく，TV画面に映っている

中古車を見て購入を決定することができる．

　基本的に中古車は１台ごとに品質の異なる商品であり，実際に実物を見なければ購入の意思決定を下しにくい商品である．しかも，前述したように，中古車市場には情報の非対称性が存在するため，買い手は仮に実物を見たとしても，その中古車がレモンなのかどうなのか判断するのが難しい．

　オークネットは，売り手と買い手の間の情報の非対称性をなくすため，全ての中古車に対して非常に精緻な品質のチェックと10段階の評価点による格付けを行い，その情報を開示している．これによって，売り手と買い手の間に，より完全市場に近いネットオークション市場が形成され，買い手は実際に車両を見ることなく，その中古車の品質を知ることができるようになった．

　このように，情報技術は情報に非対称性の解消に大きな役割を果たすものなのである．

逆行するマッチングシステムの存在　―日産中古車販売 Get-U―

　情報技術の発展により，オークネットのように買い手と売り手の間の情報の非対称性をなくして完全市場の形成を目指す企業が現れてきている一方で，このような取り組みを行っていない企業も存在する．日産中古車販売サイト Get-U は，ホームページ上に「高品質宣言車」と銘打ち，納車時に最大95項目の点検整備を実施するほど，中古車の品質にこだわっている．しかしながら，Get-U のサイトで表示される中古車の詳細情報は，価格・走行距離・年式などの情報だけにとどまっており，キズ・ヘコミなどの個別品質に関する情報は表示されていない．

　通常，商品を販売していく上で重要なのは，ベストマッチングを行うことで，買い手が真に欲しいと思っている商品を提供することだと考えられている．しかも，以前と異なり，現在はインターネットの発展によって情報システムにかかるコストは低下しており，ベストマッチングを行うことそれ自体は以前のように困難ではなくなっている．それにもかかわらず，Get-U のように詳細情報をあえて買い手に提供しないのは，考えにくい行動である．

いったいなぜ，そのような行動をとるのであろうか．

3. マッチングシステムの事例

収益の源泉による差異

先の疑問に対する答えを先取りすると，マッチングシステムの違いは，事業の収益の源泉の違いに起因している．収益の源泉が売り手と買い手の仲介手数料であれば企業はマッチング精度を上げるであろうし，収益の源泉が自社商品の販売による利益であればマッチング精度を粗くして，自社の営業所に顧客が問い合わせるように誘導するであろう．

前者は仲介のみを行っており，後者は仲介と営業所における自社商品の販売を行っているので，それぞれ「専業型」，「複合型」と位置づけることができる．専業型のように仲介業務に特化するか，複合型のように仲介業務を通じてサービスを提供するかによって，マッチングシステムの仕様は異なってくるのである．

以下では，収益の源泉とマッチングシステムとの関係に焦点を当て，中古車市場，賃貸不動産市場，人材派遣市場，そして結婚情報サービス市場の四つの事例の分析を行う．その際，先に述べた収益の源泉の違い，つまり専業型であるか複合型であるかという二分法で各市場における分析対象企業を分類することで，このビジネスの「型」の違いとマッチングシステムの違いとが明確にわかるように留意した．

(1) 中古車市場

中古車市場におけるマッチングビジネスは，USSやオークネットといった買い手と売り手を仲介するオークション企業が専業型に，そしてケーユーやGet-Uといった仕入れた中古車を個人向けに販売する中古車販売企業が複合型に分類される（表A–1）．オークション企業はマッチング業務に特化しており，中古車販売企業はマッチングを介して自社商品の販売を行ってい

る．

　専業型であるオークション企業の特徴は，自分自身では在庫を持たず，中古車業界の業者向けにオークションの場を提供し，成約手数料で収益を上げているという点である．そのため，オークション企業のマッチングシステムは，詳細な情報を買い手に対して提供することで，マッチングシステム内で成約できるように設計されている．

　これに対して，複合型である中古車販売企業の特徴は，自社の仕入れた中古車を個人に対して販売している点である．仕入れ値と販売価格の差が収益となるため，自社所有の中古車を販売することに自然と注力することになる．このような中古車販売企業のマッチングシステムは，商品に興味を持った買い手を営業所に誘導できるように，あえて詳細な情報を提供しないものとなっている．

　表 A-2 は各社のマッチングシステムを比較したものである．オークション企業は，キズ・ヘコミといった詳細な情報まで提供して情報の非対称性を緩和することで，マッチングシステム内で成約できるように設計している．

　一方，中古車販売企業は自社所有の中古車から購入する中古車を選んでもらうように意図しているため，あえてマッチングシステムによる詳細な情報提供を行っていない．より詳細な情報を求める買い手は直接営業担当者と連絡を取らざるをえないため，自然と自社の営業所に足を運ぶことになるという仕組みになっている．

　精緻なマッチングを行う仲介業者であることから，オークション企業のマッチングシステムを「仲介型」と呼ぼう．これに対して中古車販売企業の

◘表 A-1　業務の範囲（中古車市場）

種類	企業名	買い手	マッチング	売り手
オークション企業	USS	×	●	×
	オークネット	×	●	×
中古車販売会社	ケーユー	×	●	●
	Get-U	×	●	●

◻ 表 A-2 マッチングシステムの比較（中古車市場）

中古車の提供情報項目			USS	オークネット	ケーユー		Get-U	
			情報システム	情報システム	情報システム	営業所	情報システム	営業所
詳細項目	外装	評価点	●	●	×	●	×	●
		キズ, ヘコミ	●	●	×	●	×	●
	内装	コゲ, ズレ, キズ	●	●	×	●	×	●
簡易項目		車種	●	●	●	●	●	●
		年式	●	●	●	●	●	●
		修理歴	●	●	●	●	●	●
		走行距離	●	●	●	●	●	●
		設備	●	●	●	●	●	●
業務の範囲			専業型		複合型			
マッチングシステムの種類			仲介型		粗い仲介型			

◻ 表 A-3 収益比較（中古車市場） （百万円）

種類	企業名	売上げ	営業利益	営業利益率	備考
オークション企業	USS	50,484	20,673	41%	2005年3月期
	オークネット	16,458	2,190	13%	2004年12月期
中古車販売会社	ケーユー	38,089	1,886	5%	2005年3月期
	Get-U	非公開	非公開	非公開	—

出典：各社ホームページ．[3]

マッチングシステムは，詳細情報を省略したマッチングシステムであるため，「粗い仲介型」と呼ぶこととしよう．

　表 A-3 は各社の収益を比較したものである．オークション企業は，自社で在庫を持たず仲介業に専念しているため，利益率が高い．利益を重視した収益モデルであると言える．中古車販売企業は，マッチングシステムによる

---

[3] オークネットホームページ（http://www.aucnet.co.jp/）
　ユー・エス・エスホームページ（http://www.USSnet.co.jp）
　ケーユーホームページ（http://www.keiyu.co.jp）

仲介ではなく自社所有の中古車を販売することがコア事業であるため，在庫も営業担当者も抱えなくてはならない．そのため利益率は低く，売上げ重視の収益モデルとなっている．

このように，収益を何から上げるかによって，企業の提供する情報の量が異なることがわかる．

(2) 賃貸不動産市場

個人向け賃貸不動産の仲介業は大きく二つのタイプに分けられ，一つめは，賃貸不動産仲介業者からの広告を雑誌・Web等に掲載し，入居希望者に物件情報を提供し，賃貸不動産仲介業者と入居希望者との間を取り持つ広告型．二つめは，家主から不動産建築工事を請け負った物件を土地オーナーから運営代行を行い，入居希望者の賃貸不動産仲介を行うディベロッパー型である．表A-4に示すように，広告型企業はマッチング業務に特化した専業型であり，ディベロッパー型企業はマッチングを介した自社管理物件の営業を行っており，複合型の企業である．

広告型企業の特徴は，賃貸不動産仲介業者から広告料をもらい，雑誌・Webといったメディアに物件情報を掲載し，入居希望者に対して物件情報の紹介を行うビジネスに特化しているということであり，広告料収入を収益の柱としている．そのマッチングシステム上では大量の物件情報が詳細に分類されており，入居希望者は多くの物件の中から効率的に自分の要望に沿った物件を手軽に検索できる．これは，マッチングシステム上での賃貸契約の実現を目的とした設計であると言える．

◘表 A-4　業務の範囲（賃貸不動産市場）

種類	企業名／ブランド名	入居希望者	マッチング	不動産屋
広告型	CHINTAI	×	●	×
	フォレント	×	●	×
ディベロッパー型	レオパレス21	×	●	●
	大東建託	×	●	●

ディベロッパー型企業の特徴は，家主から建築請負を受注し，建築した物件を家主に代わって管理・運営・入居者の募集に至るまで行うといった多岐にわたる事業を行う点であり，賃貸不動産仲介事業では自社管理物件のみを取り扱う．入居希望者にとっては，紹介される賃貸物件が全て自社建築の物件であるため，賃貸物件の品質が保証されているという安心感があることが利点として挙げられる．ディベロッパー型企業のマッチングシステムは，自社管理の物件を斡旋することに注力するため，買い手に対して詳細な情報を提供せず，興味を持った買い手を営業所に誘導することを目的として設計されている．

　表A-5に示しているように，広告型企業とディベロッパー型企業とでは，マッチングシステムや営業体制が異なることがよくわかる．

　広告型企業は，物件の所在地・周辺の情報・物件の設備など，詳細な情報を借り手に積極的に提供することで，情報の非対称性を緩和させている．これは，マッチングシステムによって賃貸契約を成約させたいという意図の現れである．

　一方，ディベロッパー型企業は，自社管理物件を借りてほしいという事業の特徴から，自社営業所に借り手を誘導しなければならない．そのためマッ

◘表A-5　マッチングシステムの比較（賃貸不動産市場）

賃貸物件の提供情報項目		CHINTAI	フォレント	レオパレス21		大東建託	
		情報システム	情報システム	情報システム	営業所	情報システム	営業所
家賃		●	●	●	●	●	●
物件	間取り	●	●	●	●	●	●
	設備	●	●	▲	●	▲	●
	築年	●	●	●	●	●	●
土地	エリア	●	●	●	●	●	●
	路線	●	●	●	●	●	●
	環境	●	●	×	●	×	●
業務の範囲		専業型		複合型			
マッチングシステムの種類		仲介型		粗い仲介型			

◘表 A-6　事業別収益比較（賃貸不動産市場）　　　　　　　　　　　　　　　　（億円）

企業名／サービス名	種類	総合			賃貸事業			請負事業			決算日
		売上げ	営業利益	営業利益率	売上げ	営業利益	営業利益率	売上げ	営業利益	営業利益率	
レオパレス21	ディベロッパー型	4,762	546	11.5%	2,165	72	3.3%	2,480	570	23.0%	2005.3.31
大東建託		4,917	557	11.3%	859	24	2.8%	3,842	621	16.2%	2005.3.31
CHINTAI	広告型	96	39	40.6%	96	39	40.6%	—	—	—	2004.10.30
フォレント		—	—	—	—	—	—	—	—	—	

出典：各社ホームページ．**4**

チングシステムではあえて詳細な情報を提供せず，興味を示した借り手が詳細な情報を入手するためには営業担当者に連絡を取り，営業所に来ざるをえない状況を作り出している．

　広告型企業のマッチングシステムは，精緻なマッチングを行うことから「仲介型」であり，ディベロッパー型企業のマッチングシステムは，あえて詳細情報を省略したマッチングシステムであるため，「粗い仲介型」である．

　表 A-6 に示しているように，広告型企業のほうがディベロッパー型企業よりも利益率が高い．これは，前者が自社で在庫を持たず仲介業に専念しているのに対して，後者はオーナーから建築受注を請け負うのがコア事業であり，賃貸事業は請負契約を受注するための家賃保証サービスを提供しているために行われている付帯的な事業であるためである．この事業では自社管理物件の空室率をとにかく少なくすることが重要であり，そのためには多額の営業費用が必要となることから，必然的に利益率が下がってしまっている．

(3) 人材派遣市場

　人材派遣市場には，一般労働者派遣事業と特定労働者派遣事業という二つの形態の事業が存在する．

---

[4] レオパレス21 ホームページ（http://www.leopalace21.com/）
　大東建託ホームページ（http://www.kentaku.co.jp/）
　チンタイホームページ（http://www.chintai.net/）

一般労働者派遣事業とは，派遣事業者と雇用関係のない不特定多数の人材に登録してもらい，必要の都度，雇用契約を結び顧客に派遣する形態の事業である．具体的には「オー人事，オー人事」のCMでおなじみのスタッフサービスやパソナなどが挙げられる．一般労働者派遣事業を行う企業は，登録スタッフと派遣スタッフを希望する企業との仲介を基幹業務としている．派遣会社には，企業の要望に応じて大量の登録スタッフの中から要望に見合った派遣スタッフを迅速に提供することが求められる．

　特定労働者派遣事業とは，自社が長期的に雇用しているエンジニアなどの専門職従事者を，必要としている顧客に一定期間派遣する事業である．派遣会社は，企業の要望に応じて，自社の質の高い正社員の中から要望と合致した派遣スタッフの提供を行うことで，一般労働者派遣よりも相対的に高い付加価値を顧客に提供している．こちらの例としては，インテリジェンスやメイテックなどが挙げられる．

　表A-7に示すように，一般労働者派遣事業はマッチング業務に特化した専業型であり，特定労働者派遣事業はマッチングを介した自社と雇用関係のある社員の提供を行っており，複合型の企業である．

　一般労働者派遣事業は，一般事務派遣などの高度なスキルを伴わない業種を主なターゲットとしている．一般的に，企業からの需要は多く，それに応じた数の契約を結ぶことができ，その結果，高い売上げを実現することができる．そのため，一般労働者派遣事業のマッチングシステムは，簡易な情報で派遣先企業と派遣スタッフを，効率的にマッチングシステムで成約されるように設計されている．

　特定労働者派遣事業は，エンジニア・薬剤師などといった高度なスキルを

◘表A-7　業務の範囲（人材派遣市場）

種類	企業名	事業	派遣先企業	マッチング	派遣スタッフ
一般労働者派遣	スタッフサービス	一般事務派遣	×	●	×
	パソナ	一般事務派遣	×	●	×
特定労働者派遣	インテリジェンス	正社員エンジニア派遣	×	●	●

必要とする業種を主なターゲットとしている．高いスキルを持つ専門技能者は数が少ないため，企業に安定的に提供するには派遣企業を正社員として雇用しなくてはならないが，専門職派遣は一般労働者派遣と比較すると単金が高いため，十分に元を取ることができている．特定労働者派遣事業のマッチングシステムは，派遣スタッフに求められるスキルが高度かつ特殊なものであるため，詳細な情報をもとに派遣先企業と派遣スタッフをベストマッチングするように設計されている．

　表A-8は，労働者派遣事業を営む各社のマッチングシステムを比較したものである．一般労働者派遣事業の中で最も一般的な一般事務派遣のマッチングシステムは，標準化できる「テクニカルスキル」および「ヒューマンスキル」の中でも，「ビジネスマナー」「コミュニケーション能力」といった比較的標準化できる項目のみの情報で，大量の売り手と買い手を効率的にマッチングさせるよう意図されている．一方，特定労働者派遣事業のマッチングシステムは，派遣スタッフは自社の社員であるため，同一人物をできるだけ長い期間，より高い報酬で雇用してもらえるように，質の高い派遣スタッフ

■表A-8　マッチングシステムの比較（人材派遣市場）

派遣スタッフの価値		スタッフサービス (一般事務派遣)	パソナ (一般事務派遣)	インテリジェンス (正社員派遣)	
		情報システム	情報システム	情報システム	コーディネーター
ヒューマンスキル	やる気	×	×	×	●
	気配り	×	×	●	●
	ビジネスマナー	▲	▲	●	●
	コミュニケーション能力	▲	▲	●	●
テクニカルスキル	資格	●	●	●	●
	専門知識	●	●	●	●
	業務経験	●	●	●	●
業務の範囲		専業型		複合型	
マッチングシステムの種類		調整型		精緻な調整型	

を雇用し，「テクニカルスキル」「ヒューマンスキル」とも十分に把握し，企業の要件に合った派遣スタッフを派遣する，顧客維持重視の精緻なマッチングを行えるように意図されている．

一般労働者派遣事業のマッチングシステムは，割り切りマッチングを行うことから「調整型」，特定労働者派遣事業のマッチングシステムは，ベストマッチングには到達しえないがベストマッチングを目指したマッチングシステムであるため，「精緻な調整型」と，それぞれ呼ぶこととしよう．

表A-9は，厚生労働省による平成15年度の派遣労働者市場の統計データである．一般労働者派遣は労働者数が多く売上高は大きいが，一人当たりの年間売上高は低い．そのため，一般労働者派遣は，効率よく数多くの派遣スタッフを派遣先企業に送り込むことに専念する効率重視の事業形態である．

一方，特定労働者派遣は，労働者数は少なく売上高は少ないが，一人当たりの年間売上高は高い．特定労働者派遣は利益率が高いので，派遣先企業に契約を継続してもらうようにすることが重要であり，そのため，顧客満足重視の収益モデルとなっている．

(4) 結婚情報サービス市場

結婚情報サービス市場におけるマッチングビジネスには，ヤフー縁結びやエキサイト恋愛結婚といったネット上で結婚を希望する男女の情報を提供するオンライン型企業と，ツヴァイやサンマリエなどの大手結婚情報会社，およびマリックスや日本仲人連盟などの仲人相談所といった，結婚を希望する

◘表A-9　平成15年度派遣労働者市場統計データ

	一般労働者派遣	特定労働者派遣
派遣労働者数（万人）	222	14
売上高（億円）	19,138	4,478
一人当たり年間売上高（円）	860,627	3,224,204

出典：厚生労働省ホームページ．5

5　厚生労働省ホームページ（http://www.mhlw.go.jp/）

男女を引き合わせ成婚を取り持つ企業の二種類がある．

オンライン型企業の特徴は，自分自身では交際相手の紹介を行わず，自社会員のデータベース情報を提供し，出会いの場を提供することに特化していることであり，その対価として，会員からの月会費を収益源として得ている．あくまでも出会いの場を提供するだけで，理想のパートナーの紹介などは行わない．そのため，オンライン型企業のマッチングシステムは，簡易な情報を提供し，会員にとって理想の相手かもしれない複数の相手を瞬時に提供し，効率的に理想の相手を探せるように設計されている．

大手結婚情報会社・仲人相談所の特徴は，自社会員の情報提供および紹介し成婚に至るまでを行い，カウンセラーが手間ひまかけて理想のパートナーを探し出すという付加価値の高いサービスを提供している点である．収益源は，カウンセラーがベストマッチングな相手を定期的に紹介するサービスの対価として支払われる月会費であり，それに加えて一部の企業では成婚手数料も追加される．そのため，大手結婚情報会社・仲人相談所のマッチングシステムは，成婚手数料を得るために情報システムと熟練カウンセラーによる二段階になっている．まず会員情報が登録された情報システムから，お互いの条件に適合する粗いマッチングが行われる．これが第一段階である．第二段階ではカウンセラーが経験をもとに双方のバランスを考慮した上で，最終的なマッチングを行う．情報システムではマッチングが難しい男女双方の価値観や相性といった内面的な項目についてのマッチングを人が担うことで，マッチングの品質を上げるように設計されている．

表A-10に示すように，オンライン型企業はマッチング業務に特化した専業型である．これに対して大手結婚相談所・仲人相談所は，マッチングを介して，あたかも自分の子供の面倒を見るように親身になって会員を理想のパートナーとのお見合いをさせることを行っている，複合型の企業である．

表A-11に各社のマッチングシステムの比較表を示す．オンライン型企業のマッチングシステムは，容姿・学歴・年収といった標準化できる「外的項目」に絞って，大量の会員同士を効率的にマッチングさせるように意図されている．一方，大手結婚情報会社・仲人相談所のマッチングシステムは，カ

◘表 A–10　業務の範囲（結婚情報サービス市場）

種類	ブランド名	情報提供	紹介	成婚
大手結婚情報会社	ツヴァイ	●	●	×
	サンマリエ	●	●	×
仲人相談所	マリックス	×	●	●
	日本仲人連盟	●	●	●
オンライン型	ヤフー縁結び	●	×	×
	エキサイト恋愛結婚	●	×	×

ウンセラーがあたかも会員の親になりかわったかのように，理想のパートナー探しを行うことを付加価値としている．そのため，「外的項目」だけではなく，相性・価値観といった「内的項目」についてもマッチングを行い，会員の要望に沿ったパートナーを紹介するような，顧客維持重視の精緻なマッチングを行えるように意図されている．

オンライン型企業のマッチングシステムは，割り切りマッチングを行うことから「調整型」であり，大手結婚情報会社・仲人相談所のマッチングシステムは，ベストマッチングには到達しえないが，ベストマッチングを目指したマッチングシステムであるため，「精緻な調整型」である．

各社の収益を比較したものが表 A–12 である．オンライン型企業はカウンセラーを介さないために提供する付加価値が少なく，集められる月会費は低い．その結果，売上高が少なくなるため，人手を介さない情報システムで提供できるサービスに特化した，効率的に利益を上げられる効率重視の収益モデルとなっている．

一方，大手結婚情報会社・仲人相談所は，カウンセラーを介して高品質な紹介サービスを提供することで，高額な月会費を収集可能としている．そのため，会員が結婚するまで高品質な紹介サービスを継続的に提供することが収益を上げるために重要であり，顧客満足を重視した収益モデルとなっている．

◘表A-11　マッチングシステムの比較（結婚情報サービス業）

お見合い相手の価値		ヤフー縁結び 情報システム	エキサイト恋愛結婚 情報システム	ツヴァイ 情報システム	ツヴァイ カウンセラー	サンマリエ 情報システム	サンマリエ カウンセラー	サンマリエ 出会い保証	マリックス 情報システム	マリックス カウンセラー	日本仲人連盟 情報システム	日本仲人連盟 カウンセラー
内的項目	相性	×	×	▲	▲	▲	▲		▲	▲	▲	▲
	価値観	×	×	▲	▲	▲	▲		▲	▲	▲	▲
	尊敬できる	×	×	▲	▲	▲	▲		▲	▲	▲	▲
外的項目	容姿	●	●	●	●	●	●	●	●	●	●	●
	身長	●	●	●	●	●	●	●	●	●	●	●
	年齢	●	●	●	●	●	●	●	●	●	●	●
	地域	●	●	●	●	●	●	●	●	●	●	●
	学歴	●	●	●	●	●	●	●	●	●	●	●
	年収	●	●	●	●	●	●	●	●	●	●	●
	職業	●	●	●	●	●	●	●	●	●	●	●
	趣味	●	●	●	●	●	●	●	●	●	●	●
業務の範囲		専業型	専業型	複合型								
マッチングシステムの種類		調整型	調整型	精緻な調整型								

◘表A-12　収益比較（結婚情報サービス業）　　　　　　　　　　　　　　　（百万円）

種類	ブランド名	売上げ	純利益	純利益率	備考
大手結婚情報会社	ツヴァイ	4,307	215	5.0%	2005年2月期
	サンマリエ	4,000	150	3.8%	2005年3月期
仲人相談所	マリックス	365	2.7	0.7%	2004年9月期
	日本仲人連盟	非公開	非公開	非公開	—
オンライン型	ヤフー縁結び	153	16.5	10.8%	2003年6月期

出典：各社ホームページ．6　帝国データバンク．7

6　マリックスホームページ（http://www.marrix.co.jp/）
　　サンマリエホームページ（http://www.sunmarie.com/）
　　ツヴァイホームページ（http://www.zwei.com/）
　　エキサイトホームページ（http://www.excite.co.jp）
　　ヤフーホームページ（http://www.yahoo.co.jp/）
7　帝国データバンクホームページ（http://www.tdb.co.jp/）

業務の範囲による差異

　収益の源泉が異なることによって，企業の業務の範囲も異なることを見てきた．同一業界の企業であっても，収益の源泉が異なると事業の範囲が異なり，それとは逆に収益の源泉が同じであるならば企業ごとの事業の範囲は同じとなる．そして，事業の範囲の違いによって，マッチングシステムも異なるのである．

　ここでもう一度，前述の4業種の事例について簡単にではあるが振り返っておこう．中古車・賃貸不動産市場の専業型企業は，売り手と買い手の仲介に特化したベストマッチングを行う仲介型のマッチングシステムを提供している．

　一方，中古車・賃貸不動産事業の複合型企業は，仲介業だけでなく，売り手としての業務も持っているため，どうしても自社商品を販売しようとする意思が働く．自社商品を売るためには，営業担当者に問合せが行くように買い手を呼び込む必要があり，そのためにあえてマッチングシステムで提供する情報量を少なくしている．そのようにして営業所に買い手を呼び込んだ結果，買い手が希望の商品がなかったとしても，営業担当者の営業力によって別の自社商品が販売できるようになっている．

　人材派遣・結婚情報サービス市場の専業型企業も，中古車・賃貸不動産市場の専業型企業と同じく売り手と買い手の仲介に特化しているが，そこでのマッチングを見ると，まったく同じであるとは言えないようである．中古車・賃貸不動産市場の専業型企業がマッチングシステム上で成約できるようにできるかぎり多くの商品情報を提供しているのに対し，人材派遣・結婚情報サービス市場の専業型企業は，提供する情報をかなり絞り込んでいる．提供する情報量に違いがあるのだ．

　同じような違いが，複合型企業同士でも見られる．先にも述べたが，中古車・賃貸不動産市場の複合型企業は，自社営業所に買い手を呼び込むために，情報提供量の少ない粗い仲介型のマッチングシステムを提供している．これに対して，人材派遣・結婚情報サービス市場の複合型企業は，仲介業だけでなく売り手の業務も持っているために，人材派遣であれば自社の社員の

派遣斡旋を，結婚情報サービス業であればカウンセラーのクライアント会員の結婚斡旋を行おうとする意思が働く．そのため，同じ複合型であっても，中古車・賃貸不動産市場とは異なり，ベストマッチングを目指した精緻な調整型のマッチングシステムを提供している．

　ここまで見てきたように，たしかに専業型であるか複合型であるかによってマッチングシステムが異なることがわかった．しかし，それと同時に新たな疑問も浮上する．なぜ同じ専業型や複合型でも，さらにマッチングシステムに違いが見られるのだろうか．

商品の性質による差異

　同じ専業型・複合型でも，マッチングシステムは異なるようである．これはなぜか．ここではその疑問に答える前に，そもそも情報の非対称性がなぜ市場に影響を与えるのかを述べていく．

　先に述べた1970年代の中古車市場における情報の非対称性は，売り手は中古車の品質のよし悪しにかんする情報を知っているのに対して，買い手は個々の中古車の情報をすべては知りえないことに起因している．では，そこで生じた情報の非対称性がなぜ市場全体にほぼ等しく影響を及ぼすのだろうか．それは，中古車という商品は，誰が購入しても品質のよい中古車は品質がよく，品質の悪い中古車の品質は悪いという特徴を持っているからである．言い換えれば，買い手の選好によって評価が大きく分かれる商品ではないということを意味している．

　ここで，買い手の嗜好やそのとき買い手が置かれているコンテクストによって評価の変わってしまう商品について考えてみよう．そのような商品は，買い手と商品の相互作用によって，つまりほぼ誰にでも等しく認知される客観的基準ではなく，買い手一人ひとりに特殊的な基準に従って評価されることで，品質のよい商品にも悪い商品にもなりうる．そのため，買い手による影響を受ける商品の品質は，売り手にも買い手にも決定的な判断ができないということになる．

　オークネットは，個々の中古車情報を積極的に買い手に提供することで，

中古車市場での情報の非対称性をなくし，買い手が安全に中古車を購入できるようにした．しかしながら，販売する商品が買い手との相互作用によってその品質を変えてしまうものであるならば，そもそも買い手の認知レベルでは情報の非対称性は生じず，よってオークネットのようなマッチングシステムとは異なる仕様のマッチングシステムが提供されるようになるものと考えられる．

　さて，先ほどは中古車市場，賃貸不動産市場，人材派遣市場，結婚情報サービス市場の4業種の事例について，その業務範囲に焦点を当てて見てきたが，ここからはさらに商品の視点を付け加えて分析を行っていこう．

　中古車・賃貸不動産は，個別商品ごとに品質の異なるものではあるが，買い手が変わっても，提供される商品のスペックは同一であり，買い手によって，品質は変化しない商品である．

　一方，人材派遣・結婚相手といった商品は，買い手による相互作用が働き，同じ派遣スタッフが派遣されたとしても，職場の上司との相性や，職場の同僚との関係のよし悪しによって，仕事に対するモチベーションは変化し，商品の品質が変化することになるし，同じ結婚相手が紹介されたとしても，人によって理想のパートナーの好みは異なっているため，紹介する会員によって商品の品質が変化することになる．

　このように，本章で紹介した四つの事例は，商品品質の変化度の低い「中古車市場・賃貸不動産市場」と，商品品質の変化度の高い「人材派遣市場・結婚情報サービス市場」の二つに分類される．

　商品品質の変化度の低い市場では，買い手が変わっても提供される商品のスペックは同一なので，ベストマッチングを行うことが可能であり，仲介型のマッチングシステムとなる．一方，商品品質の変化度の高い市場では，買い手が変わると提供される商品のスペックが変化するため，ベストマッチングを行うことが難しくなり，必然的に調整型のマッチングシステムとなる．商品品質の変化度によってベストマッチングの可否が決まり，それによってどのようなマッチングシステムが適切であるかが決定される．これが，同じ専業型・複合型でもマッチングシステムが異なる理由である．

4. マッチングシステムの分類

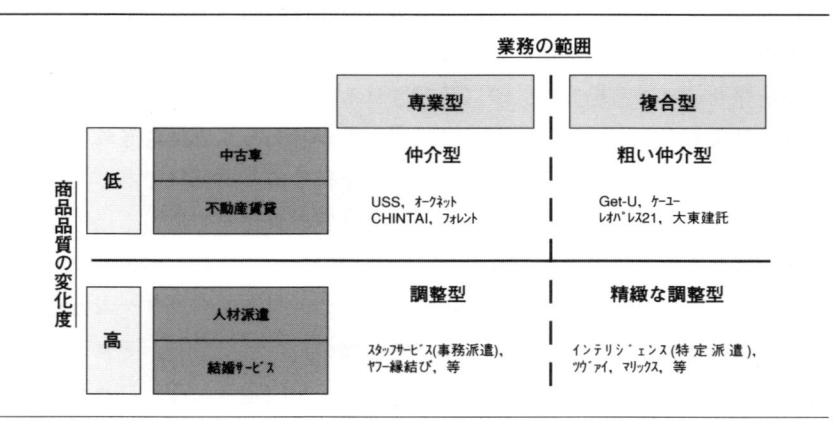

マッチングシステムの4分類

3節に示した4市場での事例から，(1)業務の範囲によって，マッチングシステムは異なること，(2)商品品質の変化度によって，マッチングシステムは異なることがわかった．この知見から，図A-1に示すように，マッチングシステムを業務の範囲と商品品質の変化度の2軸によって4分類する枠組みを提案する．

(1) 仲介型

商品品質の変化度が低い商品を扱う専業型企業のマッチングシステムを指す．個別商品の詳細情報を提供し，個別商品ごとに1対1の需要と共有のベストマッチングを売り手と買い手に提供することで，在庫を持たず手数料収入や広告収入により収益を上げるマッチングシステムである．

(2) 粗い仲介型

商品品質の変化度が低い商品を扱う複合型企業のマッチングシステムを指

◘ 図 A-1 マッチングシステムの4分類

す．自社商品の在庫を抱えており，それらを販売するように動機付けられているため，個別商品の詳細情報を提供するが，買い手にとって重要な情報を一部故意に除き，買い手が営業担当者に問合せを行わせるように誘導している．ある程度絞り込まれた顧客の要望事項から，営業担当者が自社商品を提供するマッチングシステムである．

(3) **調整型**

商品品質の変化度が高い商品を扱う専業型企業のマッチングシステムを指す．不完全市場において効率よく大量の売り手と買い手をマッチングさせていくためには，平均的な品質に基づいた価格での勝負となるため，簡易なマッチングで取引コストを下げなければいけなくなる．そのため，大量の商品を効率よく販売できるマッチングシステムとなっている．

(4) **精緻な調整型**

商品品質の変化度が高い商品を扱う複合型の企業のマッチングシステムを指す．自社の商品を買ってもらうため，人間が時間をかけて経時変化を観測し，データの補完を行う．そして，ベストマッチングに近づける努力を行うことで，顧客に品質のよい商品を提供するマッチングシステムである．

情報提供量の差異

四つの市場ごとに，マッチングシステム別の情報提供量の違いを図 A-2 のように示した．中古車市場・不動産賃貸市場と，人材派遣市場・結婚情報サービス市場では，専業型と複合型の情報提供量が逆転していることがわかる．

中古車・不動産賃貸といった，商品の品質の変化度が低い商品を扱っている市場においては，専業型のほうが複合型より情報提供量は多い．しかしその一方で，派遣スタッフ・結婚希望者といった商品の品質のよし悪しが買い手によって変化してしまう商品を扱っている市場においては，専業型のほうが複合型より情報提供量は少なくなる．商品の性質によって同じ業務の範囲

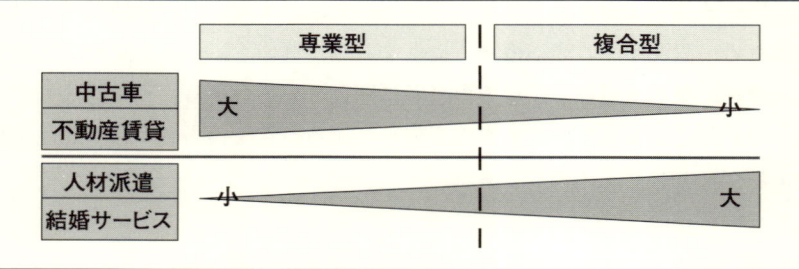

	専業型	複合型
中古車 不動産賃貸	大	小
人材派遣 結婚サービス	小	大

◘ 図 A-2　マッチングシステム別の情報提供量

であっても，マッチングシステムの作りは異なるのである．

5　むすび
―収益モデルに合わせたマッチング精度―

4節のマッチングシステムの分類をまとめると，
(1)　事業の範囲の違いによって，マッチングシステムは異なる．
(2)　商品の性質の違いによって，マッチングシステムは異なる．
(3)　商品の性質の違いによって，ビジネスモデルとマッチングシステムの情報提供量との関係は逆転する．

つまり，マッチングシステムは，企業の業務の範囲および扱う商品の性質によって異なる．

専業型企業は，扱う商品が，「商品の性質が固定で，商品品質の変化度が低い商品」であるか，「商品の性質が変化し，商品品質の変化度が高い商品」であるかを見分ける必要がある．それによって，自社の採用すべきマッチングシステムが，詳細な情報を提供しベストマッチングを行う「仲介型」なのか，それともそれとはまったく逆の，簡易な情報による効率的なマッチングを行う「調整型」であるのかが決まる．

複合型企業も同様に，扱う商品が，「商品の性質が固定で，商品品質の変化度が低い商品」であるか，「商品の性質が変化し，商品品質の変化度が高い商品」であるかを見分ける必要がある．重要な情報をあえて隠し自社へ誘導する「粗い仲介型」なのか，可能な限りのベストマッチングを目指して品

質のよい商品を提供しようとする「精緻な調整型」なのか．どちらを選択するべきかは，商品の性質の変化度によって決まる．

　一般的に，ベストマッチングこそが最良のマッチングシステムと考えられがちではある．しかし，一概にベストマッチングシステムが企業にとって最適である訳ではなく，各企業のおかれている立ち位置，もしくは各企業の目指す事業の形によって，マッチングシステムは異なるのである．

【主要参考文献】

大村茂男・岩下正弘（2002）『情報と経済活動』世界思想社．

國領二郎・森田正隆・大橋雄一（2002）『オークネット―2002 年―』慶應義塾大学ビジネススクール．

森田正隆（2001）「中古車オークションの革命児「オークネット」」『e 時代のくるまビジネス情報』No.233，pp.1-3．

藪下史郎（2002）『非対称情報の経済学』光文社．

藪下史郎・荒木一法（2004）『スティグリッツ　早稲田大学講義録』光文社．

Akerlof, G.（1970）"The market for lemons: quality uncertainty and the market mechanism," *Quarterly journal of Economics*, Vol.84, No.3, pp.488-500

花見弘明・谷川博（2002）「大東建託　デフレ逆手に復活」『日経ビジネス』10 月 7 日号，pp.66-71．

浅井千秋（2004）「派遣技術者の専門コミットメント，組織コミットメントおよび職務モチベーションの関係とその形成要因」『実験社会心理学研究』Vol.43, No.2, pp.174-184．

西田耕三（1985）『なにが仕事意欲をきめるか〔増補版〕』白桃書房．

その他，各種雑誌・新聞記事，ならびに関連ホームページなど．

（大久保　順一）

参考文献

安部忠彦（2004）「なぜ企業の研究開発投資が利益に結びつきにくいのか」『Economic Review』1月号，pp. 48-63.

Anderson, V., and L. Johnson（1997） *Systems Thinking Basics: From Concepts to Causal Loops*, Pegasus Communications.（伊藤武志訳『システム・シンキング―問題解決と意思決定を図解で行う論理的思考技術―』日本能率協会マネジメントセンター，2001年）

浅羽茂（1995）『競争と協力の戦略―業界標準をめぐる企業行動―』有斐閣．

浅羽茂・新田都志子（2004）『ビジネスシステムレボリューション』NTT出版．

Barney, J. B.（2002） *Gaining and Sustaining Competitive Advantage, Second Edition*, Prentice Hall, Inc.（岡田正大訳『企業戦略・上』ダイヤモンド社，2003年）

Black, J. A., and K. B. Boal（1994）"Strategic Resources: Traits, Configurations and Paths to Sustainable Competitive Advantage," *Strategic Management Journal*, Vol. 15, pp. 131-148.

Boulding, K.（1956）"General Systems Theory: The Skeleton of Science," *Management Science*, Vol. 2, No. 3, pp. 197-208.

Baldwin Carliss Y., and Clark Kim B.（2000） *Design Rules, Vol. 1: The Power of Modularity*, MIT Press.（安藤晴彦訳『デザイン・ルール／モジュール化パワー』東洋経済新報社，2004年）

Bunnell, D.（2000） *Making the Cisco Connection: The Story Behind the Real Internet Superpower*, New York: John Wiley & Sons.

中馬宏之（2003）「半導体生産方式におけるUMCJの強さを分析―トヨタ生産方式の半導体版？―」RIETI Discussion Paper Series 03-J001.

Cochran, T. C.（1957） *The American Business System: A Historical Perspective 1900～1955*, Harvard University Press.（中川敬一郎訳『現代のビジネス・システム

―新しい経営の生成と発展―』東京出版，1959 年）

Collis, D. J., and C. A. Montgomery（1997） *Corporate Strategy: A Resource-Based Approach*, McGraw-Hill Companies, Inc.（根来龍之・蛭田啓・久保亮一訳『資源ベースの経営戦略論』東洋経済新報社，2004 年）

Checkland, P., and J. Scholes（1990） *Soft Systems Methodology in Action*, John Wiley & Sons, Ltd.（妹尾賢一郎訳『ソフト・システムズ方法論』有斐閣，1994 年）

Christensen, C.M.（1997） *The Innovator's Dilemma—When New Technologies Cause Great Firms to Fail*, Harvard Business School Press.（玉田俊平太監修/伊豆原弓訳『イノベーションのジレンマ―技術革新が巨大企業を滅ぼすとき―』翔泳社，2001 年）

Christensen, C.M., and Michael E. Raynor（2003） *The Innovator's Solution: Creating and Sustaining Successful Growth,* Harvard Business School Press.（玉田俊平太監修／桜井裕子訳『イノベーションへの解』翔泳社，2003 年）

Christensen, C. M., S. D. Anthony, and E. A. Roth（2004） *Seeing What's Next: Using the Theories of Innovation to Predict Industry Change*, Harvard Business School Press.（宮本喜一訳『明日は誰のものか―イノベーションへの最終解―』ランダムハウス講談社，2005 年）

Faulkner, D., and C. Bowman（1995） *The Essence of Competitive Strategy*, UK: Prentice Hall International.

Fine Charles H.（1998） *Clockspeed: Winning Industry Control in the Age of Temporary Advantage,* Perseus Books.（小幡照雄訳『サプライチェーン・デザイン／企業進化の法則』日経 BP 社，1999 年）

Foster, R. N.（2005） *Innovation: The Attacker's Advantage*, Summit Books, 1986.

藤川佳則（1999）「ソフト開発を推進するダイナミズムの源泉―任天堂とソニーのビジネスモデル間競争―」，嶋口充輝他編『製品開発革新』マーケティング革新の時代 2, 有斐閣．

藤田誠（2004）「経営資源と競争優位性―Resource Based View 小史―」『早稲田商学』第 400 号，pp. 61-89.

藤本隆宏・武石彰・青島矢一（2001）『ビジネス・アーキテクチャ』有斐閣．

藤本 隆宏（2004）『日本のもの造り哲学』日本経済新聞社.

藤本 隆宏・延岡健太郎（2004）「日本の得意産業とは何か：アーキテクチャと組織能力の相性」RIEIT Discussion Paper Series 04-J-040.

藤本 隆宏（2005）「アーキテクチャの比較優位に関する一考察」東京大学ものづくり経営研究センター　ディスカッションペーパー　2005—MMRC—24.

福嶋康博（1998）『マイナスに賭ける！—「人並み志向」で勝機はつかめない—』ベストセラーズ.

Gawer, A., and M. A. Cusumano（2002）*Platform Leadership: How Intel, Microsoft, and Cisco Drive Industry Innovation*, Harvard Business School Press.（小林敏男監訳『プラットフォーム・リーダーシップ—イノベーションを導く新しい経営戦略—』有斐閣，2005 年）

Gemawat, P.（2001）*Strategy and The Business Landscape: Core Concepts*, Prentice Hall, Inc.（大柳正子訳『競争戦略論講義』東洋経済新報社，2002 年）

魏晶玄（2006）『韓国のオンラインゲームビジネス研究—無限の可能性を持つサイバービジネス成功の条件—』東洋経済新報社.

グールド，マイケル＝キャンベル，アンドリュー，（2002）「シナジー幻想の罠」『DIAMOND ハーバード・ビジネス・レビュー』第 27 巻第 8 号：96-109.

Grant, E. M.（1991）"The Resource-Based Theory of Competitive Advantage: Implications for Strategy Formulation," *California Management Review*, Spring, pp. 114-135.

Hamel, G., and C. K., Prahalad（1994）*Competing for the Future*, Harvard Business School Press.（一条和生訳『コア・コンピタンス経営—大競争時代を勝ち抜く戦略—』日本経済新聞社，1995 年）

Hofer, C. W., and Schendel, D.（1978）*Strategy Formulation: Analytical Concepts*, St. Paul: West Publishing.（奥村昭博・榊原清則・野中郁次郎著『戦略策定—その理論と手法—』千倉書房，1981 年）

Hunt, M. S.（1972）*Competition in the Major Home Appliance Industry*, Ph. Dissertation, Harvard University.

本荘修二・校條浩（1999）『成長を創造する経営—シスコシステムズ・爆発的成

長力の秘密―』ダイヤモンド社.

生稲史彦・新宅純二郎・田中辰雄（1999）「家庭用ゲームソフトにおける開発戦略の比較」『東京大学ディスカッションペーパー』Rev. 99.3.20.

井上達彦（1998）『情報技術と事業システムの進化』白桃書房.

井上達彦（2000）「事業システムにおける連動能力―伝統的な生命保険会社の実証分析―」『日本経営学会誌 Journal of Business Management』第6号，pp. 68-81.

井上 達彦（2004）「『選択と集中』と企業組織―再編パターン4類型の検出」都留康・電機連合総合研究センター編『選択と集中―日本の電機・情報関連企業における実態分析―』有斐閣，所収.

井上 達彦（2006）「事業システムのP-VAR分析：不完備な収益原理を超えて」『早稲田大学商学研究科紀要』第62号，pp. 1-20.

井上達彦・和泉茂一（2005）「半導体ビジネスの製品アーキテクチャと収益性に関する研究―NECエレクトロニクスの製品ポートフォリオ戦略―」早稲田大学IT戦略研究所ワーキングペーパー（2005RIIM-WP-13）．（http://www.waseda.jp/prj-riim/RIIM-WP-13.pdf）

石井淳蔵（2003）「競争の場を作り出す競争」『国民経済雑誌』第188巻第4号，pp. 1-16.

石井淳蔵・奥村昭博・加護野忠男・野中郁次郎（1996）『経営戦略論』有斐閣.

伊丹敬之（1998）『場のマネジメント―経営の新パラダイム―』NTT出版.

伊丹敬之（2000）『経営の未来を見誤るな―デジタル人本主義への道―』日本経済新聞社.

伊丹敬之（2003）『経営戦略の論理』日本経済新聞社.

伊藤 宗彦（2005）「デジタル家電機器の競争戦略―製品開発戦略をいかにマネジメントするか―」『Business Insight』Autumn, pp. 36-53.

加護野忠男（1988）『組織認識論―企業における創造と革新の研究―』千倉書房.

加護野忠男・石井淳蔵編著（1992）『伝統と革新―酒類産業におけるビジネスシステムの変貌―』千倉書房.

加護野 忠男（1999）『〈競争優位〉のシステム―事業戦略の静かな革命―』PHP

新書.

加護野忠男・井上達彦（2004）『事業システム戦略』有斐閣.

加藤善治郎（1997）『セコム　成功の方程式―新事業コングロマリット―』東洋経済新報社.

加藤善治郎（2003）『セコム創る・育てる・また創る―新事業開発成功方程式―』東洋経済新報社.

河合忠彦（2004）『ダイナミック戦略論―ポジショニング論と資源論を超えて―』有斐閣.

岸本太一（2006）「マクロレベルにおける日本企業の利益率長期低下の論理」『2006年度組織学会研究発表大会報告要旨集』（青山学院大学にて開催），pp. 157-160.

児玉文雄（1991）『ハイテク技術のパラダイム―マクロ技術学の体系―』中央公論社.

小橋麗香（1998）「ソフトのイノベーション―任天堂のデファクト・スタンダード形成とソフト開発―」伊丹敬之・加護野忠男・宮本又郎・米倉誠一郎編『イノベーションと技術蓄積』（ケースブック　日本企業の経営行動　第3巻）有斐閣，所収.

小橋麗香（2004）「家庭用テレビゲーム産業の企業間システム」（コラム），加護野忠男・井上達彦『事業システム戦略』有斐閣，所収.

國領二郎（1999）『オープン・アーキテクチャ戦略―ネットワーク時代の協働モデル―』ダイヤモンド社.

Kotler, P., and G. Armstrong（1997）*Marketing: An Introduction, Fourth Edition*, Prentice-Hall, Inc.（恩蔵直人監訳，月谷真紀訳『コトラーのマーケティング入門　第4版』ピアソン・エデュケーション，1999年）

松山泰久（2006）「戦略的なIT活用についての研究―産業と事業システムの複眼分析―」（早稲田大学商学研究科修士論文）.

McGahan, A.（2000）"How Industries Evolve," *Business Strategy Review*, Autumn, Vol.11, Issue 3, pp. 1-16.

McGahan, A.（2004a）"How Industries Change," *Harvard Business Review*, October, pp. 87-94.（マクガーハン「産業進化のダイナミズム」*Diamond Harvard Business Review,* February, 2005a 年，pp. 20-35.）

McGahan, A.（2004b） *How Industries Evolve: Principles for Achieving and Sustaining Superior Performance*, Harvard Business School Press.（藤堂圭太訳『産業進化 4 つの法則』ランダムハウス講談社，2005b 年）

McGahan, M. A., and M. E. Porter（1997） "How Much Does Industry Matter, Really?," *Strategic Management Journal*, Vol. 18, pp. 15-30.

McGee, J., and H. Thomas（1986） "Strategic Groups: Theory, Research and Taxonomy," *Strategic Management Journal*, No. 7, pp. 141-160.

Mintzberg, H., B. Ahlstrand, and J. Lampel（1998） *Strategy Safari: A Guided Tour Through the Wilds of Strategic Management*.（斎藤嘉則ほか訳『戦略サファリ —戦略マネジメント・ガイドブック—』東洋経済新報社，1999 年）

Mintzberg, H.（1978） "Patterns in Strategy Formation," *Management Science,* Vol. 24, No. 9, pp. 934-948.

三品和広（2004）『戦略不全の論理—慢性的な低収益の病からどう抜け出すか—』東洋経済新報社.

村上路一（1999）「危機意識から生まれたイノベーションマネジメント」『リクルート Works』1999 年 12 月号，pp. 147-164.

Nelson, R. R., and S. G. Winter,（1982） *An Evolutionary Theory of Economic Change*, Belnap Harvard.

根来龍之監修・早稲田大学 IT 戦略研究所編（2005）『デジタル時代の経営戦略』メディアセレクト.

根来龍之（2006）「競争戦略策定の出発点は何であるべきか？—〈内外〉融合の戦略論に向かって—」『早稲田商学』407 号，pp. 1-20.

延岡健太郎（2002）『製品開発の知識』日本経済新聞社.

延岡健太郎（2005）「デジタル家電における日本企業の競争力— 安定型と変動型のモジュラー型製品—」『Business Insight』Autumn, pp. 8-19.

沼上幹（2000）『行為の経営学—経営学における意図せざる結果の探究—』白桃書房.

小川紘一（2003）「光ディスク産業のビジネス・アーキテクチャとその変遷」『赤門マネジメント・レビュー』第2巻第9号.

小川紘一（2005a）「光ディスク産業の興隆と発展─日本企業の新たな勝ちパターンを求めて─」東京大学COEものづくり経営研究センター Discussion Paper 2005 -MMRC -J-28.

小川紘一（2005b）「製品アーキテクチャ論から見たDVDの標準化・事業戦略─日本企業の新たな勝ちパターン構築を求めて─」東京大学COEものづくり経営研究センター Discussion Paper 2005 -MMRC -J-64.

小川進（2000）『ディマンド・チェーン経営─流通業の新ビジネスモデル─』日本経済新聞社.

小野譲司（2006）「検証：プロフィット・チェーン─顧客関係構築のシナリオをどう描くか─」『一橋ビジネスレビュー』第54巻第1号, pp. 28-41.

大月博司（2005）『組織変革とパラドックス　改訂版』同文舘出版.

Pondy, L. R., and I. I. Mitroff（1979）"Beyond Open System Models of Organization," in B. M. Staw,（ed.）, *Research in Organizational Behavior*, Vol. 1, Greenwich, JAI Press, pp. 3-39.

Porter, M. E.（1977）"From Entry Barriers to Mobility Barriers: Conjectural Decisions and Contrived Deterrence to New Competition," *Quarterly Journal of Economics*, No. 91, pp. 241-262.

Porter, M. E.（1980）*Competitive Strategy: Techniques for Analyzing Industries and Competitors*, The Free Press.（土岐 坤ほか訳『競争の戦略』ダイヤモンド社, 1982年）

Porter, M. E.（1985）*Competitive Advantage: Creating and Sustaining Superior Performance*, The Free Press.（土岐 坤ほか訳『競争優位の戦略─いかに高業績を持続させるか─』ダイヤモンド社, 1985年）

Porter, M. E.（1998）*On Competition*, Harvard Business School Press.（竹内弘高訳『競争戦略論Ⅰ』ダイヤモンド社, 2001年）.

Porter, M. E.（2001）"Strategy and the Internet," *Harvard Business Review*, March, Vol.79, No. 3, p. 63.（藤川佳則監訳「戦略の本質は変わらない」『DHB』ダ

イヤモンド社，2001年5月号）．

Rumelt, R. P.（1991） "How Much Does Industry Matter?," *Strategic Management Journal*, Vol. 12, pp. 167-185.

Ruth, B., Lemon, K., and P. Verhoef（2004） "The Theoretical Underpinnings of Customer Asset Management: A Framework and Propositions for Further Research," *Journal of the Academy of Marketing Science*, Vol. 32, No. 3, pp. 1-20.

榊原清則（2005）『イノベーションの収益化―技術経営の課題と分析―』有斐閣．

榊原清則・大滝精一・沼上幹（1989）『事業創造のダイナミクス』白桃書房．

関口和一（2000）『パソコン革命の旗手たち』日本経済新聞社．

Senge, P. M.（1990） *The Fifth Discipline: The Art and Practice of the Learning Organization*.（守部信之訳『最強組織の法則―新時代のチームワークとは何か―』徳間書店，1995年）

妹尾賢一郎（2000）「ソフトシステムズ方法論とモデリング」戸田保一・飯島淳一編『ビジネスプロセスモデリング』日科技連．

Shapiro, C., and H. R. Varian（1998） *Information Rules*, Harvard Business School Press.（千本倖生監訳，宮本喜一訳『「ネットワーク経済」の法則―アトム型産業からビット型産業へ…変革期を生き抜く72の指針―』IDGコミュニケーションズ，1999年）

嶋口充輝（2004）『仕組み革新の時代―新しいマーケティング・パラダイムを求めて―』有斐閣．

新宅純二郎・田中辰雄・柳川範之編（2003）『ゲーム産業の経済分析―コンテンツ産業発展の構造と戦略―』東洋経済新報社．

新宅純二郎・竹嶋斎・中川功一・小川紘一・善本哲夫「台湾光ディスク産業の発展過程と課題― 日本企業との競争，協調，分業―」東京大学COEものづくり経営研究センター Discussion Paper 2005 -MMRC -J-29.

白井宏明（2001）『ビジネスモデル創造手法―夢を現実に変える4ステップ・アプローチ―』日科技連．

Simon, H. A.（1976） *Administrative Behavior, 3rd Edition,* The Free Press.（松田武彦・高柳暁・二村敏子訳『経営行動―経営組織における意思決定プロセス

の研究—』ダイヤモンド社,1989 年)

Slywotzky, A. J., and D. J. Morrison(1997) *The Profit Zone: How Strategic Business Design Will Lead You to Tomorrow's Profits*, Times Books, a division of Random House, Inc.(恩蔵直人・石塚浩訳『プロフィット・ゾーン経営戦略—真の利益中心型ビジネスへの革新—』ダイヤモンド社,1999 年)

Stauffer, D.(2001)*Nothing but Net: Business the CiscoWay*(*Big Shots S.*),Capstone Ltd.(金利光訳『シスコ—E・コマースで世界をリードする—』三修社,2004 年)

竹内弘高・榊原清則・加護野忠男・奥村昭博・野中郁次郎(1986)『企業の自己革新—カオスと創造のマネジメント—』中央公論社.

寺本義也・松田修一監修/早稲田大学ビジネススクール著(2002)『技術系のMBA MOT 入門 マネジメント・オブ・テクノロジー』日本能率協会マネジメントセンター.

戸田保一・飯島淳一編(2000)『ビジネスプロセスモデリング』日科技連.

徳丸春樹・横川文彦・入江満(2003)『図解 DVD 読本』オーム社.

Tompson, J.(1967) *Organization in Action*, McGraw-Hill.(鎌田伸一ほか訳『オーガニゼーション・イン・アクション』同文舘,1987 年)

戸根勤(2005)『ネットワークの考え方—ルータとスイッチは何が違う? TCP/IP,イーサネット,インターネットを真に理解するための全 8 章—』オーム社.

都留康・電機連合総合研究センター編(2004)『選択と集中』有斐閣.

上野恭裕(2006)「書評:都留康・電機連合研究センター編『選択と集中』有斐閣,2004 年」『大阪府立大学経済研究』第 51 巻第 2 号,pp. 123-129.

上野恭裕(2006)「1980 年代以降の日本企業の多角化戦略と事業集中」『大阪府立大学経済研究』第 51 巻第 3 号,pp. 39-54.

Weick, K. E.(1979)*The Social Psychology of Organizing*, Reading, Mass.: Addison-Wesley Pub. Co.(遠田雄志訳『組織化の社会心理学』文眞堂,1997 年)

Wernerfelt, B.(1984)"A Resource-based View of the Firm," *Strategic Management Journal*, Vol. 5, 171-180.

山田英夫（2004）『デファクト・スタンダードの競争戦略』白桃書房.

山田仁一郎・山下勝（2006）「革新へとつながる企業家の意図：コンテンツ開発にみるパートナーシップの役割」『組織科学』第39巻第3号，61-70頁.

山内溥（1993）「任天堂のソフト化戦略」『Business Insight』Autumn, pp. 58-72.

矢野経済研究所（2005）『インターネットワーキング2005』

安室憲一（2003）『徹底検証 中国企業の競争力—世界の工場のビジネスモデル—』日本経済新聞社.

善本哲夫・新宅純二郎・小川紘一（2005）「製品アーキテクチャ理論に基づく技術移転の分析— 光ディスク産業における国際分業—」東京大学COEものづくり経営研究センター Discussion Paper 2005 -MMRC -J-27.

善本哲夫・新宅純二郎（2005）「海外企業との協業を通じた基幹部品と完成品事業の典型モデル」『Business Insight』Autumn, pp. 20-35.

収益エンジンの論理	
──技術を収益化する仕組みづくり──	〈検印省略〉

発行日──2006年11月26日　初版第1刷発行

編著者──井上達彦(いのうえたつひこ)

発行者──大矢栄一郎

発行所──株式会社　白桃書房(はくとうしょぼう)

〒101-0021　東京都千代田区外神田5-1-15
☎03-3836-4781　℻03-3836-9370　振替00100-4-20192
http://www.hakutou.co.jp/

印刷・製本──藤原印刷

© T. Inoue 2006　Printed in Japan
ISBN4-561-23452-7　C3034

R〈日本複写権センター委託出版物〉
本書の全部または一部を無断で複写複製(コピー)することは，著作権法上での例外を除き，禁じられています。本書からの複写を希望される場合は，日本複写権センター(03-3401-2382)にご連絡ください。
落丁本・乱丁本はおとりかえいたします。

好 評 書

井上達彦著
情報技術と事業システムの進化 本体3400円

加護野忠男・坂下昭宣・井上達彦編著
日本企業の戦略インフラの変貌 本体2600円

大薗恵美・児玉充・谷地弘安・野中郁次郎著
イノベーションの実践理論 本体3500円
―Embedded Innovation―

榊原清則・大滝精一・沼上幹著
事業創造のダイナミクス 本体3500円

山田英夫著
デファクト・スタンダードの競争戦略 本体3800円

沼上　幹著
行為の経営学 本体3300円
―経営学における意図せざる結果の探究―

小川進著
競争的共創論 本体2500円

寺本義也著
コンテクスト転換のマネジメント 本体4400円
―組織ネットワークによる「止揚的融合」と「共進化」に関する研究―

谷口真美著
ダイバシティ・マネジメント 本体4700円
―多様性をいかす組織―

E. H. シャイン著　金井壽宏監訳　尾川丈一・片山佳代子訳
企業文化―生き残りの指針 本体2800円

――――――白桃書房――――――

本広告の価格は消費税抜きです。別途消費税が加算されます。